新时代新理念职业教育教材·新能源汽车系列
产教融合校企合作开发教材

新能源汽车维护与保养

主　编　高雪娇　毕丽丽
副主编　王连刚　张　娜　陈荣梅　金　鑫
参编者　肖　洋　于海兵

北京交通大学出版社
·北京·

内 容 简 介

本书遵循“基于工作过程”的原则进行开发，引入新能源汽车企业典型的工作案例，将工作情境带入新能源汽车维护与保养任务，具体涵盖新能源汽车整车维护与保养、新能源汽车舒适系统维护与保养、新能源汽车电气系统维护与保养 3 个模块，共计 10 项任务。

本书适合作为职业教育新能源汽车类专业的教材，也可作为新能源汽车企业员工培训教材。

图书在版编目（CIP）数据

新能源汽车维护与保养 / 高雪娇，毕丽丽主编. -- 北京 : 北京交通大学出版社，2025. 4. -- ISBN 978-7-5121-5505-3

Ⅰ. U469.7

中国国家版本馆 CIP 数据核字第 2025AU7862 号

新能源汽车维护与保养
XINNENGYUAN QICHE WEIHU YU BAOYANG

责任编辑：刘　辉
出版发行：北京交通大学出版社　　电话：010-51686414　　http://www.bjtup.com.cn
地　　址：北京市海淀区高梁桥斜街 44 号　　邮编：100044
印 刷 者：北京鑫海金澳胶印有限公司
经　　销：全国新华书店
开　　本：185 mm×260 mm　　印张：11.5　　字数：287 千字
版 印 次：2025 年 4 月第 1 版　　2025 年 4 月第 1 次印刷
定　　价：49.80 元

本书如有质量问题，请向北京交通大学出版社质监组反映。对您的意见和批评，我们表示欢迎和感谢。
投诉电话：010-51686043，51686008；传真：010-62225406；E-mail：press@bjtu.edu.cn。

前言

本书遵循“基于工作过程”的原则进行开发，引入企业典型的工作案例，通过深入分析各岗位典型活动和技能要求，设计了以“工作体系”为框架、以“操作任务”分析为基础的“模块化、渐进式”课程体系，根据认知规律，由浅入深，阶梯发展，不断完善学生的认知结构和动手能力。根据职业院校学生的认知特点，尽量减少生涩难懂的专业术语，语言文字通俗易懂，并辅以案例，将情境带入任务，力求让学生通过自学也能够看得懂，并尽可能使用图片、图示、表格等形式，以直观形象、生动活泼、逻辑性强等特点增强学生的感性认识，在头脑中留下更深刻的印象。同时，本书融合了视频等教学资源，实现纸质教材和数字资源的完美结合，体现“互联网+”新形态一体化的理念。

本书在进行企业岗位调研的基础上，分析典型工作任务，构建了系统化的工作课程内容。本书内容主要包括：新能源汽车整车维护与保养、新能源汽车舒适系统维护与保养、新能源汽车电气系统维护与保养。

本书由高雪娇、毕丽丽担任主编，王连刚、金鑫、陈荣梅担任副主编，参与编写的还有张娜、肖洋、于海兵。在编写过程中，编者参考了大量的文献和资料，在此对相关作者表示衷心的感谢！

由于编者水平有限，本书难免有错漏之处，敬请读者批评指正。

编　者

2025 年 4 月

目录

模块 1

新能源汽车整车维护与保养

任务 1.1　高压系统维护与保养

教学目标

1. 知识目标

（1）了解高压安全知识。

（2）掌握防火安全知识。

（3）掌握高压系统保养流程。

2. 能力目标

（1）能按照维修手册制订高压系统维护与保养工作计划。

（2）能正确使用工具并在 30 min 内完成高压系统维护与保养。

3. 素养目标

（1）培养学生规范操作的安全意识。

（2）培养学生精益求精的工匠精神。

情境导入

张老师发现自己的新能源汽车性能开始下降，电池充电速度变慢，他来到经销商处进行咨询。经技术人员检查，发现此车高压线路存在故障。

同学们，未按照要求对高压系统进行保养可能会引发故障，那么如何对新能源汽车高压系统进行维护与保养呢？

知识准备

通过保养可以使车辆保持良好的状态，有效降低车辆发生故障的概率，现在就来学习一下高压系统维护与保养的相关知识吧。

新能源汽车高压系统是指在新能源汽车（主要包括纯电动汽车、混合动力电动汽车）中，工作电压超过人体安全电压（一般认为交流 30 V、直流 60 V 以上）的电气系统。它是新能源汽车的关键部分，为车辆的动力驱动和部分高能耗辅助设备提供能源。其主要类型有 HEV（混合动力汽车）高压系统、PHEV（插电式混合动力汽车）高压系统、

EV（纯电动汽车）高压系统等。

EV 高压系统是纯电动汽车的核心动力系统，为车辆的行驶提供全部动力，并且支持车辆各种高压用电设备的运行。其主要特点是完全依赖电力驱动，没有传统燃油发动机，因此高压系统的性能和可靠性对车辆的整体运行至关重要。

高压附件系统主要包括高压配电盒（PDU）、DC/DC 变换器、电动压缩机、PTC 加热器等。高压配电盒负责将动力电池输出的高压电分配到各个高压用电设备，如驱动电机、电动压缩机等处。

计划决策

学习完相关知识，同学们该自己动手操作了。

观看视频演示，了解视频操作流程，制订任务计划，研讨、沟通实施计划需要准备的场地、设备和工具，做好组内人员的分工。高压系统维护与保养任务计划表如表 1-1-1 所示。

表 1-1-1　高压系统维护与保养任务计划表

编号	任务计划	人员	工具	备注
1				
2				
3				
4				
5				
6				

任务实施

使用仪器设备进行实车操作，根据工单上的检测项目逐一检测，每检测完一项将检测结果记录在工单上，并在检测完成后进行结果确认。高压系统维护与保养任务工单如表 1–1–2 所示。

表 1–1–2　高压系统维护与保养任务工单

任务 1.1　高压系统维护与保养			
车辆信息			
车辆品牌		整车型号	
车辆识别代码		行驶里程	
电机型号		驱动电机额定功率	
工作电压		动力电池容量	
检查项目（没问题打 √；有问题打△，并在问题记录栏详细记录）			
发动机盖开闭/锁扣/铰链状况		冷却液液位状况	
电瓶极柱连线的紧固状况		保险丝和备用保险丝状况	
确认蓄电池外观无破损、泄漏状况		确认线束、配管状态良好	
检查蓄电池电压状况		确认各线束接头连接有效锁止	
确认蓄电池负极端子紧固		确认高压线束无死弯	
液压管路装配/连接件及联运装置状况		确认护套无破损	
问题记录栏			
车辆检查结果确认			
已对上述项目进行详细检查，结果如下： 1. 检查合格。□ 2. 有问题，已填写记录，转入处理流程。□ 检车员签字： 日期：			

反思评价

高压系统维护与保养操作评分表如表 1–1–3 所示。进行自我评价，评价自己在知识、技能、思政方面是否达标，是否按照推荐流程进行操作，激励自己在以后的实操过程中做得更好。

表 1–1–3　高压系统维护与保养操作评分表

课程名称		授课教师	
学习任务		授课班级	
学习内容		班级人数	

评分项目	评分细则	评分	备注
专业知识能力表现	了解高压安全知识		
	了解防火安全知识		
	讲述场地设备操作规范		
	讲述检测仪器使用注意事项		
	讲述维修工具使用规范		
	掌握车辆仪表指示灯含义		
	掌握个人和工位防护知识		
	讲述采集车辆信息内容步骤		
	描述高压系统故障现象		
	分析高压系统故障范围		
专业技能实操表现	正确操作场地设备		
	正确使用测量仪器		
	正确使用保养工具		
	检查、穿戴工作服		
	检查、穿戴绝缘鞋		
	检查、穿戴绝缘手套		
	检查、佩戴护目镜		
	检查、佩戴安全帽		
	设置隔离栏		
	放置安全警示牌		
	检查灭火器		
	安装翼子板布		

续表

评分项目	评分细则	评分	备注
专业技能实操表现	安装驾驶室内防护套装		
	采集整车型号		
	采集车辆识别代码		
	采集电机型号		
	采集高压系统工作电压		
	采集动力电池容量		
	采集车辆行驶里程		
	检查冷却液液位		
	使用冰点测试仪测量冷却液冰点范围是否达标		
	检查蓄电池外观有无破损、泄漏		
	用万用表检查蓄电池电压		
	检查低压线束以及高压线束有无破损、配管有无干涉、各线束接头连接是否有效锁止		
	填写工单		
	正确进行系统断电		
	正确释放冷却液		
	正确加注冷却液		
	正确完成性能检查		
	收起翼子板布和驾驶室内防护套装		
	在工单中记录维护与保养过程		
职业思政素养表现	注重使用文明用语		
	表达清楚，条理分明		
	认真倾听，对问题有合理的反应		
	举一反三迁移能力和学习态度		
	自信心和抗挫折能力		
	自我检查与自我评价能力		
	毅力和工作责任心		
	时间管理能力		
	团队合作能力		

总结提升

经过了理论与实操学习，相信同学们已经掌握本次任务所需的知识和技能，对学习成果进行检验吧。回顾本次任务操作流程，请补全图 1-1-1 所示高压系统维护与保养思维导图中的空缺部分。

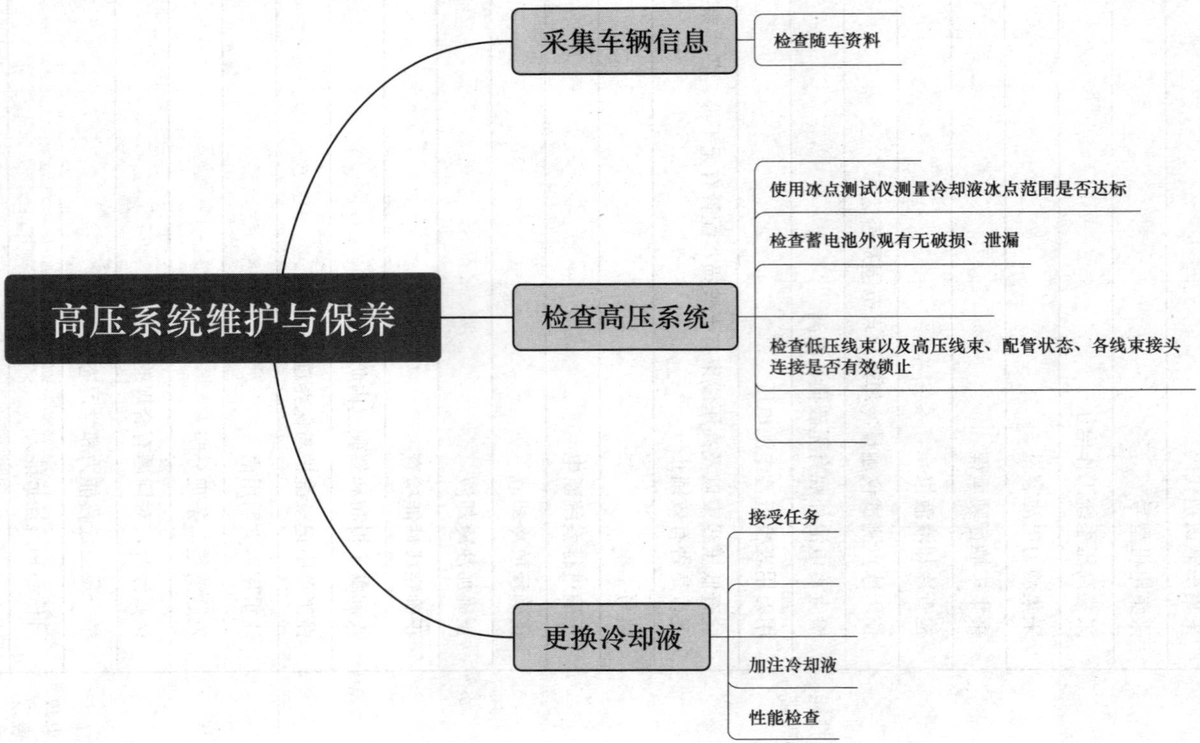

图 1-1-1　高压系统维护与保养思维导图

技能拓展

本次任务学习完了，还意犹未尽吗？尝试完成表 1-1-4 所示高压系统维护与保养技能拓展表。根据表内保养项目及内容进行其他系统或部件的保养，拓宽自己的能力。

表 1-1-4 高压系统维护与保养技能拓展表

系统类别	检查内容	处理方法	A 级保养			B 级保养		
			项目	配件及材料	数量或价格	项目	配件及材料	数量或价格
1 动力电池系统	安全防护	检查并视情况处理	√			√		
	绝缘	检查并视情况处理				√		
	插接件状态	检查并视情况处理	√			√		
	标识	检查并视情况处理	√					
	螺栓紧固力矩	检查并视情况处理	√			√		
	动力电池加热功能检查	检查并视情况处理	√					
	外部检查	清洁处理	√					
	数据采集	分析并视情况处理	√			√		
2 电机系统	安全防护	检查并视情况处理	√			√		
	绝缘	检查并视情况处理				√		
	电机和控制器冷却检查	检查并视情况处理	√			√		
	外部检查	检查并视情况处理	√					

任务 1.2　底盘系统维护与保养

教学目标

1. 知识目标

（1）了解底盘系统组成作用。

（2）掌握底盘系统结构组成与安装位置。

（3）掌握底盘系统保养流程。

2. 能力目标

（1）能按照维修手册制订底盘系统维护与保养工作计划。

（2）能正确使用工具并在 30 min 内完成底盘系统维护与保养。

3. 素养目标

（1）培养学生规范操作的安全意识。

（2）培养学生精益求精的工匠精神。

情境导入

小赵姐开车去看望李奶奶，行经一段十分颠簸的泥泞路段，可她依然以很快的速度行驶，车辆在经过一段时间的“摧残”后抛锚了。经技术人员检查，发现此车发生抛锚是由于长期未对车辆进行保养引发的故障。

同学们，未按照要求对车辆进行保养可能会引发故障，那么如何对新能源汽车底盘系统进行维护与保养呢？

知识准备

通过保养可以使车辆保持良好的状态，有效降低车辆发生故障的概率，现在就来学习一下底盘系统维护与保养的相关知识吧。

电动车底盘系统由行驶系统、制动系统、转向系统、传动系统组成。其主要作用有减振、传动、制动、控制方向等。值得一提的是，动力电池位于汽车底盘位置。

一、组成及安装位置

底盘系统组成及安装位置如图 1-2-1 所示。

1—轮胎
2—电池组
3—悬架
4—高压线束插头
5—制动组件

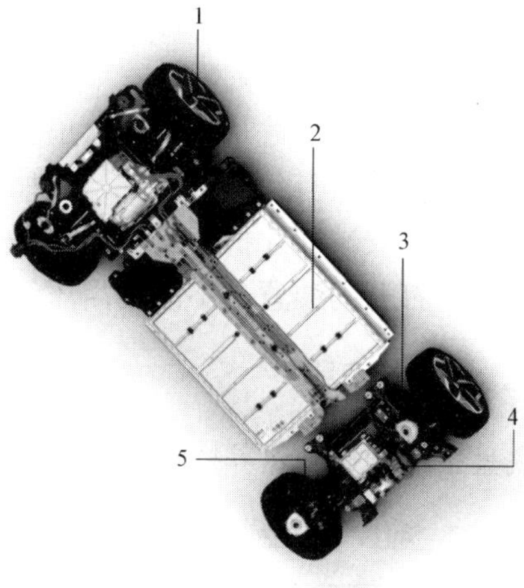

图 1-2-1　底盘系统组成及安装位置

二、保养说明

1. 接触腐蚀

使用不合适的连接元件（螺栓、螺母、垫片等），可能发生接触腐蚀。因此，只能使用带特殊表面涂层的连接元件。

此外，橡胶或塑料部件和粘合材料由绝缘材料制成。

如果不确定是否可以重复利用这些零件，通常使用新零件。

> **注意**
> - 只能使用经过检测且与铝兼容的原厂元件。
> - 只能使用原厂附件。
> - 因为接触腐蚀导致的故障不属于质量担保范围。

2. 导线布置和固定

- 为避免混淆和保证在原始安装位置安装，拆卸前标记出导线的安装位置。其中包括液压管路、真空管路或电线。必要时，将拆卸前的导线布置绘成草图或拍照片。
- 由于发动机舱安装空间紧凑，为了避免损坏管路和导线，要注意给所有可移动的部件或发热的部件之间留出足够的距离。
- 必须以拆卸时同样的方法将拆下的线束固定件重新安装到相同位置，从而避免噪声或损坏。

3. 散热器和冷凝器的装配

即使安装正确，散热器和冷凝器的膜片上仍可能有细微压印，这并非损伤，不应因这些轻微印痕而更换散热器、冷凝器。

4. 清洁规定

在高压系统上作业时必须仔细注意下列清洁规定：

- 松开/打开前，要彻底清洁连接处/维修孔及其周围区域；
- 将拆下的零件放在干净的垫子上并盖住，应使用无纺抹布；
- 如果无法立即进行维修，那么应仔细地将已打开的部件盖住或密闭；
- 只允许安装干净的零件；
- 只有在安装前才从包装中取出备件；
- 请勿使用没有包装的零件，例如放置在工具箱等中的零件；
- 只有在安装前才拆下运输保护包装和密封盖；
- 对于打开的装置，不能使用压缩空气作业，不要移动车辆。

三、操作流程

底盘系统维护与保养操作流程如表 1-2-1 所示。

表 1-2-1　底盘系统维护与保养操作流程

1. 采集车辆信息 ● 填写铭牌信息 ● 检查随车资料	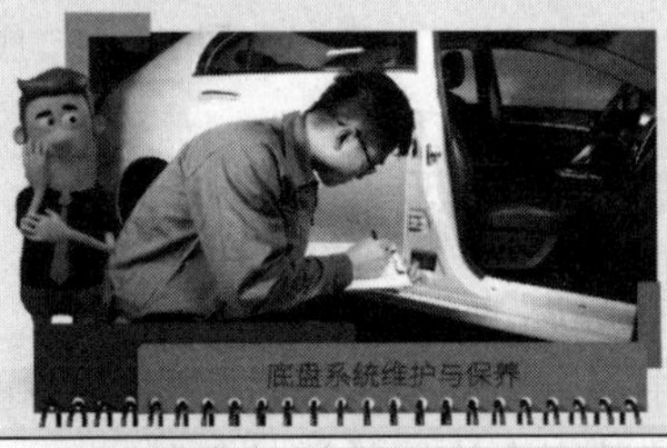
2. 检查底盘系统 ● 使用举升机将车辆升至合适位置	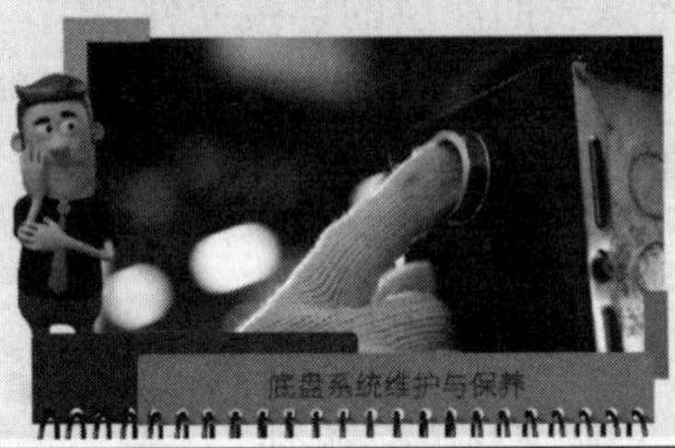
● 逆时针目视检查轮胎表面有无割伤、轮辋及螺栓有无划伤、轮胎气压是否正常，并用肥皂水检查气密性	
● 拆卸下护板，检查底盘是否有渗漏、紧固件是否安全可靠 ● 检查高压线束插接件是否破损	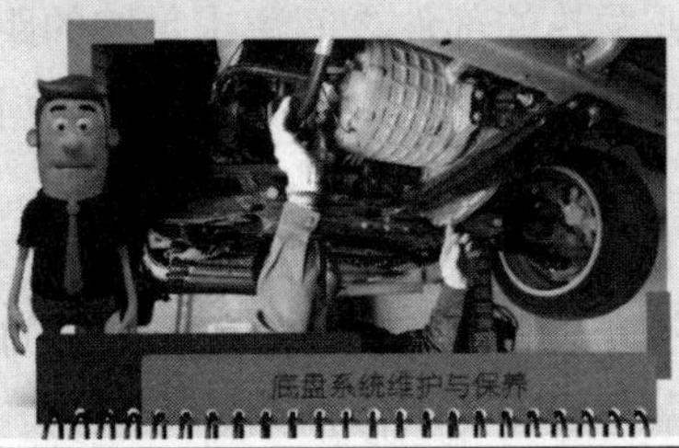

续表

● 检查电池组是否有划伤、破损的情况 ● 使用扭力扳手用标准力矩对底盘螺栓检查加固	
● 将车辆降下 ● 填写工单	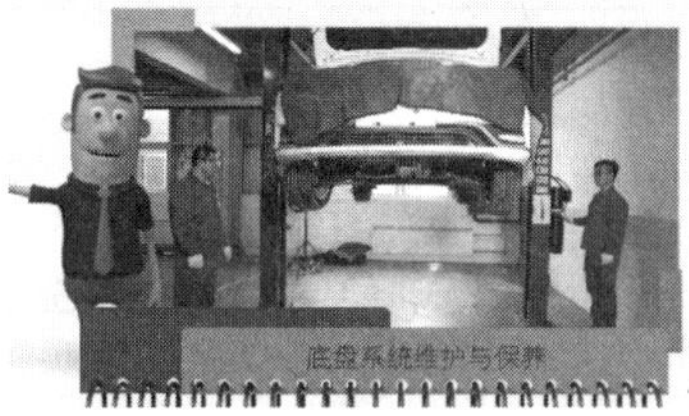
● 整理现场，移交车辆，填写工单	
检查过程中发现需要更换动力电池 **3. 更换动力电池** （1）接受任务 ● 分析工作内容并制订方案 ● 检查工位设备及安全防护用品 ● 检查高压绝缘手套是否符合标准	
● 安装车内外防护用品，安装车轮挡块，穿绝缘鞋 ● 记录车辆基本信息，打开点火开关，降下驾驶员侧车窗玻璃	
（2）系统断电 ● 查看仪表信息，安装故障诊断仪 ● 读取 BMS 电池管理系统故障码并记录 ● 关闭点火开关，并将钥匙妥善保管 ● 放置高压作业安全指示牌	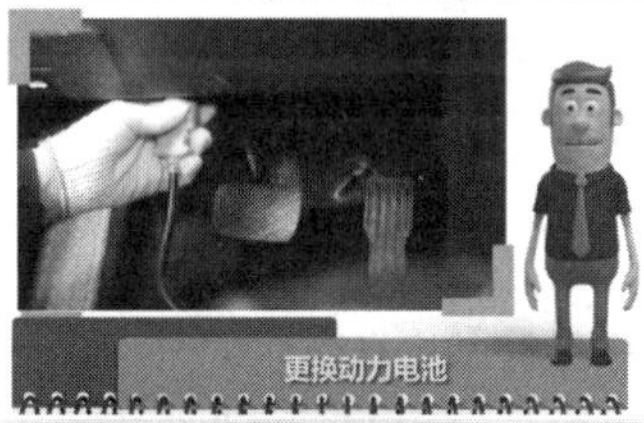
● 断开蓄电池负极电缆并做好防护 ● 断开蓄电池负极 5 min 后，拔下车载充电机端的直流母线插头 ● 用万用表分别测量直流母线端正负极与车身之间电压	

续表

（3）拆卸动力电池 ● 将车辆用举升机升起，用平台车支撑动力电池总成 ● 断开动力电池出水口与水泵电池的连接 ● 断开动力电池进水口与电池膨胀壶加热连接 ● 断开动力电池快充连接线 ● 断开动力电池直流母线 ● 断开两个动力电池 BMS 低压连接器	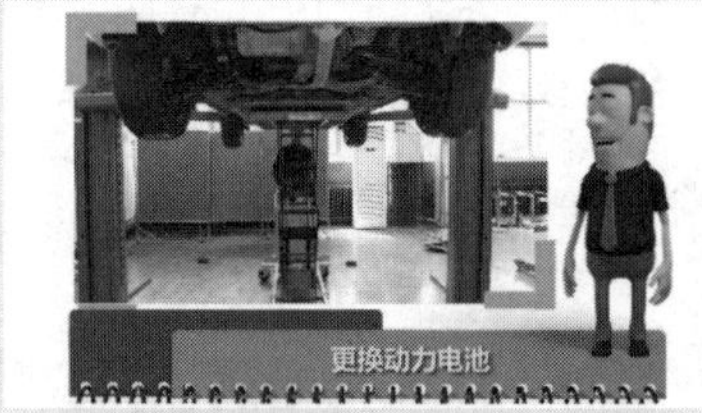
● 拆卸动力电池搭铁线固定螺栓 ● 拆卸动力电池防撞梁4个固定螺栓 ● 拆除动力电池底部防护板 ● 拆卸动力电池总成后部 3 个固定螺栓 ● 拆卸动力电池总成前部 2 个固定螺栓 ● 拆除动力电池总成左右各 7 个固定螺栓	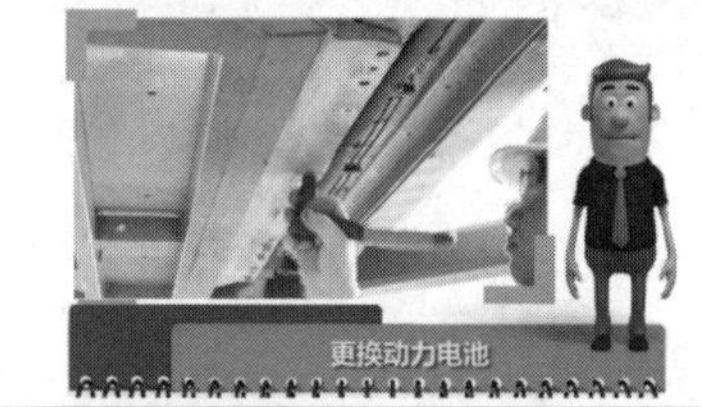
● 缓慢下降平台车，取出动力电池总成 ● 放置高压警示牌，记录铭牌信息 ● 检查新动力电池铭牌信息是否与更换动力电池铭牌信息相同	
（4）安装动力电池 ● 检查新的动力电池外观有无破损、腐蚀等现象 ● 安装定位销 ● 缓慢举升动力电池至举升平台 ● 调整举升平台位置，使动力电池总成上的安装孔与车身对齐 ● 安装并紧固动力电池左右各 7 个固定螺栓 ● 取下定位销	
● 安装并紧固动力电池前部 2 个固定螺栓，力矩 78 N·m ● 安装并紧固动力电池后部 3 个固定螺栓，力矩 78 N·m ● 安装动力电池防撞梁所需的 4 个固定螺栓 ● 安装动力电池搭铁固定螺栓	
● 连接两个动力电池 BMS 低压连接器 ● 连接动力电池直流母线 ● 连接动力电池快充连接线 ● 连接动力电池进水口与膨胀水壶 ● 连接动力电池出水口与水泵电池 ● 连接车载充电机端直流母线插接器	
（5）性能检查 ● 连接蓄电池负极 ● 打开点火开关，查看仪表信息是否正常 ● 连接诊断仪，读取 BMS 电池管理系统是否有故障存在，确认无故障后关闭点火开关	

续表

● 取出车内防护用品，升起驾驶员侧车窗玻璃，收起翼子板布，关闭机舱盖，收起高压作业维修标志，整理现场，移交车辆	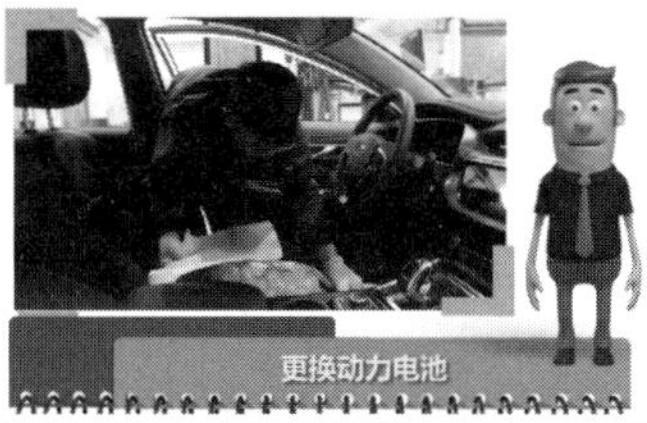

计划决策

学习完相关知识，同学们该自己动手操作了。

观看视频演示，了解视频操作流程，制订任务计划，研讨、沟通实施计划需要准备的场地、设备和工具，做好组内人员的分工。底盘系统维护与保养任务计划表如表 1-2-2 所示。

表 1-2-2　底盘系统维护与保养任务计划表

编号	任务计划	人员	工具	备注
1				
2				
3				
4				
5				
6				

任务实施

使用设备仪器进行实车操作，根据底盘系统维护与保养任务工单上的检测项目逐一检测，每检测完一项将检测结果记录在工单中，并在检测完成后进行结果确认。底盘系统维护与保养任务工单如表 1–2–3 所示。

表 1–2–3　底盘系统维护与保养任务工单

<table>
<tr><th colspan="4">任务 1.2　底盘系统维护与保养</th></tr>
<tr><th colspan="4">车辆信息</th></tr>
<tr><td>车辆品牌</td><td></td><td>整车型号</td><td></td></tr>
<tr><td>车辆识别代码</td><td></td><td>行驶里程</td><td></td></tr>
<tr><td>电机型号</td><td></td><td>驱动电机额定功率</td><td></td></tr>
<tr><td>工作电压</td><td></td><td>动力电池容量</td><td></td></tr>
<tr><th colspan="4">检查项目（没问题打 √；有问题打△，并在问题记录栏详细记录）</th></tr>
<tr><td>确认轮胎螺母已扭紧</td><td></td><td>悬架固定与螺栓状况</td><td></td></tr>
<tr><td>轮胎压力（含备胎）状况</td><td></td><td>底盘高压线束插接件状况</td><td></td></tr>
<tr><td>轮胎气压及气密性状况</td><td></td><td>电池组表面无划伤/破损</td><td></td></tr>
<tr><td>底盘各部位渗漏/松动/破损检查</td><td></td><td>制动性能状况</td><td></td></tr>
<tr><th colspan="4">问题记录栏</th></tr>
<tr><td colspan="4"></td></tr>
<tr><th colspan="4">车辆检查结果确认</th></tr>
<tr><td colspan="4">已对上述项目进行详细检查，结果如下：
1. 检查合格。□
2. 有问题，已填写记录，转入处理流程。□

检车员签字：
日期：</td></tr>
</table>

反思评价

底盘系统维护与保养操作评分表如表 1-2-4 所示。进行自我评价，评价自己在知识、技能、思政方面是否达标，是否按照推荐流程进行操作，激励自己在以后的实操过程中做得更好。

表 1-2-4　底盘系统维护与保养操作评分表

课程名称		授课教师	
学习任务		授课班级	
学习内容		班级人数	

评分项目	评分细则	评分	备注
专业知识能力表现	了解高压安全知识		
	了解防火安全知识		
	讲述场地设备操作规范		
	讲述检测仪器使用注意事项		
	讲述维修工具使用规范		
	掌握车辆仪表指示灯含义		
	掌握个人和工位防护知识		
	讲述采集车辆信息内容步骤		
	描述 J841 电源故障现象		
	分析 J841 电源故障范围		
专业技能实操表现	正确操作场地设备		
	正确使用测量仪器		
	正确使用维修工具		
	检查、穿戴工作服		
	检查、穿戴绝缘鞋		
	检查、穿戴绝缘手套		
	检查、佩戴护目镜		
	检查、佩戴安全帽		
	设置隔离栏		
	放置安全警示牌		
	检查灭火器		
	安装翼子板布		

续表

评分项目	评分细则	评分	备注
专业技能实操表现	安装驾驶室内防护套装		
	采集整车型号		
	采集车辆识别代码		
	采集电机型号		
	采集高压系统工作电压		
	采集动力电池容量		
	采集车辆行驶里程		
	使用举升机将车辆升至合适位置		
	逆时针目视检查轮胎表面有无割伤，轮辋及螺栓有无划伤，轮胎气压是否正常并用肥皂水检查气密性		
	检查高压线束插接件是否破损		
	检查电池组是否有划伤、破损的情况		
	使用扭力扳手用标准力矩对底盘螺栓检查加固		
	将车辆降下，填写工单		
	正确进行系统断电		
	正确拆卸动力电池		
	正确安装动力电池		
	正确完成性能检查		
	收起翼子板布和驾驶室内防护套装		
	在工单中记录故障检测过程		
职业思政素养表现	注重使用文明用语		
	表达清楚，条理分明		
	认真倾听，对问题有合理的反应		
	毅力和工作责任心		
	时间管理能力		
	团队合作能力		
	规范操作的安全意识		
	精益求精的工匠精神		

总结提升

经过了理论与实操学习，相信同学们已经掌握了本次任务所需的知识和技能，对学习成果进行检验吧。回顾本次任务操作流程，请补全图 1–2–2 所示底盘系统维护与保养思维导图中的空缺部分。

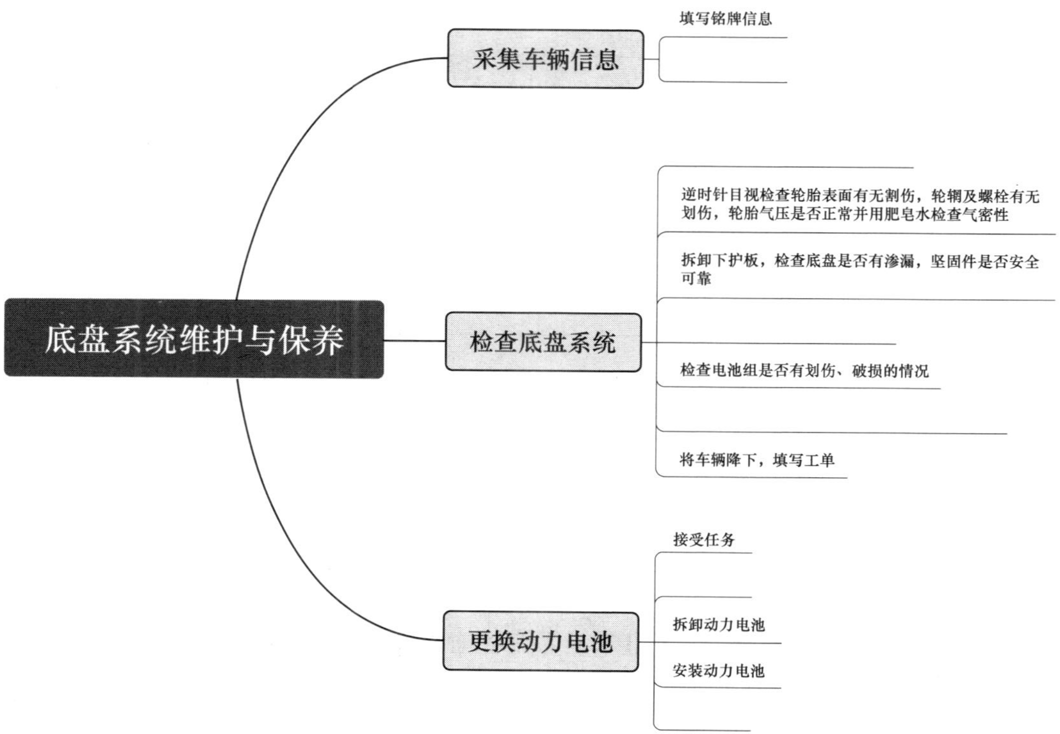

图 1–2–2 底盘系统维护与保养思维导图

技能拓展

本次任务学习完了，还意犹未尽吗？尝试完成表 1–2–5 所示底盘系统维护与保养技能拓展表。根据表内保养项目及内容进行其他系统或部件的保养，拓宽自己的能力。

表 1–2–5　底盘系统维护与保养技能拓展表

系统类别	检查内容	处理方法	A 级保养			B 级保养		
			项目	配件及材料	数量或价格	项目	配件及材料	数量或价格
1 动力电池系统	安全防护	检查并视情况处理	√			√		
	绝缘	检查并视情况处理				√		
	插接件状态	检查并视情况处理	√			√		
	标识	检查并视情况处理	√					
	螺栓紧固力矩	检查并视情况处理	√			√		
	动力电池加热功能检查	检查并视情况处理	√					
	外部检查	清洁处理	√					
	数据采集	分析并视情况处理	√			√		
2 电机系统	安全防护	检查并视情况处理	√			√		
	绝缘	检查并视情况处理				√		
	电机和控制器冷却检查	检查并视情况处理	√			√		
	外部检查	检查并视情况处理	√					
3 电器电控系统	机舱及各部位低压线束防护及固定	检查并视情况处理	√			√		
	机舱及各部位插接件状态	检查并视情况处理	√			√		
	机舱及各部位高压线束防护及固定	检查并视情况处理	√			√		
	机舱及底盘高、低压电器固定及插接件连接状态	分析并视情况处理，清洁	√			√		

模块 2

新能源汽车舒适系统维护与保养

任务 2.1　刮水器维护与检修

教学目标

1. 知识目标

（1）掌握刮水器组成和作用。

（2）了解刮水器各结构位置和分类。

2. 能力目标

（1）能按照维修手册制订刮水器维护与检修工作计划。

（2）能正确使用工具并在 30 min 内完成刮水器维护与检修。

3. 素养目标

（1）培养学生规范操作的安全意识。

（2）培养学生精益求精的工匠精神。

情境导入

小张哥与朋友约好周末出去郊游。一早准备开车出门，发现前挡风玻璃上有污垢，打算用雨刮清洁。然而小张哥拨动雨刮开关后雨刮却没有动，小张哥无奈只好用抹布将前挡风玻璃擦干净。

车辆送到维修站，经检查有如下故障：

前挡风玻璃刮水器不工作。

使用故障诊断仪读取故障码：

（1）10A300 刮水器电机控制单元无通信；

（2）前挡风玻璃雨刮器模块状态：未激活。

如果你是维修人员，你会怎么处理呢？

知识准备

通过维护与检修可以使车辆保持良好的状态，现在就来学习一下刮水器维护与检修的相关知识吧。

刮水器主要由刮水器电机、刮水臂和刮水片组成。刮水器的作用是清洁挡风玻璃、刮去雨水污渍等，为驾驶员提供良好视线，保障行车安全。

1. 分类及安装位置

1）根据安装位置分类

前窗刮水器和后窗刮水器。

2）根据驱动装置不同分类

真空式：由真空泵驱动；

气动式：应具有空气气源；

电动式：结构简单，控制效果好。

刮水器系统如表 2–1–1 所示。

表 2–1–1　刮水器系统

刮水器系统的组成 1—驾驶员侧挡风玻璃刮水器刮水片 2—驾驶员侧挡风玻璃刮水器刮水臂 3—盖罩 4—螺母 5—螺栓 6—挡风玻璃刮水器框架 7—螺母 8—盖罩 9—副驾驶员侧挡风玻璃刮水器刮水臂 10—副驾驶员侧挡风玻璃刮水器刮水片	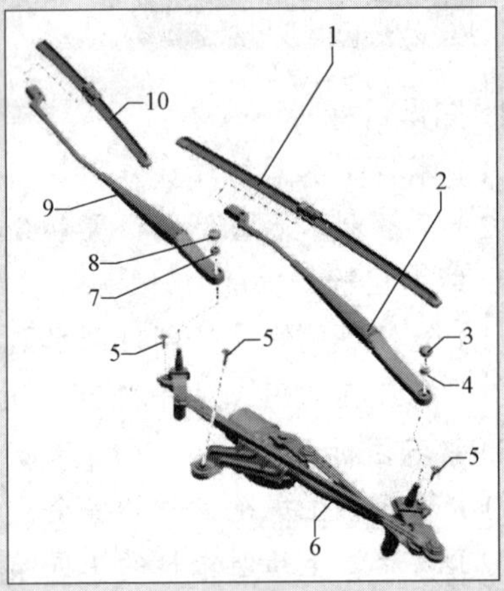
刮水器系统的装配 1—车窗玻璃刮水器框架 2—螺母 3—螺栓 4—车窗玻璃刮水器电机	

2. 刮水器维护与检修相关电器盒

发动机舱中的保险丝与继电器如图 2–1–1 所示。刮水器维护与检修相关保险丝如表 2–1–2 所示。

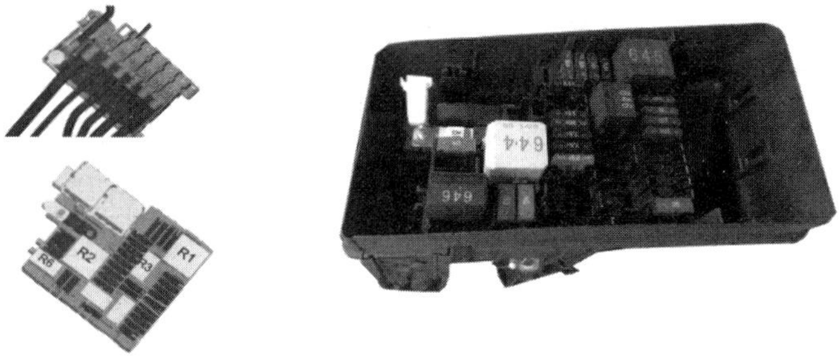

图 2–1–1　发动机舱中的保险丝与继电器

表 2–1–2　刮水器维护与检修相关保险丝

代码	额定电流	定义
SB10	30 A	保险丝架 B 上的保险丝 10

3. 刮水器维护与检修相关系统电路图

刮水器维护与检修相关系统电路图如图 2–1–2 所示。刮水器维护与检修相关系统电路图相关代码定义如表 2–1–3 所示。

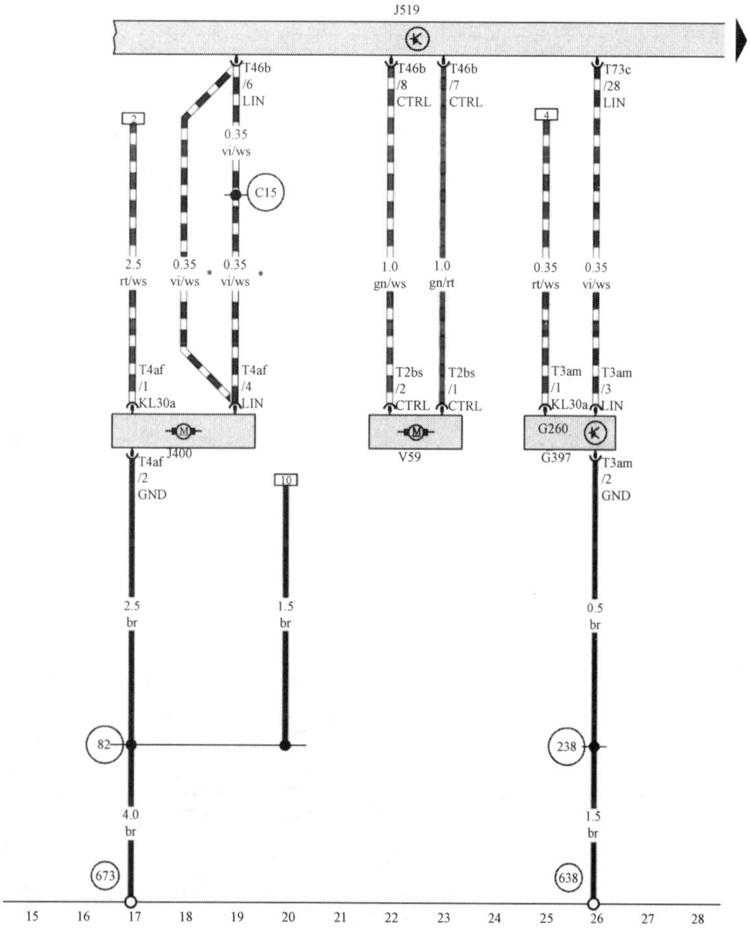

图 2–1–2　刮水器维护与检修相关系统电路图

表 2-1-3 刮水器维护与检修相关系统电路图相关代码定义

代码	定义
G260	空调器空气湿度传感器
G397	雨水与光线识别传感器
J400	刮水器电机控制单元
J519	车载电网控制单元
T2bs	2 芯插头连接，黑色
T3am	3 芯插头连接，黑色
T4af	4 芯插头连接
T46b	46 芯插头连接，黑色
T73c	73 芯插头连接，黑色
V59	前后窗玻璃清洗泵
82	接地连接 1，在左前导线束中
238	接地连接 1，在车内导线束中
638	右 A 柱上的接地点
673	左前纵梁上的接地点 3
C15	连接 1，在大灯导线束中
*	依汽车装备而定

4. 刮水器维护与检修操作流程

刮水器维护与检修操作流程如表 2-1-4 所示。

表 2-1-4 刮水器维护与检修操作流程

1. 个人防护和工位防护 ● 穿工作服与绝缘鞋进入工位，进入工位后设置隔离栏，放置安全警示牌，检查灭火器 ● 检查个人防护用品和工具仪器	

续表

<table>
<tr><td>

2. 采集车辆信息

- 安装翼子板布和驾驶室内防护套装
- 通过车辆铭牌获取车辆型号、车辆识别代码、电机型号、工作电压、电池容量等数据
- 通过仪表板获取行驶里程数据并将其记录在工单中

</td><td>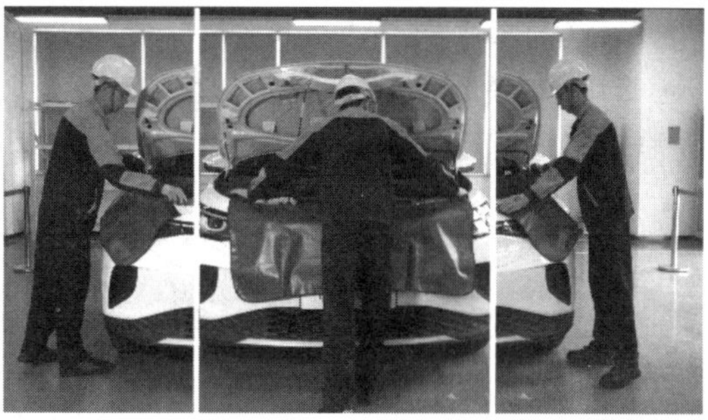</td></tr>
<tr><td>

3. 确认故障现象

- 进入车内，降下主驾驶车窗
- 操作 E378 点火开关，仪表正常点亮
- 踩下制动踏板，挂档，车辆行驶准备就绪指示灯（READY）点亮，车辆高压上电正常

</td><td>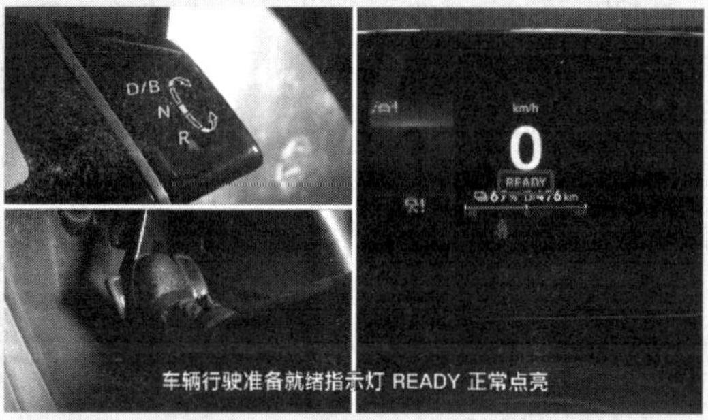
</td></tr>
<tr><td>

- 操作雨刮开关
- 发现前挡风玻璃刮水器不工作
- 将故障现象记录在工单中

</td><td>
</td></tr>
<tr><td>

4. 读取故障信息

- 连接诊断接头
- 连接诊断仪，查看模块通信状态及故障码
- 去掉“用引导型故障查询工作”的勾选
- 单击“是”，等待进入诊断

</td><td>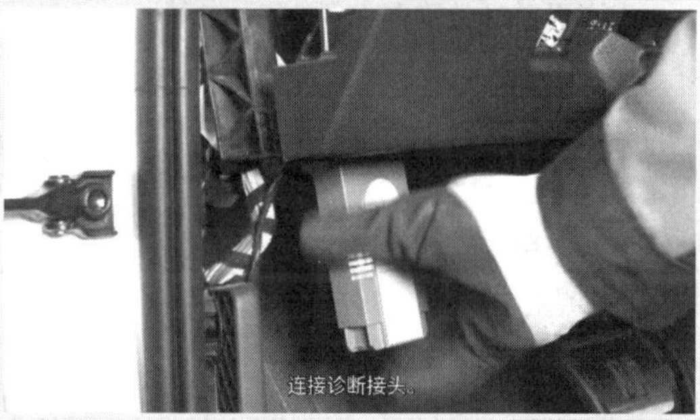
</td></tr>
<tr><td>

- 单击“启动诊断”，进入诊断系统
- 手动选择正确的车型信息
- 单击选择联网图

⚠ **注意**

根据故障现象提示，应在 J519 车载电网控制单元读取故障代码

</td><td>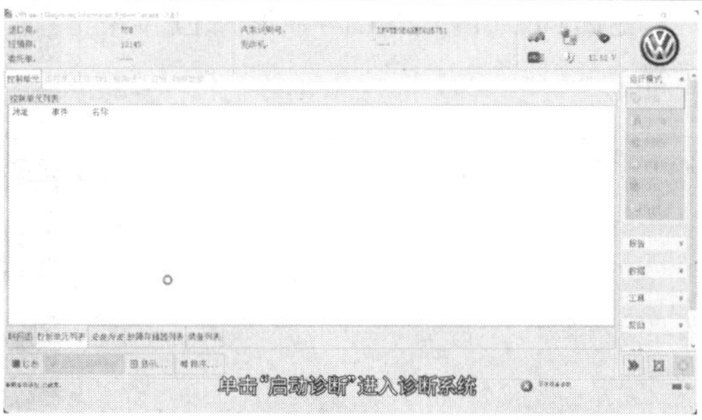
</td></tr>
</table>

续表

● 鼠标右键选择“控制单元自诊断” ● 选择“故障存储器”，单击“执行”，画面跳转到控制单元自诊断界面 ● 10A300：刮水器电机控制单元无通信	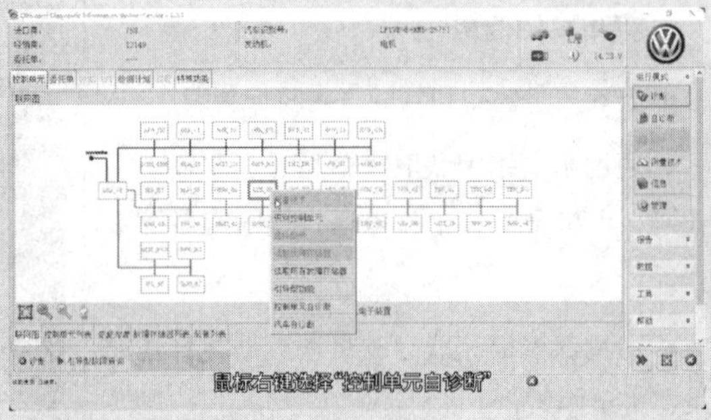
● 使用鼠标右键选择“控制单元自诊断” ● 选择“测量值”，单击“执行”，画面跳转到测量值界面 ● 通过操作雨刮开关读取测量值：前挡风玻璃雨刮器模块状态：未激活 ● 读取故障信息并将其记录在工单中	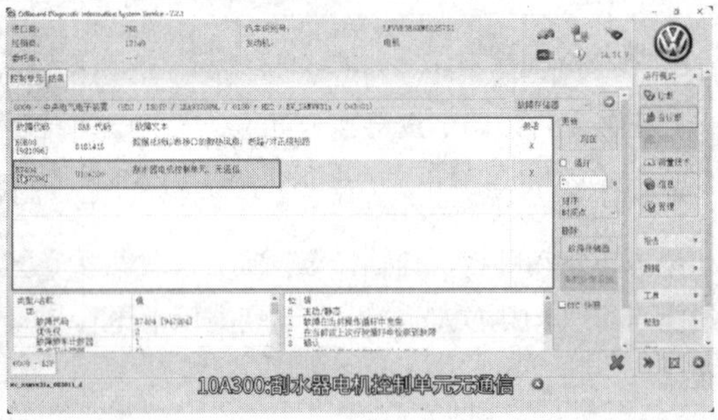
5. 分析故障范围 ● 查阅电路图，分析故障原因 ● J400 电源故障 ● J400 控制线束故障 ● J400 局部故障 ● J519 局部故障 ● 记录故障范围	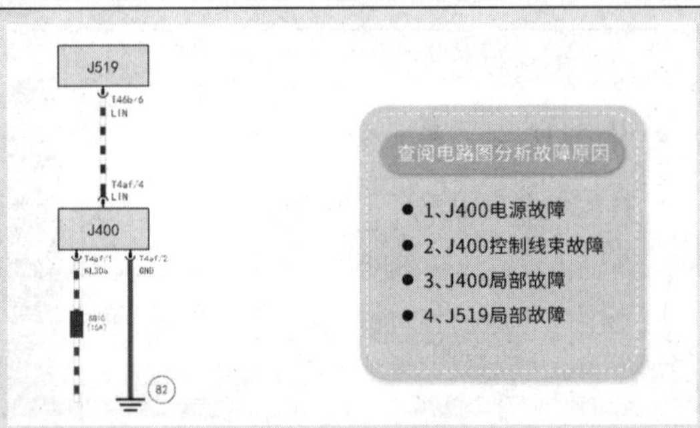
6. 测量并确认故障点 ● 断开蓄电池负极，拔下 J400 插头，测量 J400 供电 T4af/1 对地电压为 14 V，测量结果正常 ● 测量 J400 供电 T4af/2 对地电压为 36 mV，测量结果正常 ● 将测量结果记录在工单中	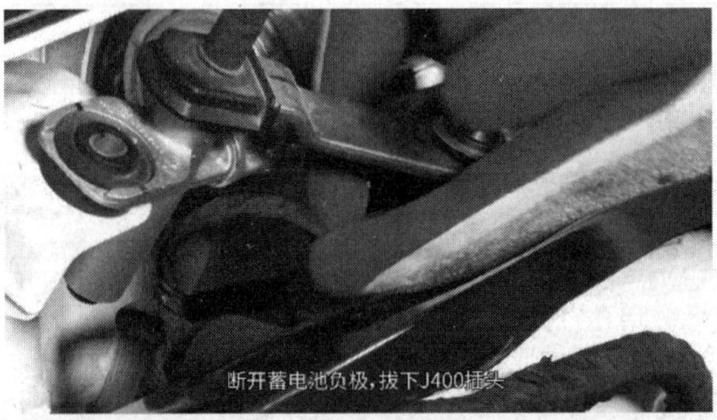
● 测量 J400 LIN 线 T4af/4 波形，测量结果正常 ● 将测量结果记录在工单中	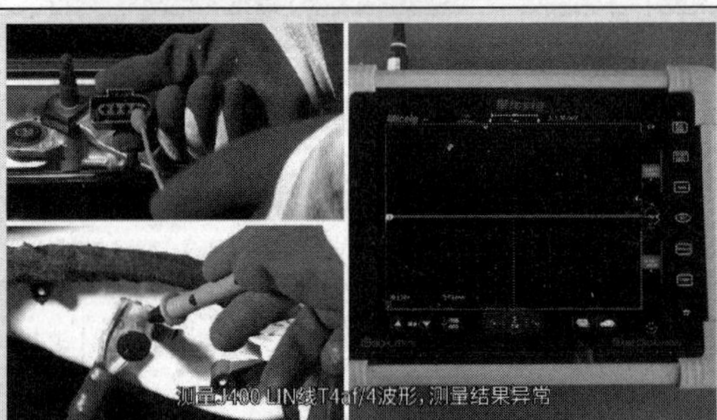

续表

<table>
<tr><td>● 测量 J519 T46b/6 波形，测量结果异常</td><td>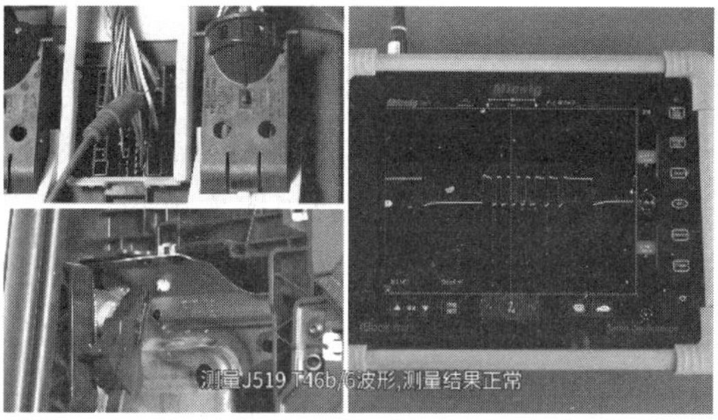</td></tr>
<tr><td>● 测量 J519 T46b/6-J400 T4af/4 电阻为∞，测量结果异常
● 通过以上逐一测量排查，确认故障点为：J519 T46b/6-J400 T4af/4 断路</td><td>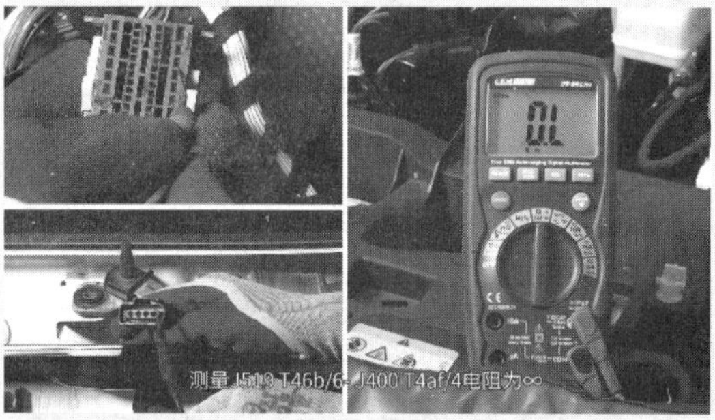</td></tr>
<tr><td>7. 再次验证故障现象
● 打开点火开关，仪表正常点亮
● 操作雨刮开关，前挡风玻璃刮水器正常工作
● 刮水器故障已排除</td><td>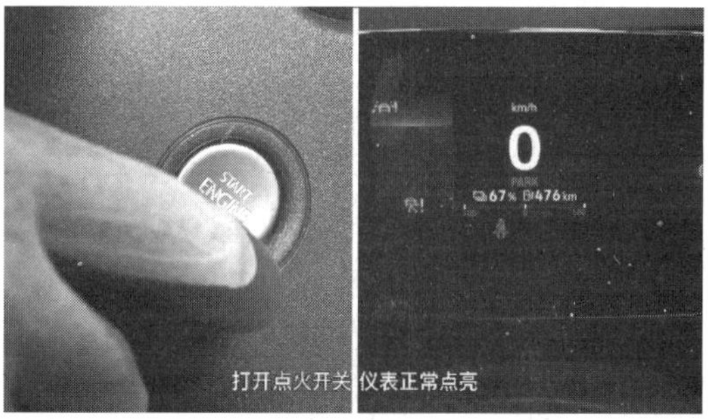</td></tr>
<tr><td>8. 复位工位场地
● 收起安装翼子板布和驾驶室内防护套装
● 将故障检测过程记录在工单中</td><td>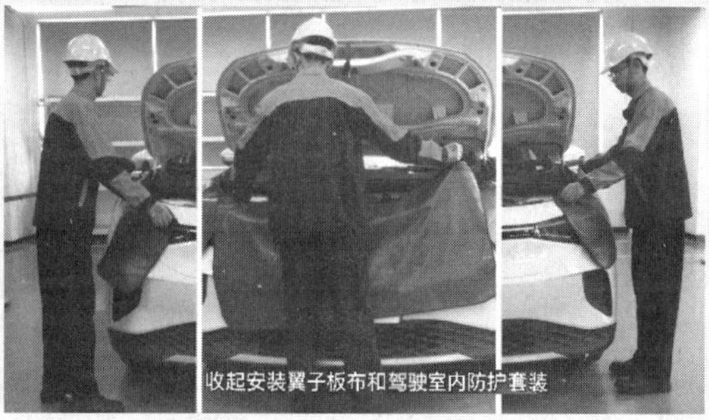</td></tr>
</table>

计划决策

学习完相关知识，同学们该自己动手操作了。

观看视频演示，了解视频操作流程，制订任务计划，研讨、沟通实施计划需要准备的场地、设备和工具，做好组内人员的分工。刮水器维护与检修任务计划表如表 2-1-5 所示。

表 2-1-5 刮水器维护与检修任务计划表

编号	任务计划	人员	工具	备注
1				
2				
3				
4				
5				
6				

任务实施

使用仪器设备进行实车操作，根据表 2-1-6 所示刮水器维护与检修任务工单上的检测项目逐一检测，每检测完一项就将检测结果记录在工单中，并在检测完成后进行结果确认。

表 **2-1-6** 刮水器维护与检修任务工单

刮水器维护与检修

一、车辆信息

项目	作业内容	配分	评分
整车型号			
车辆识别代码			
电机型号			
工作电压			
动力电池容量			
行驶里程			

二、故障检修

项目	作业内容	配分	评分
确认故障现象			
记录故障信息			

续表

刮水器维护与检修

<table>
<tr><th>项目</th><th colspan="5">作业内容</th><th>配分</th><th>评分</th></tr>
<tr><td>分析故障范围</td><td colspan="5"></td><td></td><td></td></tr>
<tr><td rowspan="7">记录测量数据</td><td>测量对象</td><td>测量条件</td><td>实测值</td><td>标准值</td><td>结果判定</td><td rowspan="7"></td><td rowspan="7"></td></tr>
<tr><td></td><td></td><td></td><td></td><td></td></tr>
<tr><td></td><td></td><td></td><td></td><td></td></tr>
<tr><td></td><td></td><td></td><td></td><td></td></tr>
<tr><td></td><td></td><td></td><td></td><td></td></tr>
<tr><td></td><td></td><td></td><td></td><td></td></tr>
<tr><td></td><td></td><td></td><td></td><td></td></tr>
<tr><td>采集波形数据</td><td colspan="5">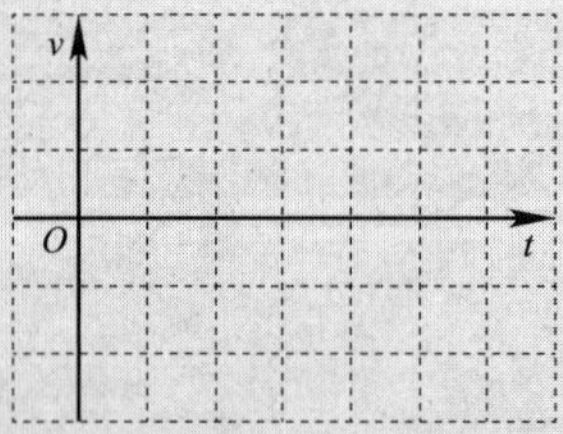
实测波形
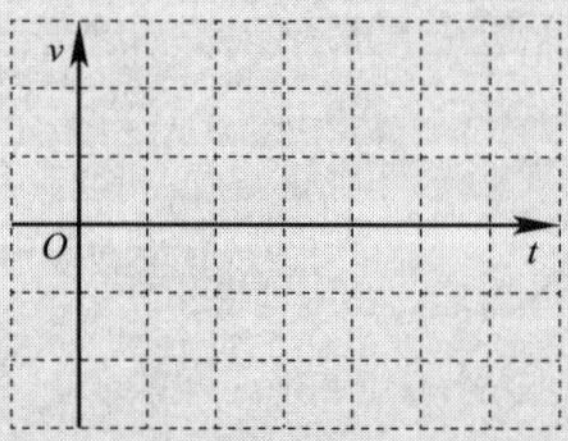
标准波形</td><td></td><td></td></tr>
<tr><td rowspan="3">确诊故障部位</td><td>故障类型</td><td colspan="2">故障点</td><td colspan="2">故障类别</td><td rowspan="3"></td><td rowspan="3"></td></tr>
<tr><td>线路故障</td><td colspan="2"></td><td colspan="2">□ 短路 □ 断路 □ 虚接</td></tr>
<tr><td>元件故障</td><td colspan="2"></td><td colspan="2">□ 机械故障 □ 电气故障</td></tr>
</table>

反思评价

刮水器维护与检修操作评分表如表 2-1-7 所示。进行自我评价，评价自己在知识、技能、思政方面是否达标，是否按照推荐流程进行操作，总结实操过程中的得与失并交流、记录。

表 2-1-7 刮水器维护与检修操作评分表

<table>
<tr><td>课程名称</td><td colspan="2"></td><td>授课教师</td><td colspan="2"></td></tr>
<tr><td>学习任务</td><td colspan="2"></td><td>授课班级</td><td colspan="2"></td></tr>
<tr><td>学习内容</td><td colspan="2"></td><td>班级人数</td><td colspan="2"></td></tr>
<tr><td>评分项目</td><td colspan="3">评分细则</td><td>评分</td><td>备注</td></tr>
<tr><td rowspan="10">专业知识能力表现</td><td colspan="3">了解高压安全知识</td><td></td><td></td></tr>
<tr><td colspan="3">了解防火安全知识</td><td></td><td></td></tr>
<tr><td colspan="3">讲述场地设备操作规范</td><td></td><td></td></tr>
<tr><td colspan="3">讲述检测仪器使用注意事项</td><td></td><td></td></tr>
<tr><td colspan="3">讲述维修工具使用规范</td><td></td><td></td></tr>
<tr><td colspan="3">掌握车辆仪表指示灯含义</td><td></td><td></td></tr>
<tr><td colspan="3">掌握个人和工位防护知识</td><td></td><td></td></tr>
<tr><td colspan="3">讲述采集车辆信息内容步骤</td><td></td><td></td></tr>
<tr><td colspan="3">描述刮水器故障现象</td><td></td><td></td></tr>
<tr><td colspan="3">分析刮水器故障范围</td><td></td><td></td></tr>
<tr><td rowspan="14">专业技能实操表现</td><td colspan="3">正确操作场地设备</td><td></td><td></td></tr>
<tr><td colspan="3">正确使用测量仪器</td><td></td><td></td></tr>
<tr><td colspan="3">正确使用维修工具</td><td></td><td></td></tr>
<tr><td colspan="3">检查、穿戴工作服</td><td></td><td></td></tr>
<tr><td colspan="3">检查、穿戴绝缘鞋</td><td></td><td></td></tr>
<tr><td colspan="3">检查、穿戴绝缘手套</td><td></td><td></td></tr>
<tr><td colspan="3">检查、佩戴护目镜</td><td></td><td></td></tr>
<tr><td colspan="3">检查、佩戴安全帽</td><td></td><td></td></tr>
<tr><td colspan="3">设置隔离栏</td><td></td><td></td></tr>
<tr><td colspan="3">放置安全警示牌</td><td></td><td></td></tr>
<tr><td colspan="3">检查灭火器</td><td></td><td></td></tr>
<tr><td colspan="3">安装翼子板布</td><td></td><td></td></tr>
<tr><td colspan="3">安装驾驶室内防护套装</td><td></td><td></td></tr>
<tr><td colspan="3">采集整车型号</td><td></td><td></td></tr>
</table>

续表

评分项目	评分细则	评分	备注
专业技能实操表现	采集车辆识别代码		
	采集电机型号		
	采集高压系统工作电压		
	采集动力电池容量		
	采集车辆行驶里程		
	记录：前挡风玻璃刮水器不工作的故障现象		
	读取故障：10A300 刮水器电机控制单元无通信		
	分析故障范围：J400 电源故障		
	分析故障范围：J400 控制线束故障		
	分析故障范围：J400 局部故障		
	分析故障范围：J519 局部故障		
	断开蓄电池负极，拔下 J400 插头，测量 J400 供电 T4af/1 对地电压为 14 V，测量结果正常		
	测量 J400 供电 T4af/2 对地电压为 36 mV，测量结果正常		
	测量 J400 LIN 线 T4af/4 波形，测量结果正常		
	测量 J519 T46b/6 波形，测量结果异常		
	测量 J519 T46b/6-J400 T4af/4 电阻为∞，测量结果异常		
	确认故障点为：J519 T46b/6-J400 T4af/4 断路		
	维修车辆：维修线路		
	验证故障现象：打开点火开关，仪表正常点亮		
	验证故障现象：操作雨刮开关，前挡风玻璃刮水器正常工作		
	收起翼子板布和驾驶室内防护套装		
	在工单中记录故障检测过程		
职业思政素养表现	注重使用文明用语		
	表达清楚，条理分明		
	认真倾听，对问题有合理的反应		
	举一反三迁移能力和学习态度		
	自信心和抗挫折能力		
	自我检查与自我评价能力		
	毅力和工作责任心		
	时间管理能力		
	团队合作能力		
	规范操作的安全意识		
	精益求精的工匠精神		

总结提升

经过了理论与实操学习，相信同学们已经掌握了本次任务所需的知识和技能，对学习成果进行检验吧。回顾本次任务操作流程，请补全图 2–1–3 所示刮水器维护与检修思维导图中的空缺部分。

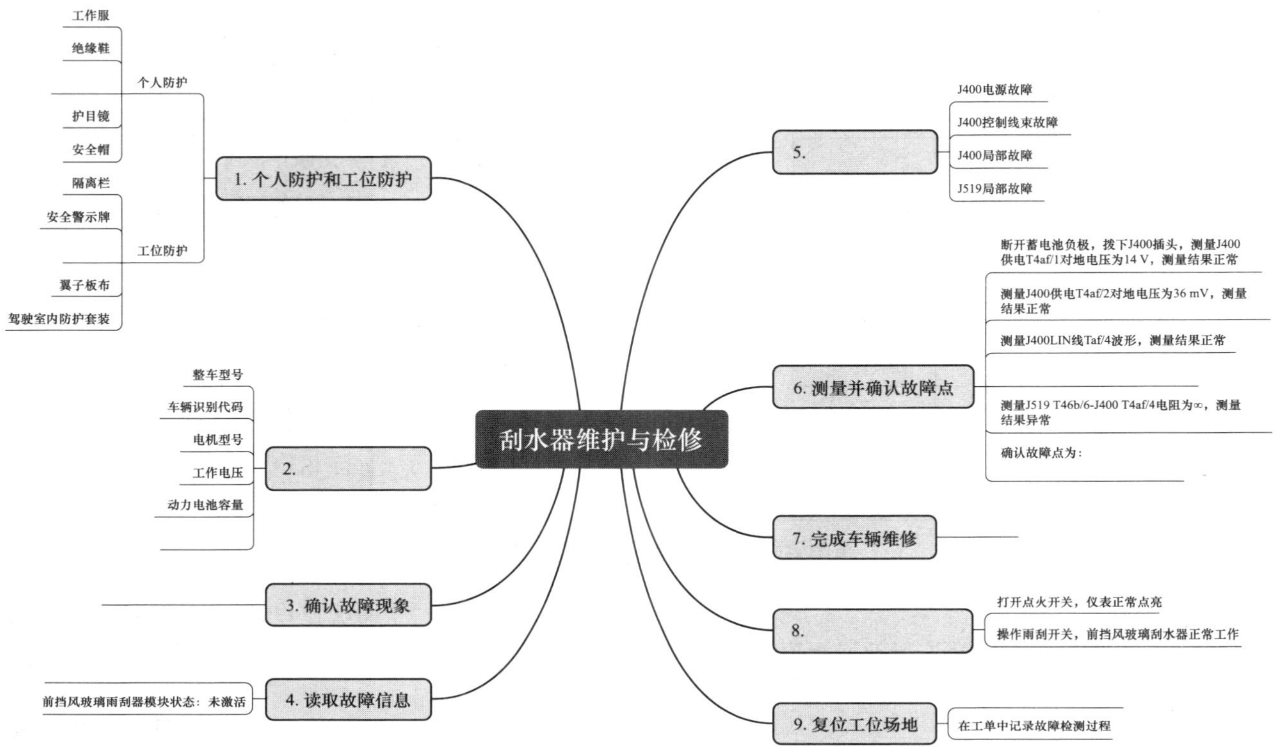

图 2–1–3　刮水器维护与检修思维导图

技能拓展

本次任务学习完了，还意犹未尽吗？尝试完成表 2–1–8 所示刮水器维护与检修技能拓展表。根据表 2–1–9、表 2–1–10 所示的相关任务进行故障设置与故障记录，提高自己的能力。

表 2–1–8　刮水器维护与检修技能拓展表

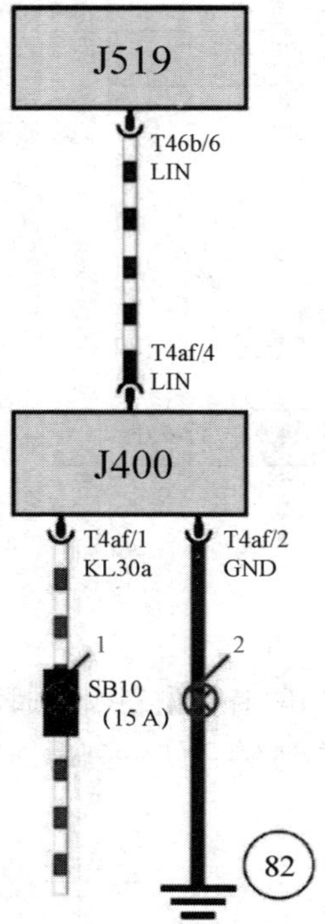

序号	任务
1	SB10 保险断路
2	T4af/2 至 82 断路
3	
4	
5	
6	
7	
8	
9	
10	
11	
12	
13	
14	
15	
16	

表 2–1–9　拓展任务 1：SB10 保险断路

电路图	故障现象	故障码
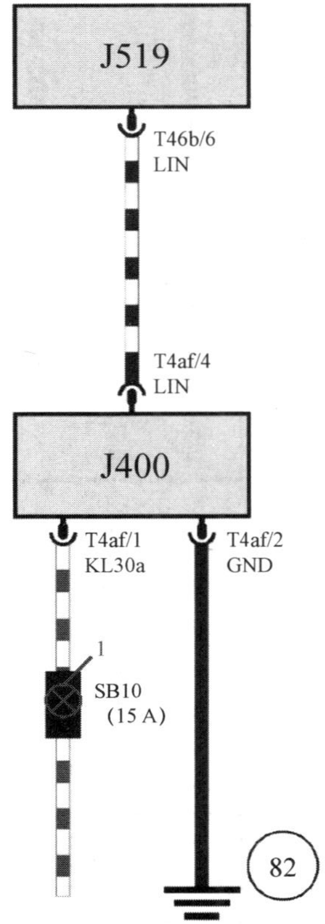		
	数据流	测量值
	波形图	故障机理
	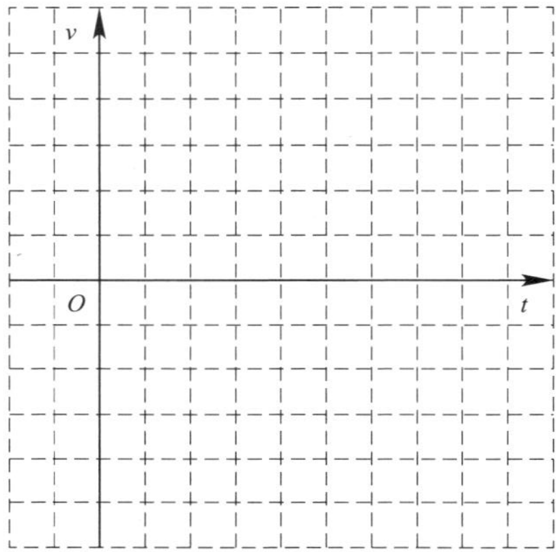	

表 2-1-10　拓展任务 2：T4af/2 至 82 断路

电路图	故障现象	故障码
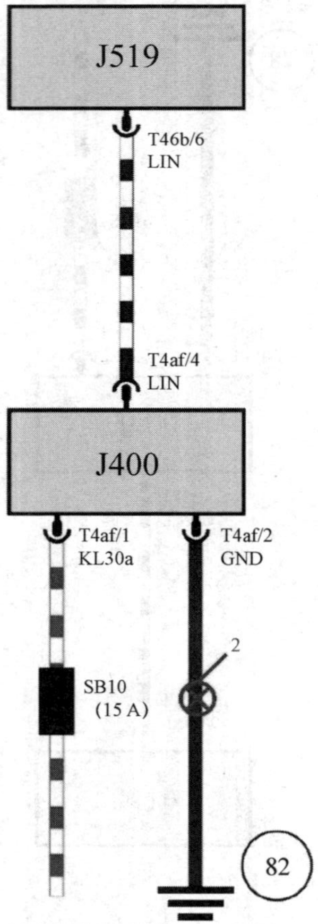		
	数据流	测量值
	波形图	故障机理
	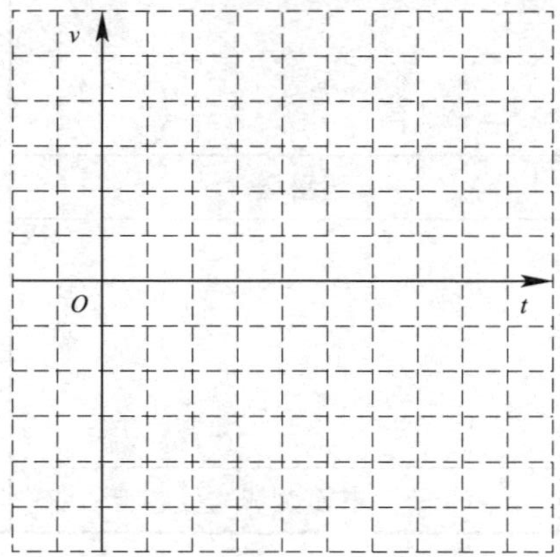	

任务 2.2　中央门锁维护与检修

教学目标

1. 知识目标

（1）掌握中央门锁的组成和作用。

（2）熟悉中央门锁结构位置。

（3）熟悉中央门锁检修流程。

2. 能力目标

（1）能按照维修手册制订中央门锁维护与检修工作计划。

（2）能正确使用工具并在 30 min 内完成中央门锁维护与保养。

3. 素养目标

（1）培养学生规范操作的安全意识。

（2）培养学生精益求精的工匠精神。

情境导入

室外大雪纷飞，小李哥打算进车里暖和一下，结果发现车门打不开，多次尝试未果。小李哥的车已经行驶 12 万公里。

车辆送到维修站，经检查有如下故障：

（1）主驾驶员侧无钥匙进入功能失效。

（2）解锁车辆，主驾驶员侧车门仍无法打开。

（3）操作中央门锁开关，无法对主驾驶车门进行上锁或者解锁。

使用故障诊断仪读取故障码：

（1）30074：中央门锁电机，断路；

（2）30039：中央门锁上锁单元，信号不可信。

如果你是维修人员，你会怎么处理呢？

知识准备

通过维护与检修，车辆可以保持良好的状态，现在就来学习一下中央门锁维护与检修的相关知识吧。

1. 组成及安装位置

中央门锁主要由接线板、车门控制单元、车门把手、车门锁闭单元等组成。中央门锁的作用是控制车门开关、车窗玻璃升降、车辆上锁解锁等。

中央门锁组成及安装位置如图 2-2-1 所示。

中央门锁控制装配
1—接线板 1
2—副驾驶员侧车门控制单元-J387-
3—副驾驶员侧车门锁闭单元-VX22-
4—接线板 2
5—副驾驶员侧后车窗升降器电机-V472-
6—副驾驶员侧后车门锁闭单元-VX84-
7—行李舱盖右侧耦接装置
8—行李舱盖把手-EX37-
9—行李舱盖闭锁单元-VX25-
10—驾驶员侧后车门锁闭单元-VX83-
11—驾驶员侧后车窗升降器电机-V471-
12—接线站 1
13—驾驶员车门锁闭单元-VX21-
14—电动车窗升降器的操作元件-EX31-
15—驾驶员侧车门控制单元-J386-
16—接线站 2
17—发动机舱盖接触开关-F266-
18—车载电网控制单元-J519-

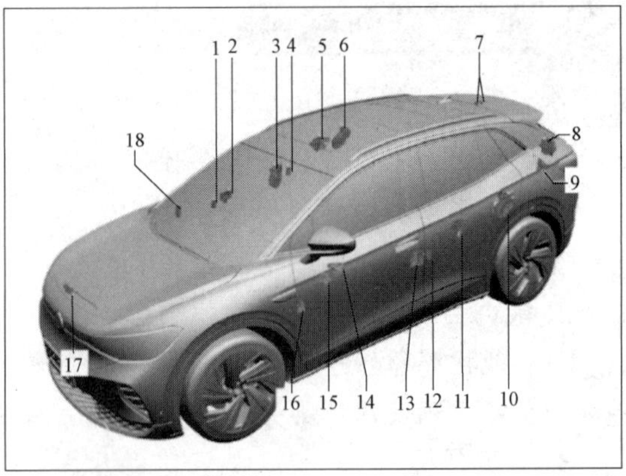

图 2-2-1　中央门锁组成及安装位置

2. 中央门锁维护与检修相关电器盒

驾驶舱中的保险丝与继电器如图 2-2-2 所示。中央门锁维护与检修相关保险丝如表 2-2-1 所示。

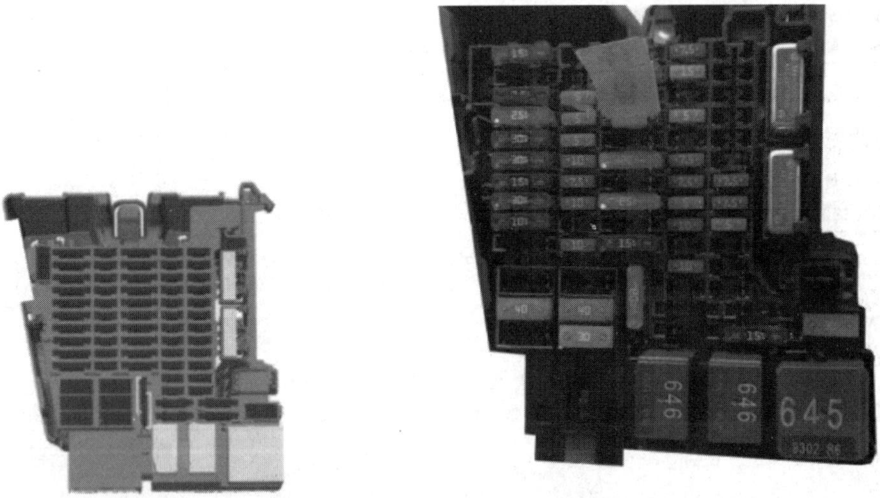

图 2-2-2　驾驶舱中的保险丝与继电器

表 2–2–1　中央门锁维护与检修相关保险丝

代码	额定电流	定义
SC9	30 A	保险丝架 C 上的保险丝 9

3. 中央门锁维护与检修相关系统电路图

中央门锁维护与检修相关系统电路图如图 2–2–3 所示。中央门锁维护与检修相关系统电路图相关代码定义如表 2–2–2 所示。

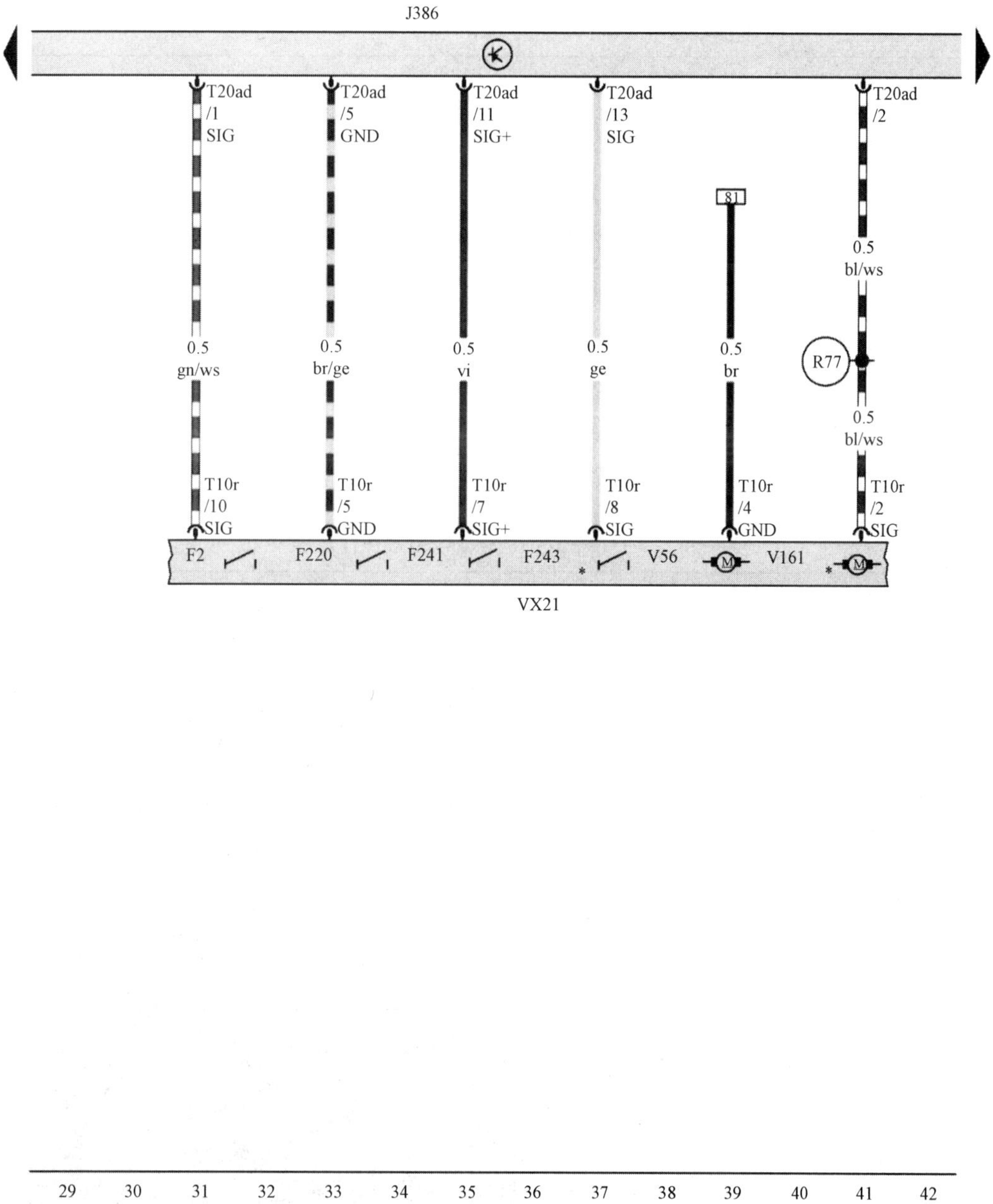

图 2–2–3　中央门锁维护与检修相关系统电路图

表 2–2–2　中央门锁维护与检修相关系统电路图相关代码定义

代码	定义
F2	驾驶员侧车门接触开关
F220	驾驶员侧中央门锁闭锁单元
F241	驾驶员侧锁芯中的接触开关
F243	驾驶员侧车门中央门锁 Safe（加密保护）功能指示灯
J386	驾驶员侧车门控制单元
T10r	10 芯插头连接
T20ad	20 芯插头连接，白色
VX21	驾驶员侧车门闭锁单元
V56	驾驶员侧车门中央门锁电机
V161	驾驶员侧车门中央门锁 Safe 功能电机
R77	连接 1（车门触点开关），在驾驶员侧车门导线束中
*	用于带 Safe 功能的汽车

4. 中央门锁维护与检修操作流程

中央门锁维护与检修操作流程如表 2–2–3 所示。

表 2–2–3　中央门锁维护与检修操作流程

操作步骤	图示
1. 个人防护和工位防护 ● 穿工作服与绝缘鞋进入工位，进入工位后设置隔离栏，放置安全警示牌，检查灭火器 ● 检查个人防护用品和工具仪器	 放置安全警示牌
2. 采集车辆信息 ● 安装翼子板布和驾驶室内防护套装 ● 通过车辆铭牌获取车辆型号、车辆识别代码、电机型号、工作电压、电池容量等数据 ● 通过仪表板获取行驶里程数据并将其记录在工单中	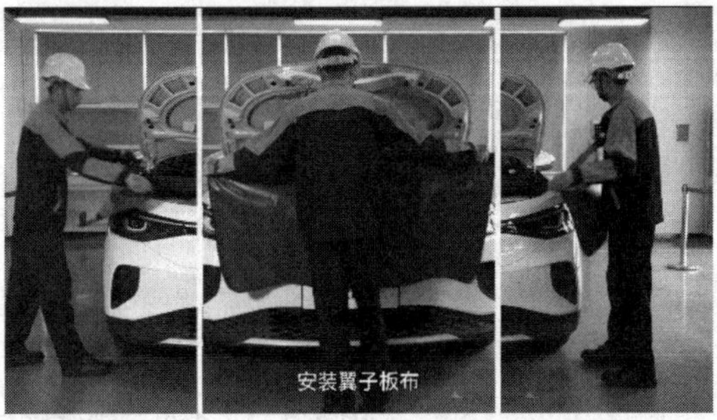 安装翼子板布

续表

3. 确认故障现象 ● 主驾驶员侧无钥匙进入功能失效，解锁车辆，主驾驶员侧车门仍无法打开，通过机械钥匙打开车门进入车内 ● 进入车内，降下主驾驶车窗	
● 操作 E378 点火开关，仪表正常点亮 ● 踩下制动踏板，挂档，车辆行驶准备就绪指示灯（READY）点亮，车辆高压上电正常 ● 操作中央门锁开关，无法对主驾驶车门进行上锁或者解锁 ● 将故障现象记录在工单中	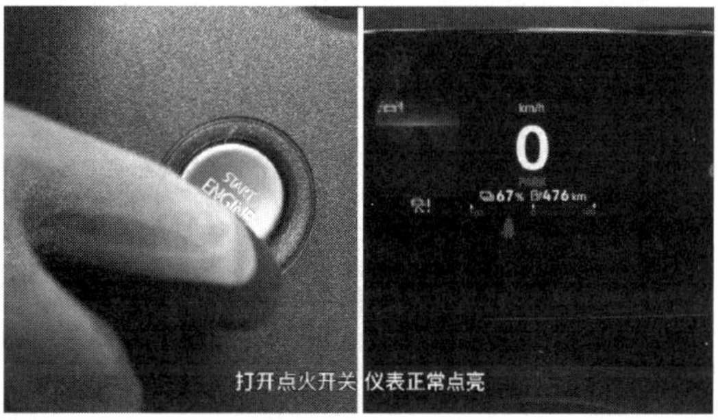
4. 读取故障信息 ● 连接诊断接头 ● 连接诊断仪，查看模块通信状态及故障码 ● 去掉“用引导型故障查询工作”的勾选 ● 单击“是”，等待进入诊断	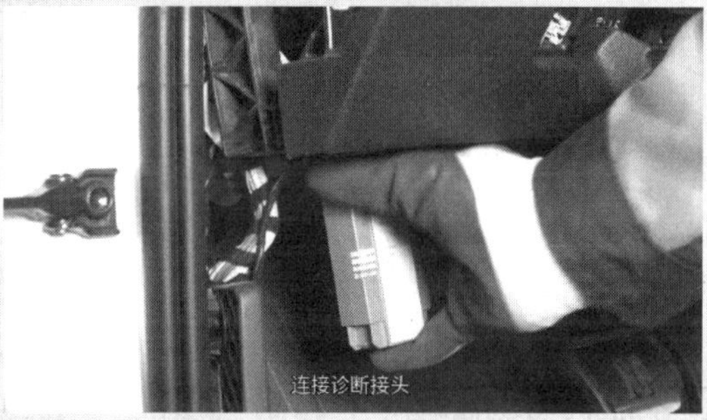
● 单击“启动诊断”，进入诊断系统 ● 手动选择正确的车型信息 ● 单击选择联网图 ⚠ **注意** 根据故障现象提示，应在驾驶员侧车门电子装置控制单元读取故障代码	
● 使用鼠标右键选择“控制单元自诊断” ● 选择“故障存储器”，单击“执行”，画面跳转到控制单元自诊断界面 ● 30074：中央门锁电机，断路 ● 30039：中央门锁上锁单元，信号不可信 ● 读取故障信息并将其记录在工单中	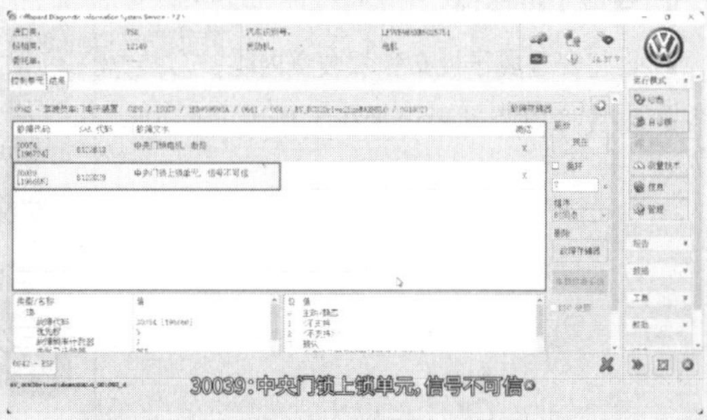

续表

<table>
<tr><td>

5. 分析故障范围

- 线束故障
- J386 局部故障
- VX21 故障
- 记录故障范围

</td><td>

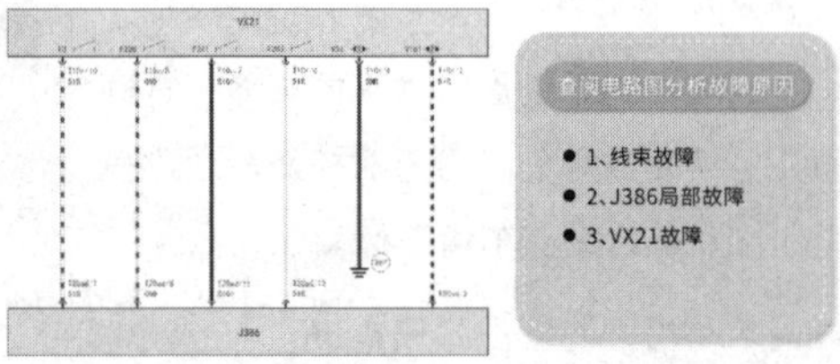

</td></tr>
<tr><td>

6. 测量并确认故障点

- 断开蓄电池负极，拔下 VX21 插头，连接蓄电池负极，测量 VX21 T10r/8 对地电压为 17 mV，测量结果异常
- 测量 J386 T20a d/13 对地电压为 12 V，测量结果正常
- 将测量结果记录在工单中

</td><td>

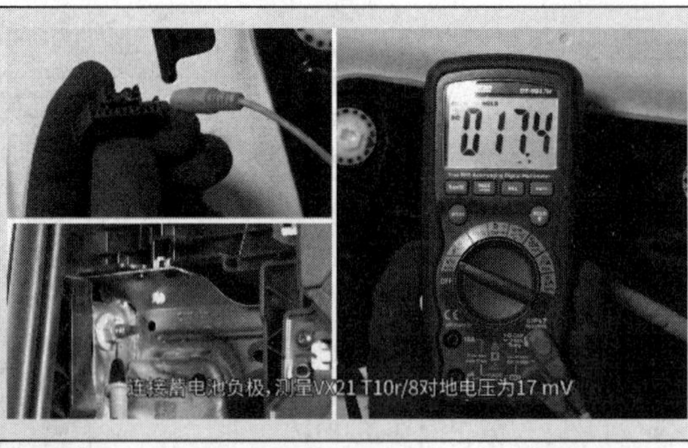

</td></tr>
<tr><td>

- 测量 VX21 T10r/8-J386 T20ad/13 电阻阻值为∞，测量结果异常
- 将测量结果记录在工单中
- 通过以上测量排查，确认故障点为：VX21 T10r/8-J386 T20ad/13 断路

</td><td>

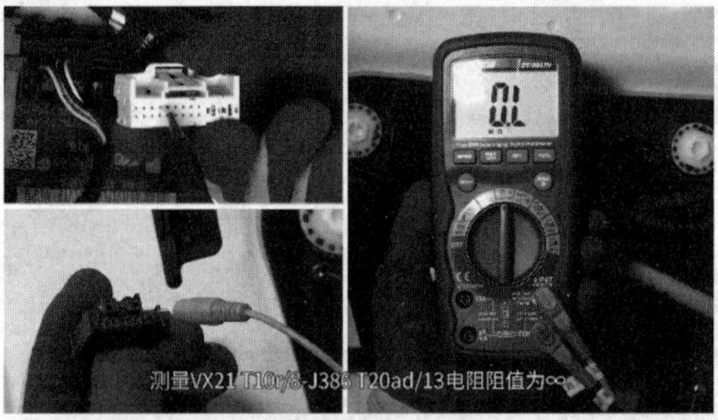

</td></tr>
<tr><td>

7. 再次验证故障现象

- 通过无钥匙方式进入车内
- 打开点火开关，仪表正常点亮
- 操作中央门锁开关，主驾驶员侧车门能进行正常上锁或者解锁。中央门锁故障已排除

</td><td>

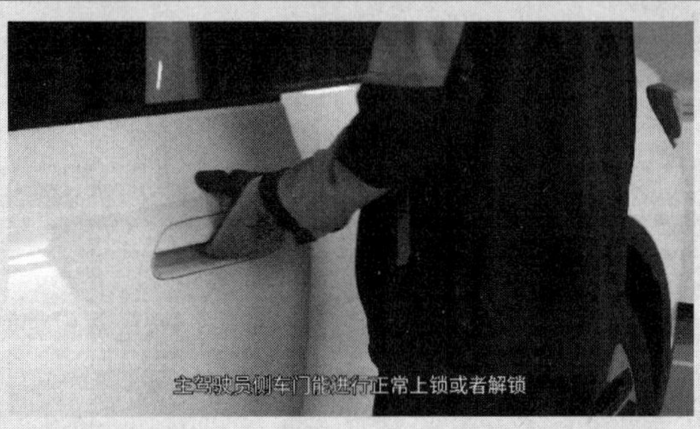

</td></tr>
<tr><td>

8. 复位工位场地

- 收起安装翼子板布和驾驶室内防护套装
- 将故障检测过程记录在工单中

</td><td>

</td></tr>
</table>

计划决策

学习完相关知识，同学们该自己动手操作了。

观看视频演示，了解视频操作流程，制订任务计划，研讨、沟通实施计划需要准备的场地、设备和工具，做好组内人员的分工。中央门锁维护与检修任务计划表如表 2–2–4 所示。

表 2–2–4　中央门锁维护与检修任务计划表

编号	任务计划	人员	工具	备注
1				
2				
3				
4				
5				
6				

任务实施

使用仪器设备进行实车操作，根据表 2–2–5 所示中央门锁维护与检修任务工单上的检测项目逐一检测，每检测完一项就将检测结果记录在工单中，并在检测完成后进行结果确认。

表 2–2–5　中央门锁维护与检修任务工单

中央门锁维护与检修			
一、车辆信息			
项目	作业内容	配分	评分
整车型号			
车辆识别代码			
电机型号			
工作电压			
动力电池容量			
行驶里程			
二、故障检修			
项目	作业内容	配分	评分
确认故障现象			
记录故障信息			

续表

中央门锁维护与检修

<table>
<tr><th>项目</th><th colspan="5">作业内容</th><th>配分</th><th>评分</th></tr>
<tr><td>分析故障范围</td><td colspan="5"></td><td></td><td></td></tr>
<tr><td rowspan="7">记录测量数据</td><td>测量对象</td><td>测量条件</td><td>实测值</td><td>标准值</td><td>结果判定</td><td rowspan="7"></td><td rowspan="7"></td></tr>
<tr><td></td><td></td><td></td><td></td><td></td></tr>
<tr><td></td><td></td><td></td><td></td><td></td></tr>
<tr><td></td><td></td><td></td><td></td><td></td></tr>
<tr><td></td><td></td><td></td><td></td><td></td></tr>
<tr><td></td><td></td><td></td><td></td><td></td></tr>
<tr><td></td><td></td><td></td><td></td><td></td></tr>
<tr><td>采集波形数据</td><td colspan="5">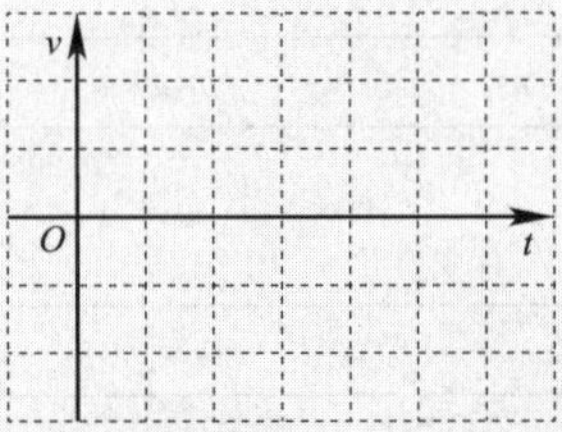

实测波形
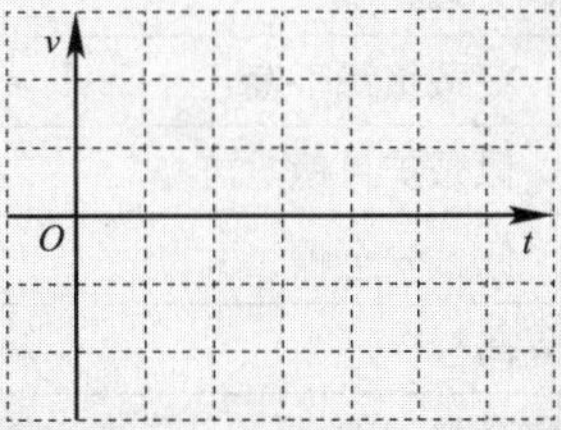

标准波形</td><td></td><td></td></tr>
<tr><td rowspan="3">确诊故障部位</td><td>故障类型</td><td colspan="2">故障点</td><td colspan="2">故障类别</td><td rowspan="3"></td><td rowspan="3"></td></tr>
<tr><td>线路故障</td><td colspan="2"></td><td colspan="2">□ 短路　□ 断路　□ 虚接</td></tr>
<tr><td>元件故障</td><td colspan="2"></td><td colspan="2">□ 机械故障　□ 电气故障</td></tr>
</table>

反思评价

中央门锁维护与检修操作评分表如表 2–2–6 所示。进行自我评价，评价自己在知识、技能、思政方面是否达标，是否按照推荐流程进行操作，总结实操过程中的得与失并交流、记录。

表 2–2–6　中央门锁维护与检修操作评分表

<table>
<tr><td>课程名称</td><td colspan="2"></td><td>授课教师</td><td colspan="2"></td></tr>
<tr><td>学习任务</td><td colspan="2"></td><td>授课班级</td><td colspan="2"></td></tr>
<tr><td>学习内容</td><td colspan="2"></td><td>班级人数</td><td colspan="2"></td></tr>
<tr><td>评分项目</td><td colspan="3">评分细则</td><td>评分</td><td>备注</td></tr>
<tr><td rowspan="10">专业知识能力表现</td><td colspan="3">了解高压安全知识</td><td></td><td></td></tr>
<tr><td colspan="3">了解防火安全知识</td><td></td><td></td></tr>
<tr><td colspan="3">讲述场地设备操作规范</td><td></td><td></td></tr>
<tr><td colspan="3">讲述检测仪器使用注意事项</td><td></td><td></td></tr>
<tr><td colspan="3">讲述维修工具使用规范</td><td></td><td></td></tr>
<tr><td colspan="3">掌握车辆仪表指示灯含义</td><td></td><td></td></tr>
<tr><td colspan="3">掌握个人和工位防护知识</td><td></td><td></td></tr>
<tr><td colspan="3">讲述采集车辆信息内容步骤</td><td></td><td></td></tr>
<tr><td colspan="3">描述中央门锁故障现象</td><td></td><td></td></tr>
<tr><td colspan="3">分析中央门锁故障范围</td><td></td><td></td></tr>
<tr><td rowspan="16">专业技能实操表现</td><td colspan="3">正确操作场地设备</td><td></td><td></td></tr>
<tr><td colspan="3">正确使用测量仪器</td><td></td><td></td></tr>
<tr><td colspan="3">正确使用维修工具</td><td></td><td></td></tr>
<tr><td colspan="3">检查、穿戴工作服</td><td></td><td></td></tr>
<tr><td colspan="3">检查、穿戴绝缘鞋</td><td></td><td></td></tr>
<tr><td colspan="3">检查、穿戴绝缘手套</td><td></td><td></td></tr>
<tr><td colspan="3">检查、佩戴护目镜</td><td></td><td></td></tr>
<tr><td colspan="3">检查、佩戴安全帽</td><td></td><td></td></tr>
<tr><td colspan="3">设置隔离栏</td><td></td><td></td></tr>
<tr><td colspan="3">放置安全警示牌</td><td></td><td></td></tr>
<tr><td colspan="3">检查灭火器</td><td></td><td></td></tr>
<tr><td colspan="3">安装翼子板布</td><td></td><td></td></tr>
<tr><td colspan="3">安装驾驶室内防护套装</td><td></td><td></td></tr>
<tr><td colspan="3">采集整车型号</td><td></td><td></td></tr>
<tr><td colspan="3">采集车辆识别代码</td><td></td><td></td></tr>
<tr><td colspan="3">采集电机型号</td><td></td><td></td></tr>
</table>

续表

评分项目	评分细则	评分	备注
专业技能实操表现	采集高压系统工作电压		
	采集动力电池容量		
	采集车辆行驶里程		
	记录主驾驶员侧无钥匙进入功能失效		
	记录：解锁车辆，主驾驶员侧车门仍无法打开		
	记录操作中央门锁开关，无法对主驾驶车门进行上锁或者解锁		
	读取故障，30074：中央门锁电机，断路		
	读取故障，30039：中央门锁上锁单元，信号不可信		
	分析故障范围：线束故障		
	分析故障范围：J386 局部故障		
	分析故障范围：VX21 故障		
	断开蓄电池负极，拔下 VX21 插头，连接蓄电池负极，测量 VX21 T10r/8 对地电压为 17 mV，测量结果异常		
	测量 J386 T20a d/13 对地电压为 12 V，测量结果正常		
	测量 VX21 T10r/8-J386 T20ad/13 电阻阻值为∞，测量结果异常		
	确认故障点为：VX21 T10r/8-J386 T20ad/13 断路		
	维修车辆：维修线路		
	验证故障现象：通过无钥匙进入车内		
	验证故障现象：打开点火开关，仪表正常点亮		
	验证故障现象：操作中央门锁开关，主驾驶员侧车门能进行正常上锁或者解锁		
	收起翼子板布和驾驶室内防护套装		
	在工单中记录故障检测过程		
职业思政素养表现	注重使用文明用语		
	表达清楚，条理分明		
	认真倾听，对问题有合理的反应		
	举一反三迁移能力和学习态度		
	自信心和抗挫折能力		
	自我检查与自我评价能力		
	毅力和工作责任心		
	时间管理能力		
	团队合作能力		
	规范操作的安全意识		
	精益求精的工匠精神		

总结提升

经过了理论与实操学习，相信同学们已经掌握了本次任务所需的知识和技能，对学习成果进行检验吧。回顾本次任务操作流程，请补全图 2-2-4 所示中央门锁维护与检修思维导图中的空缺部分。

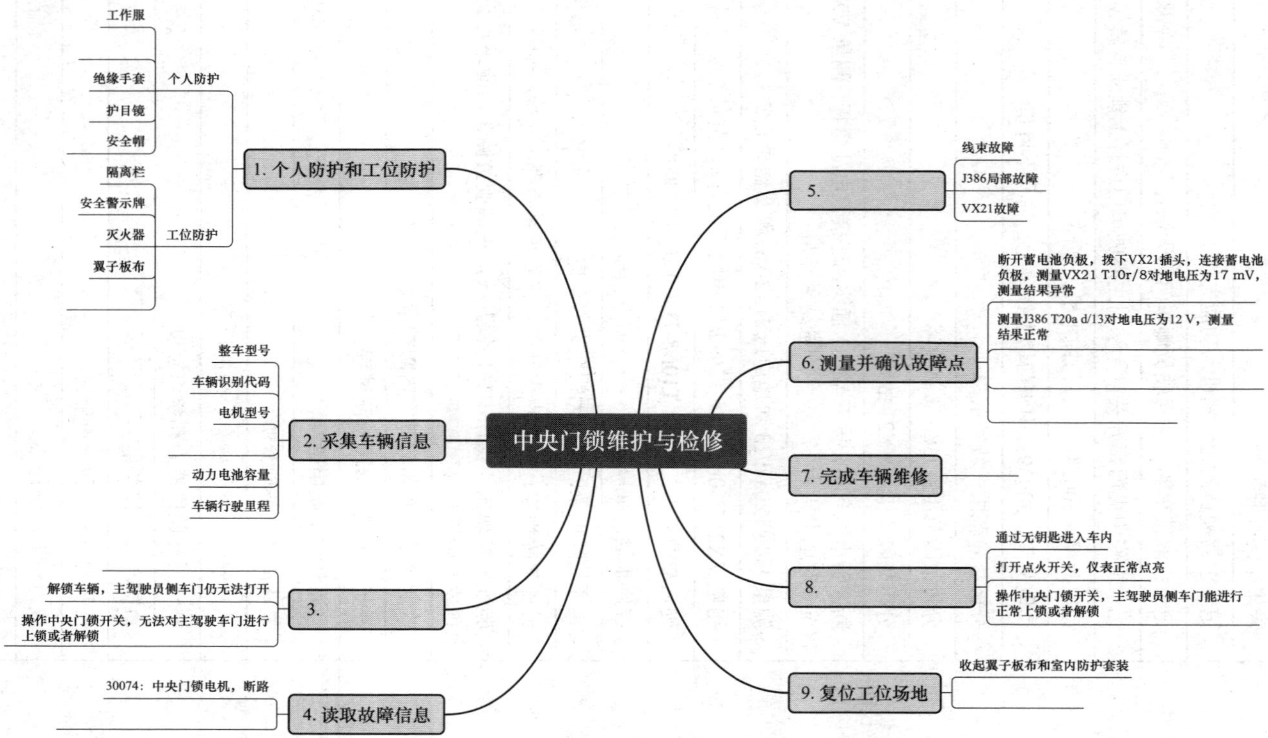

图 2-2-4　中央门锁维护与检修思维导图

技能拓展

本次任务学习完了，还意犹未尽吗？尝试完成表 2-2-7 所示中央门锁维护与检修知识拓展表。根据表 2-2-8 至表 2-2-12 所示的相关任务进行故障设置与故障记录，提高自己的能力。

表 2-2-7　中央门锁维护与检修知识拓展表

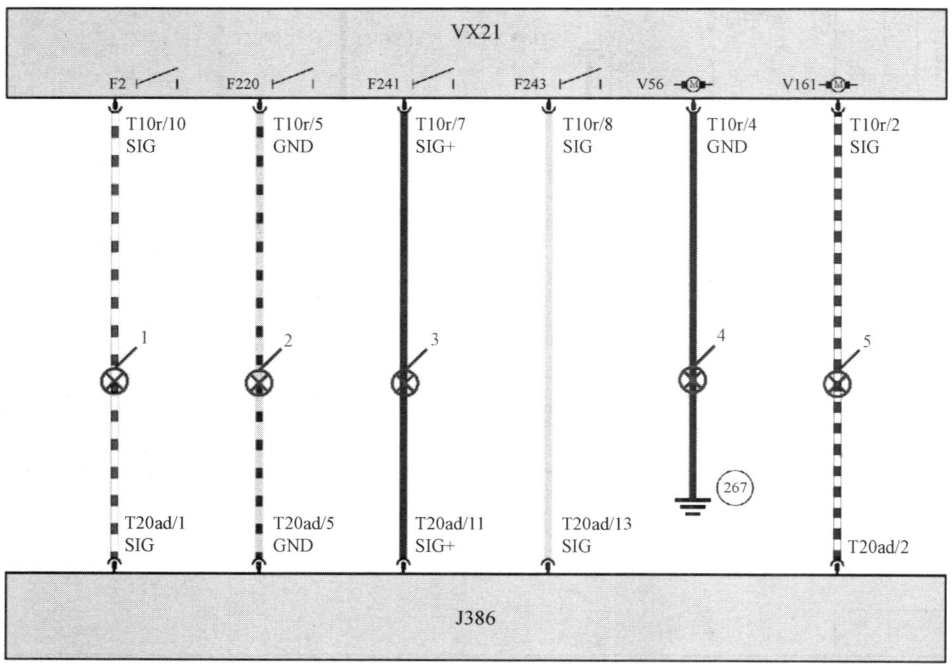

序号	任务
1	T10r/10 至 T20ad/1 断路
2	T10r/5 至 T20ad/5 断路
3	T10r/7 至 T20ad/11 断路
4	T10r/4 至 267 断路
5	T10r/2 至 T20ad/2 断路
6	
7	
8	
9	
10	
11	
12	
13	
14	
15	
16	

表 2-2-8 拓展任务 1：T10r/10 至 T20ad/1 断路

<table>
<tr><td rowspan="6">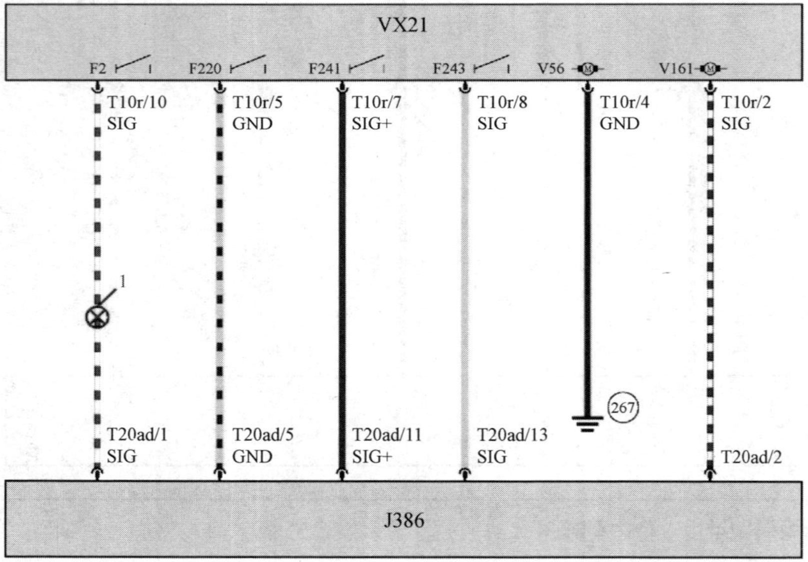
</td><th>故障现象</th><th>故障码</th></tr>
<tr><td></td><td></td></tr>
<tr><th>数据流</th><th>测量值</th></tr>
<tr><td></td><td></td></tr>
<tr><th>波形图</th><th>故障机理</th></tr>
<tr><td>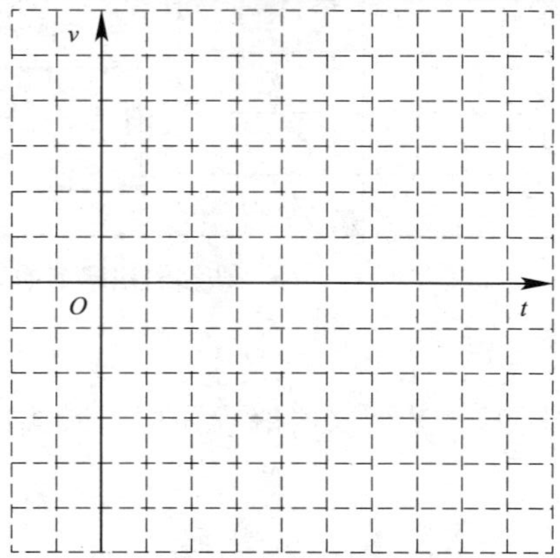
</td><td></td></tr>
</table>

表 2–2–9 拓展任务 2：T10r/5 至 T20ad/5 断路

<table>
<tr><td rowspan="6">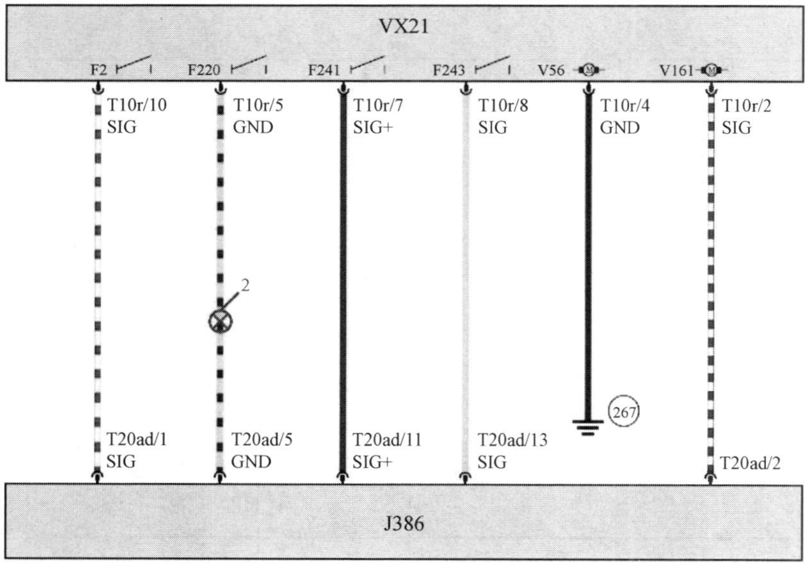
</td><td>故障现象</td><td>故障码</td></tr>
<tr><td></td><td></td></tr>
<tr><td>数据流</td><td>测量值</td></tr>
<tr><td></td><td></td></tr>
<tr><td>波形图</td><td>故障机理</td></tr>
<tr><td>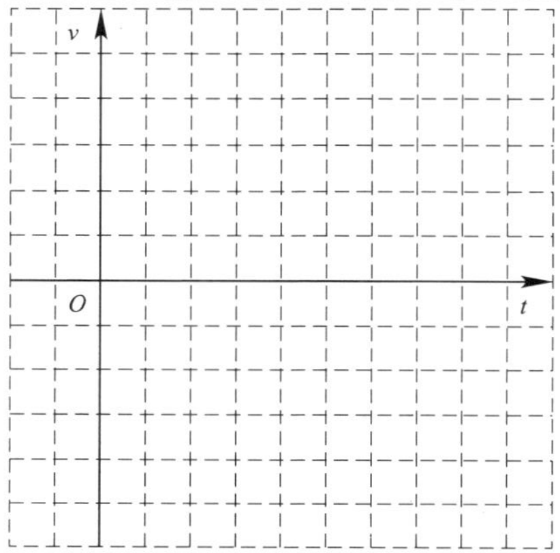
</td><td></td></tr>
</table>

表 2-2-10　拓展任务 3：T10r/7 至 T20ad/11 断路

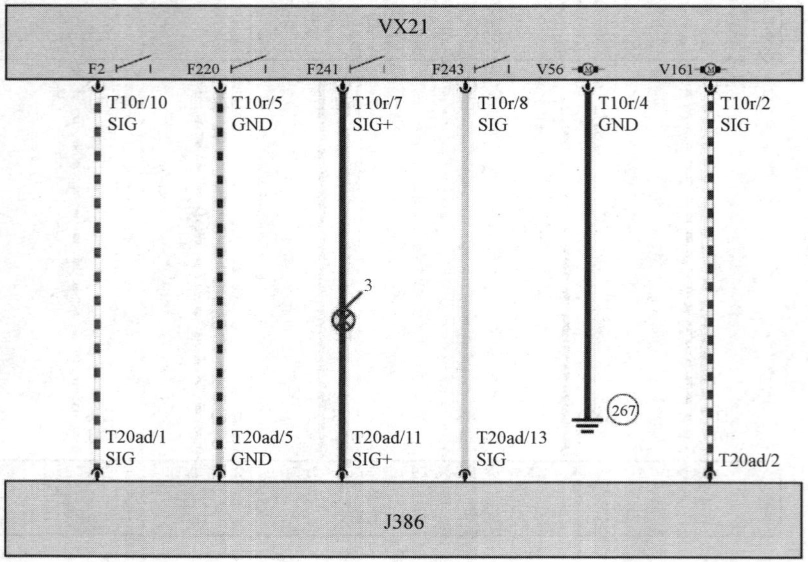

故障现象	故障码
数据流	测量值
波形图	故障机理
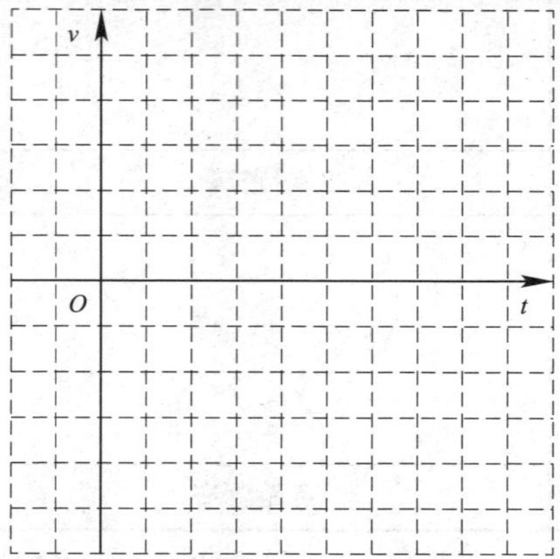	

表 2-2-11　拓展任务 4：T10r/4 至 267 断路

<table>
<tr><td rowspan="6">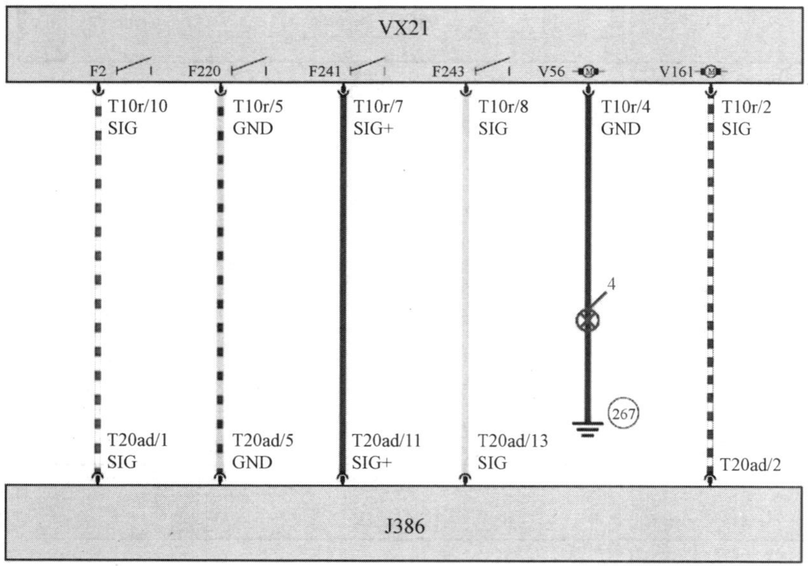
</td><td>故障现象</td><td>故障码</td></tr>
<tr><td></td><td></td></tr>
<tr><td>数据流</td><td>测量值</td></tr>
<tr><td></td><td></td></tr>
<tr><td>波形图</td><td>故障机理</td></tr>
<tr><td>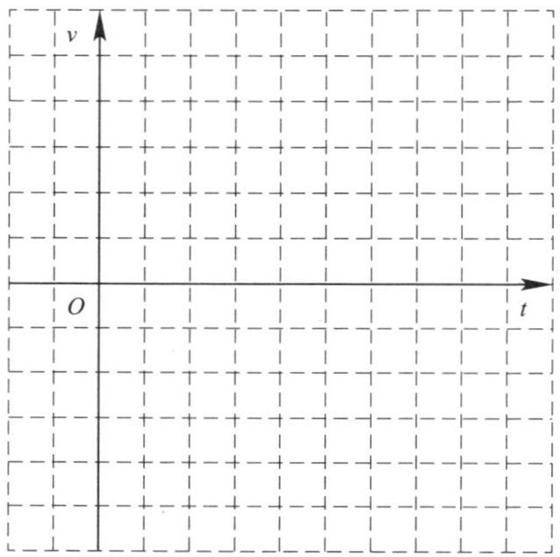
</td><td></td></tr>
</table>

表 2-2-12 拓展任务 5：T10r/2 至 T20ad/2 断路

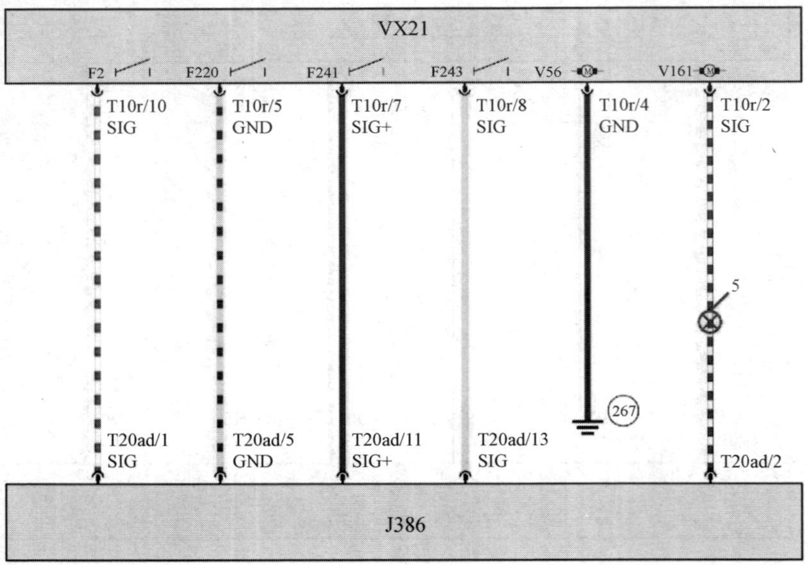

故障现象	故障码
数据流	测量值
波形图	故障机理
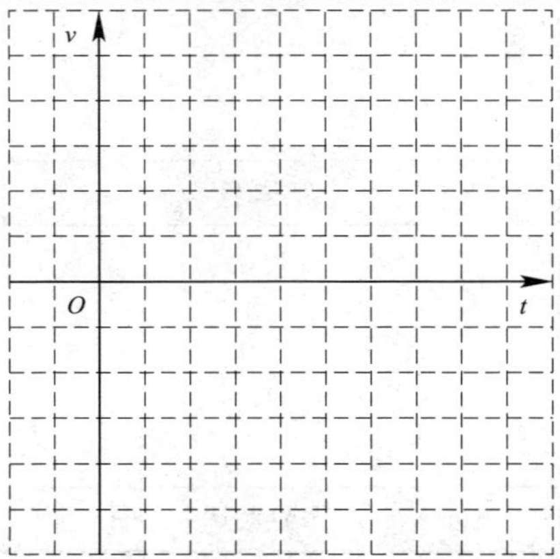	

任务 2.3　车外后视镜维护与检修

教学目标

1. 知识目标

（1）掌握车外后视镜的组成和作用。

（2）熟悉车外后视镜的安装位置。

（3）了解车外后视镜检修流程。

2. 能力目标

（1）能按照维修手册制订车外后视镜维护与检修工作计划。

（2）能正确使用工具并在 30 min 内完成车外后视镜维护与检修。

3. 素养目标

（1）培养学生规范操作的安全意识。

（2）培养学生精益求精的工匠精神。

情境导入

小张哥上车后想要调一下后视镜，结果发现后视镜无法调节。小张哥的车已行驶 15 万公里。

车辆送到维修站，经检查有如下故障：

操作后视镜调节开关，驾驶员侧车外后视镜无法水平调节。

使用故障诊断仪读取故障码：

无相关故障代码。

如果你是维修人员，你会怎么处理呢？

知识准备

通过维护与检修，车辆可以保持良好的状态，现在就来学习一下车外后视镜维护与检修的相关知识吧。

1. 电动车车外后视镜的组成及作用

电动车车外后视镜系统的主要组成部件有：转向信号灯、变道辅助系统警告灯、后视镜调节单元、镜面玻璃等。其主要作用是能使驾驶员观察车辆侧后方情况，向侧后方车辆提示转向意图，提醒驾驶员侧后方盲区是否有车辆等。

2. 电动车车外后视镜的安装位置

车外后视镜组成及安装位置如表 2–3–1 所示。

表 2-3-1　车外后视镜组成及安装位置

车外后视镜装配

1—车外后视镜底架

2—转向信号灯

3—螺栓 1

4—左侧车外后视镜中的变道辅助系统警告灯-K312-/右侧车外后视镜中的变道辅助系统警告灯-K311-

5—车外后视镜盖罩

6—螺栓 2

7—盖罩

8—车外后视镜调节单元

9—螺栓 3

10—车外后视镜挡板

11—螺栓 4

12—镜面玻璃

13—车外后视镜下盖罩

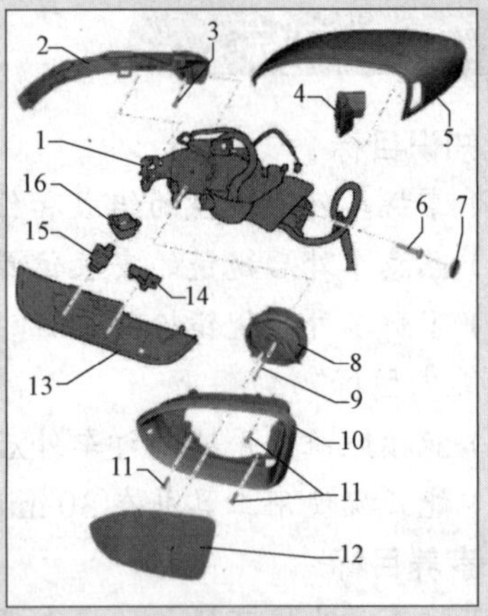

车外后视镜安装位置

3. 车外后视镜维护与检修相关保险丝

车外后视镜维护与检修相关保险丝如表 2-3-2 所示。

表 2-3-2　车外后视镜维护与检修相关保险丝

代码	额定电流	定义
SC9	30 A	保险丝架 C 上的保险丝 9

4. 车外后视镜维护与检修相关系统电路图

车外后视镜维护与检修相关系统电路图如图 2-3-1 所示。车外后视镜维护与检修电路图相关代码定义如表 2-3-3 所示。

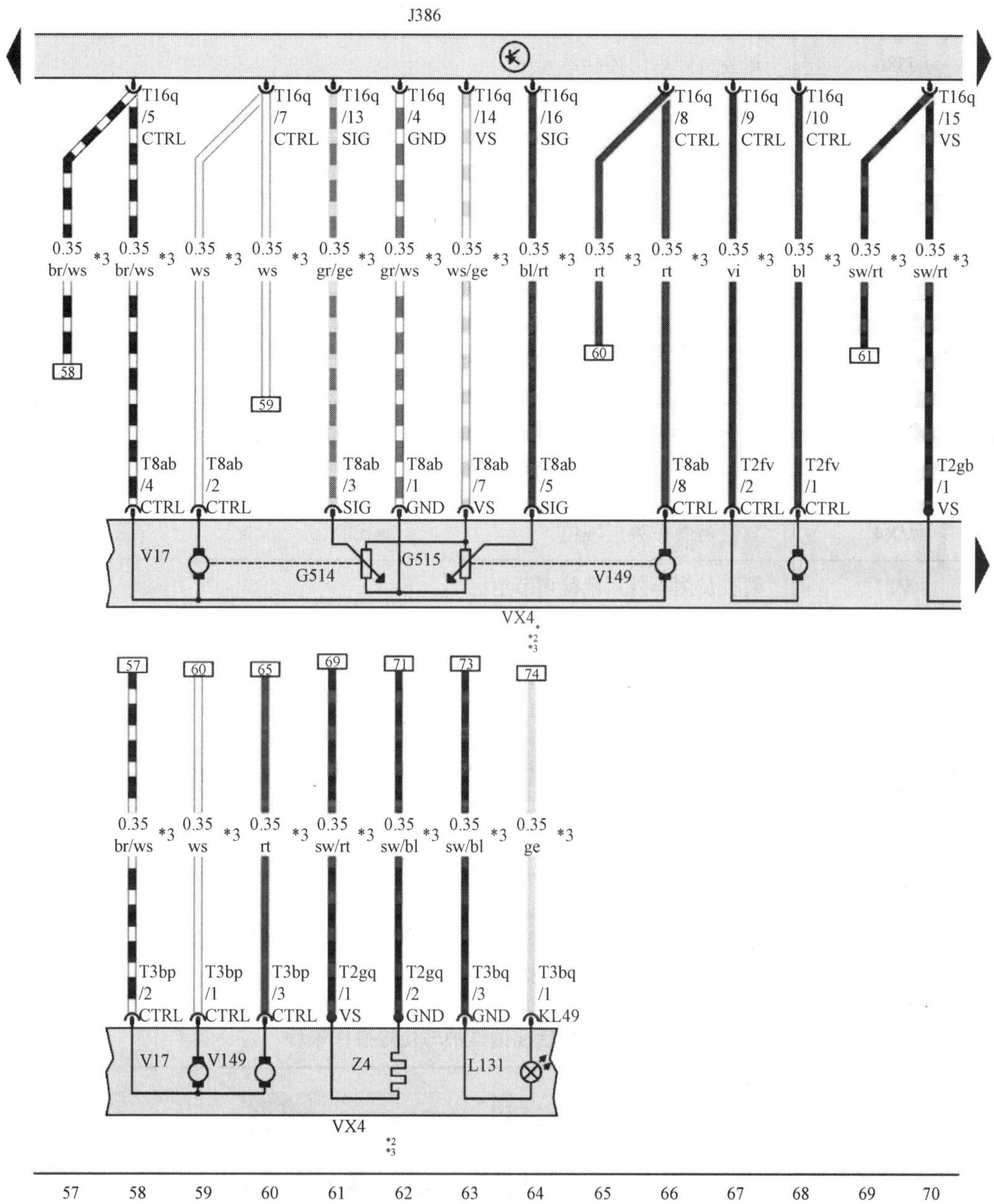

图 2-3-1　车外后视镜维护与检修相关系统电路图

表 2-3-3　车外后视镜维护与检修电路图相关代码定义

代码	定义
G514	驾驶员侧车外后视镜水平调节电位计
G515	驾驶员侧车外后视镜垂直调节电位计
J386	驾驶员侧车门控制单元
L131	驾驶员侧车外后视镜警告灯泡
T2fv	2 芯插头连接，黑色
T2gb	2 芯插头连接，黑色
T2gq	2 芯插头连接，黑色
T3bp	3 芯插头连接，黑色
T3bq	3 芯插头连接，黑色
T8ab	8 芯插头连接，黑色
T16q	16 芯插头连接，黑色
VX4	驾驶员侧车外后视镜
V17	驾驶员侧车外后视镜调节电机 2
V149	驾驶员侧车外后视镜调节电机
Z4	驾驶员侧可加热车外后视镜
*	参见换道辅助系统所适用的电路图
*2	已预先布线的部件
*3	依汽车装备而定

5. 车外后视镜维护与检修操作流程

车外后视镜维护与检修操作流程如表 2-3-4 所示。

表 2-3-4　车外后视镜维护与检修操作流程

1. 个人防护和工位防护 ● 穿工作服与绝缘鞋进入工位，进入工位后设置隔离栏，放置安全警示牌，检查灭火器 ● 检查个人防护用品和工具仪器	

续表

<table>
<tr><td>2. 采集车辆信息
● 安装翼子板布和驾驶室内防护套装
● 通过车辆铭牌获取车辆型号、车辆识别代码、电机型号、工作电压、电池容量等数据
● 通过仪表板获取行驶里程数据并将其记录在工单中</td><td>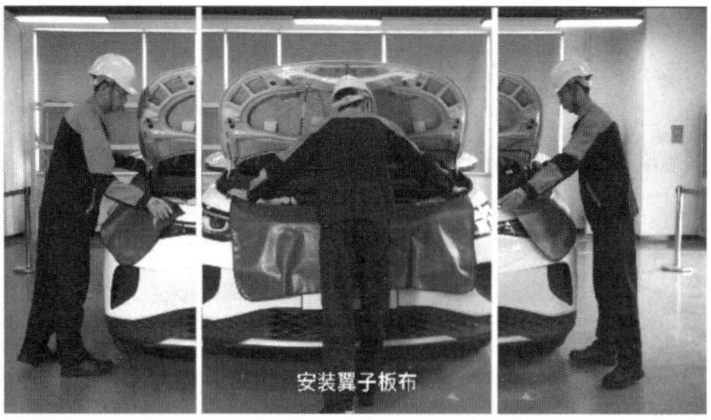</td></tr>
<tr><td>3. 确认故障现象
● 进入车内，降下主驾驶车窗
● 操作 E378 点火开关，仪表正常点亮
● 踩下制动踏板，挂 R 档，车辆行驶准备就绪指示灯（READY）正常点亮，车辆正常上电</td><td>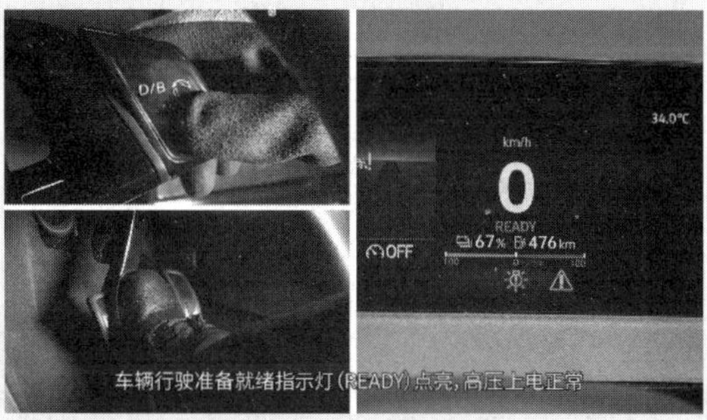</td></tr>
<tr><td>● 操作后视镜调节开关，驾驶员侧车外后视镜无法水平调节
● 将故障现象记录在工单中</td><td></td></tr>
<tr><td>4. 读取故障信息
● 连接诊断接头
● 连接诊断仪，查看模块通信状态及故障码</td><td>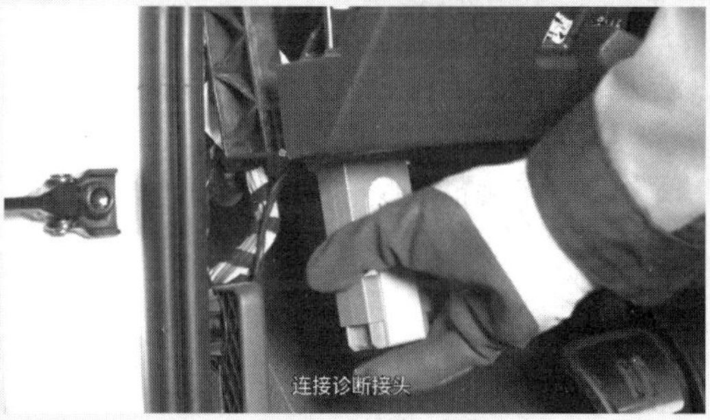</td></tr>
<tr><td>● 去掉“用引导型故障查询工作”的勾选
● 单击“是”，等待进入诊断</td><td>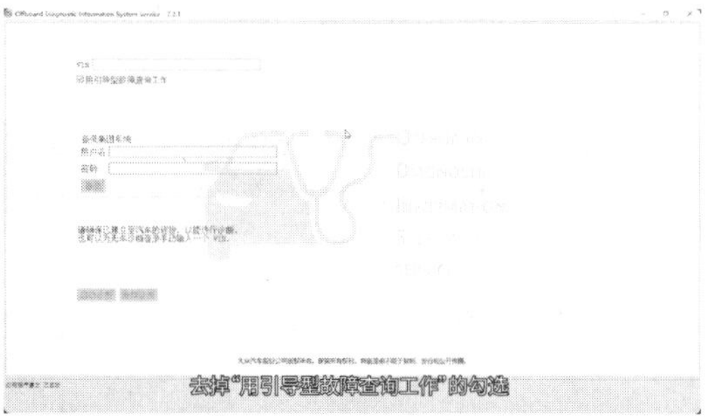</td></tr>
</table>

续表

● 手动选择正确的车型信息 ● 单击选择联网图 ● 单击“启动诊断”，进入诊断系统	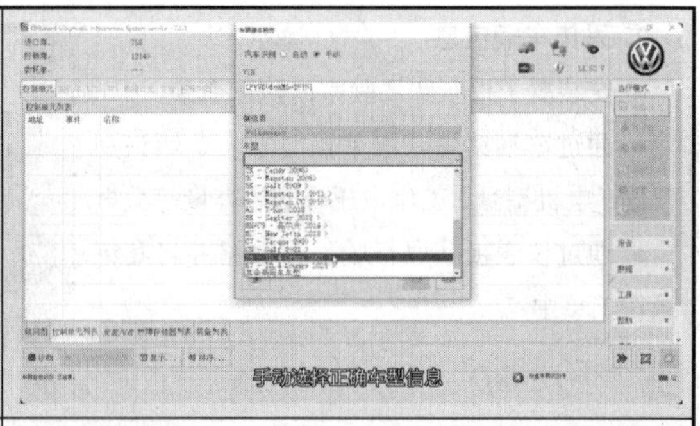
● 手动选择正确车型信息 ● 单击选择联网图 ⚠ **注意** 根据故障现象提示，应在驾驶员侧车门电子装置读取故障代码	
● 使用鼠标右键选择“控制单元自诊断” ● 选择“故障存储器”，单击“执行，”画面跳转到控制单元自诊断界面 ● 无相关故障代码	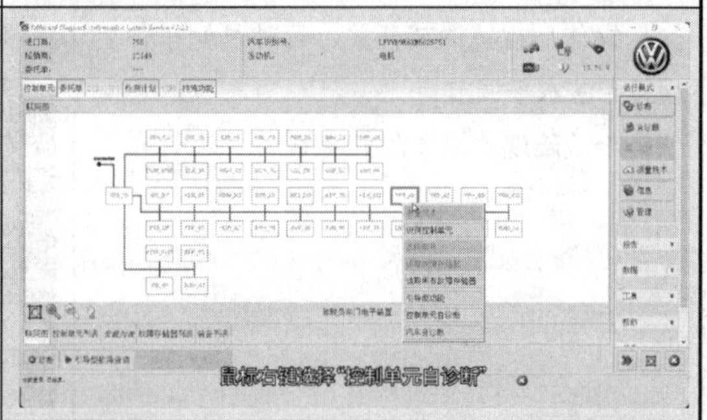
● 使用鼠标右键选择“控制单元自诊断” ● 选择“测量值”，单击“执行”，画面跳转到测量值界面 ● 在操作后视镜调节开关的同时读取测量值	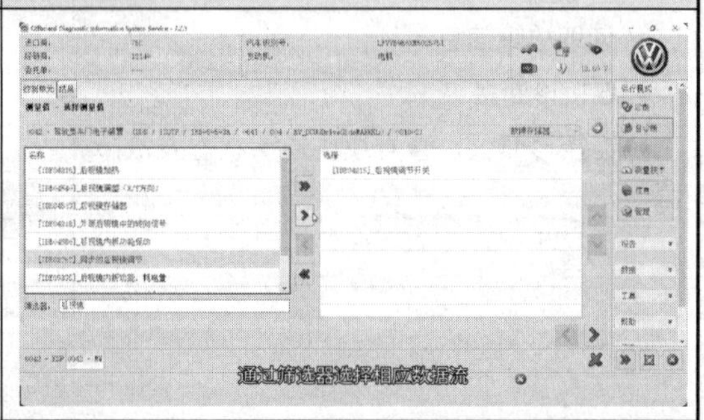
● 选择测量值：后视镜调节开关 ● 开关位置：左侧 ● 同步后视镜调节：激活 ● 后视镜调整（X/Y）方向：左侧位置，右侧位置 ● 读取故障信息并将其记录在工单中	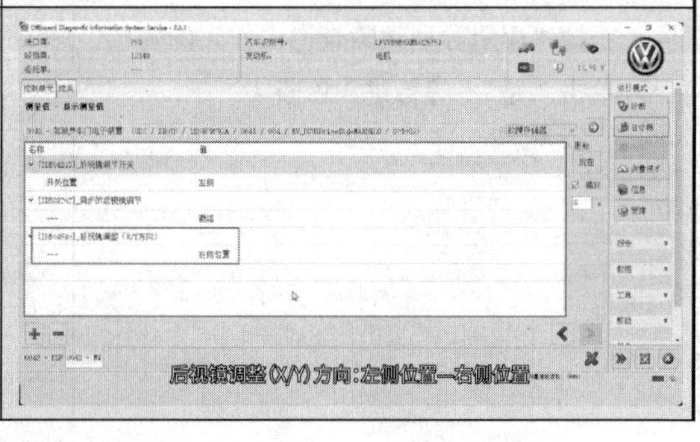

续表

5. 分析故障范围 ● 查阅电路图分析故障原因 ● 线束故障 ● V17 局部故障 ● J386 局部故障 ● 记录故障范围	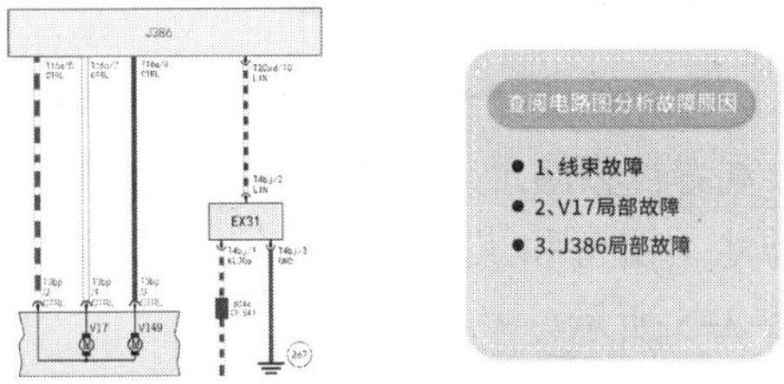
6. 测量并确认故障点 ● 在操作驾驶员侧车外后视镜水平调节的同时测量 VX4 T8ab/2 对地电压为 0.12 mV，测量结果异常 ● 进一步测量 J386 T16q/7 对地电压为 12.5 V，测量结果正常 ● 将测量结果记录在工单中	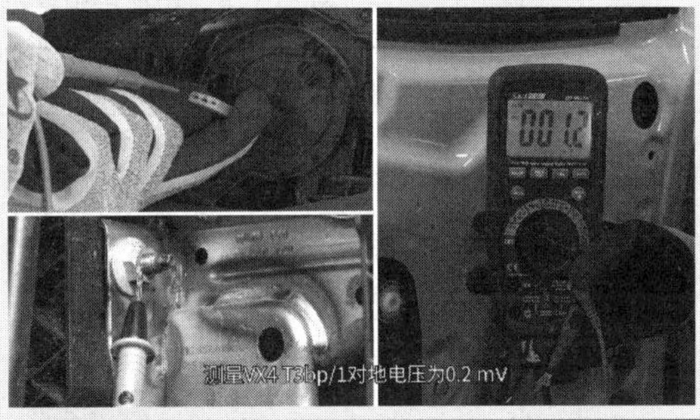
● 断开蓄电池负极，拔下 VX4 插头，拔下 J386 T16q 插头，测量 J386 T16q/ 7-VX4 T8ab/2 电阻，值为无穷大，测量结果异常 ● 将测量结果记录在工单中 ● 通过以上逐一测量排查，确认故障点为：J386 T16q/7-VX4 T8ab/2 断路	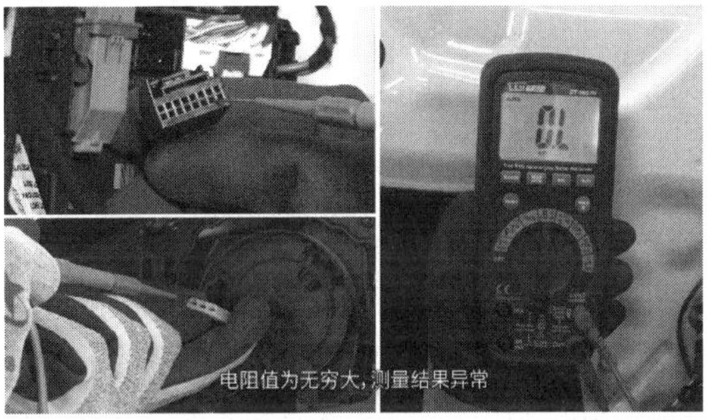
7. 再次验证故障现象 ● 打开点火开关，仪表正常点亮 ● 操作后视镜调节开关，后视镜水平调节正常，垂直调节正常。后视镜故障已排除	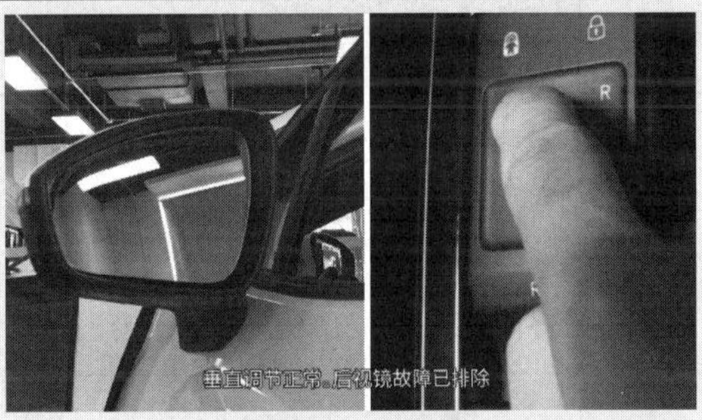
8. 复位工位场地 ● 收起安装翼子板布和驾驶室内防护套装 ● 将故障检测过程记录在工单中	

计划决策

学习完相关知识，同学们该自己动手操作了。

观看视频演示，了解视频操作流程，制订任务计划，研讨、沟通实施计划需要准备的场地、设备和工具，做好组内人员的分工。车外后视镜维护与检修任务计划表如表 2–3–5 所示。

表 2–3–5　车外后视镜维护与检修任务计划表

编号	任务计划	人员	工具	备注
1				
2				
3				
4				
5				
6				

任务实施

使用仪器设备进行实车操作，根据表 2–3–6 所示车外后视镜维护与检修任务工单上的检测项目逐一检测，每检测完一项就将检测结果记录在工单上，并在检测完成后进行结果确认。

表 2–3–6　车外后视镜维护与检修任务工单

车外后视镜维护与检修

一、车辆信息

项目	作业内容	配分	评分
整车型号			
车辆识别代码			
电机型号			
工作电压			
动力电池容量			
行驶里程			

二、故障检修

项目	作业内容	配分	评分
确认故障现象			
记录故障信息			

续表

<table>
<tr><th colspan="7">车外后视镜维护与检修</th></tr>
<tr><th>项目</th><th colspan="5">作业内容</th><th>配分</th><th>评分</th></tr>
<tr><td>分析故障范围</td><td colspan="5"></td><td></td><td></td></tr>
<tr><td rowspan="7">记录测量数据</td><td>测量对象</td><td>测量条件</td><td>实测值</td><td>标准值</td><td>结果判定</td><td rowspan="7"></td><td rowspan="7"></td></tr>
<tr><td></td><td></td><td></td><td></td><td></td></tr>
<tr><td></td><td></td><td></td><td></td><td></td></tr>
<tr><td></td><td></td><td></td><td></td><td></td></tr>
<tr><td></td><td></td><td></td><td></td><td></td></tr>
<tr><td></td><td></td><td></td><td></td><td></td></tr>
<tr><td></td><td></td><td></td><td></td><td></td></tr>
<tr><td>采集波形数据</td><td colspan="5">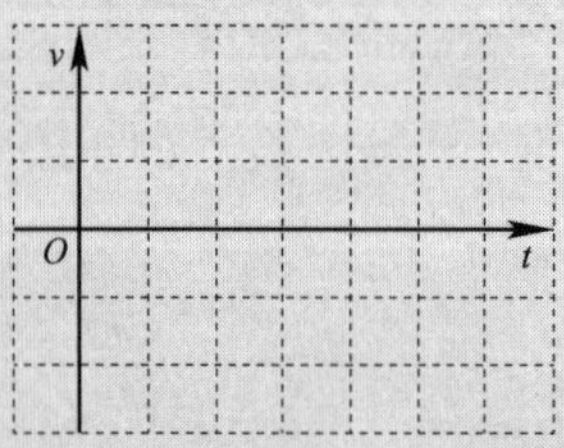

实测波形
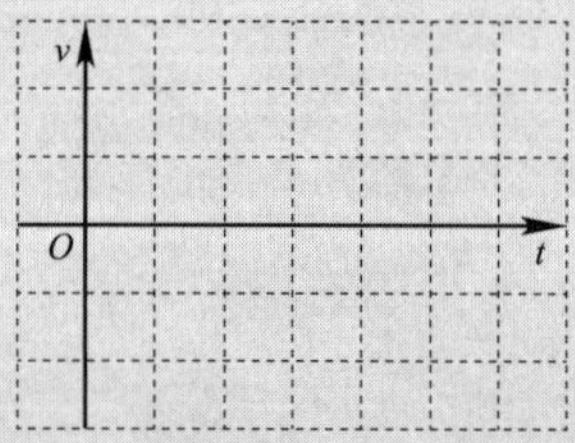

标准波形</td><td></td><td></td></tr>
<tr><td rowspan="3">确诊故障部位</td><td>故障类型</td><td colspan="2">故障点</td><td colspan="2">故障类别</td><td rowspan="3"></td><td rowspan="3"></td></tr>
<tr><td>线路故障</td><td colspan="2"></td><td colspan="2">□ 短路 □ 断路 □ 虚接</td></tr>
<tr><td>元件故障</td><td colspan="2"></td><td colspan="2">□ 机械故障 □ 电气故障</td></tr>
</table>

反思评价

车外后视镜维护与检修操作评分表如表 2–3–7 所示。进行自我评价，评价自己在知识、技能、思政方面是否达标，是否按照推荐流程进行操作，总结实操过程中的得与失并交流、记录。

表 2–3–7 车外后视镜维护与检修操作评分表

<table>
<tr><td>课程名称</td><td></td><td>授课教师</td><td></td></tr>
<tr><td>学习任务</td><td></td><td>授课班级</td><td></td></tr>
<tr><td>学习内容</td><td></td><td>班级人数</td><td></td></tr>
<tr><td>评分项目</td><td>评分细则</td><td>评分</td><td>备注</td></tr>
<tr><td rowspan="10">专业知识能力表现</td><td>了解高压安全知识</td><td></td><td></td></tr>
<tr><td>了解防火安全知识</td><td></td><td></td></tr>
<tr><td>讲述场地设备操作规范</td><td></td><td></td></tr>
<tr><td>讲述检测仪器使用注意事项</td><td></td><td></td></tr>
<tr><td>讲述维修工具使用规范</td><td></td><td></td></tr>
<tr><td>掌握车辆仪表指示灯含义</td><td></td><td></td></tr>
<tr><td>掌握个人和工位防护知识</td><td></td><td></td></tr>
<tr><td>讲述采集车辆信息内容步骤</td><td></td><td></td></tr>
<tr><td>描述车外后视镜故障现象</td><td></td><td></td></tr>
<tr><td>分析车外后视镜故障范围</td><td></td><td></td></tr>
<tr><td rowspan="13">专业技能实操表现</td><td>正确操作场地设备</td><td></td><td></td></tr>
<tr><td>正确使用测量仪器</td><td></td><td></td></tr>
<tr><td>正确使用维修工具</td><td></td><td></td></tr>
<tr><td>检查、穿戴工作服</td><td></td><td></td></tr>
<tr><td>检查、穿戴绝缘鞋</td><td></td><td></td></tr>
<tr><td>检查、穿戴绝缘手套</td><td></td><td></td></tr>
<tr><td>检查、佩戴护目镜</td><td></td><td></td></tr>
<tr><td>检查、佩戴安全帽</td><td></td><td></td></tr>
<tr><td>设置隔离栏</td><td></td><td></td></tr>
<tr><td>放置安全警示牌</td><td></td><td></td></tr>
<tr><td>检查灭火器</td><td></td><td></td></tr>
<tr><td>安装翼子板布</td><td></td><td></td></tr>
<tr><td>安装驾驶室内防护套装</td><td></td><td></td></tr>
</table>

续表

评分项目	评分细则	评分	备注
专业技能实操表现	采集整车型号		
	采集车辆识别代码		
	采集电机型号		
	采集高压系统工作电压		
	采集动力电池容量		
	采集车辆行驶里程		
	记录：操作后视镜调节开关，驾驶员侧车外后视镜无法水平调节		
	读取故障，无相关故障代码		
	分析故障范围：线束故障		
	分析故障范围：V17 局部故障		
	分析故障范围：J386 局部故障		
	在操作驾驶员侧车外后视镜水平调节的同时测量 VX4 T8ab/2 对地电压为 0.12 mV，测量结果异常		
	进一步测量 J386 T16q/7 对地电压为 12.5 V，测量结果正常		
	断开蓄电池负极，拔下 VX4 插头，拔下 J386 T16q 插头，测量 J386 T16q/7-VX4 T8ab/2 电阻，值为无穷大，测量结果异常		
	确认故障点为：J386 T16q/7-VX4 T8ab/2 断路		
	完成车辆维修：维修线路		
	验证故障现象：打开点火开关，仪表正常点亮		
	验证故障现象：操作后视镜调节开关，后视镜水平调节正常，垂直调节正常		
	收起翼子板布和驾驶室内防护套装		
	在工单中记录故障检测过程		
职业思政素养表现	注重使用文明用语		
	表达清楚，条理分明		
	认真倾听，对问题有合理的反应		
	举一反三迁移能力和学习态度		
	自信心和抗挫折能力		
	自我检查与自我评价能力		
	毅力和工作责任心		
	时间管理能力		
	团队合作能力		
	规范操作的安全意识		
	精益求精的工匠精神		

总结提升

经过了理论与实操学习，相信同学们已经掌握了本次任务所需的知识和技能，对学习成果进行检验吧。回顾本次任务操作流程，请补全图 2–3–2 所示车外后视镜维护与检修思维导图中的空缺部分。

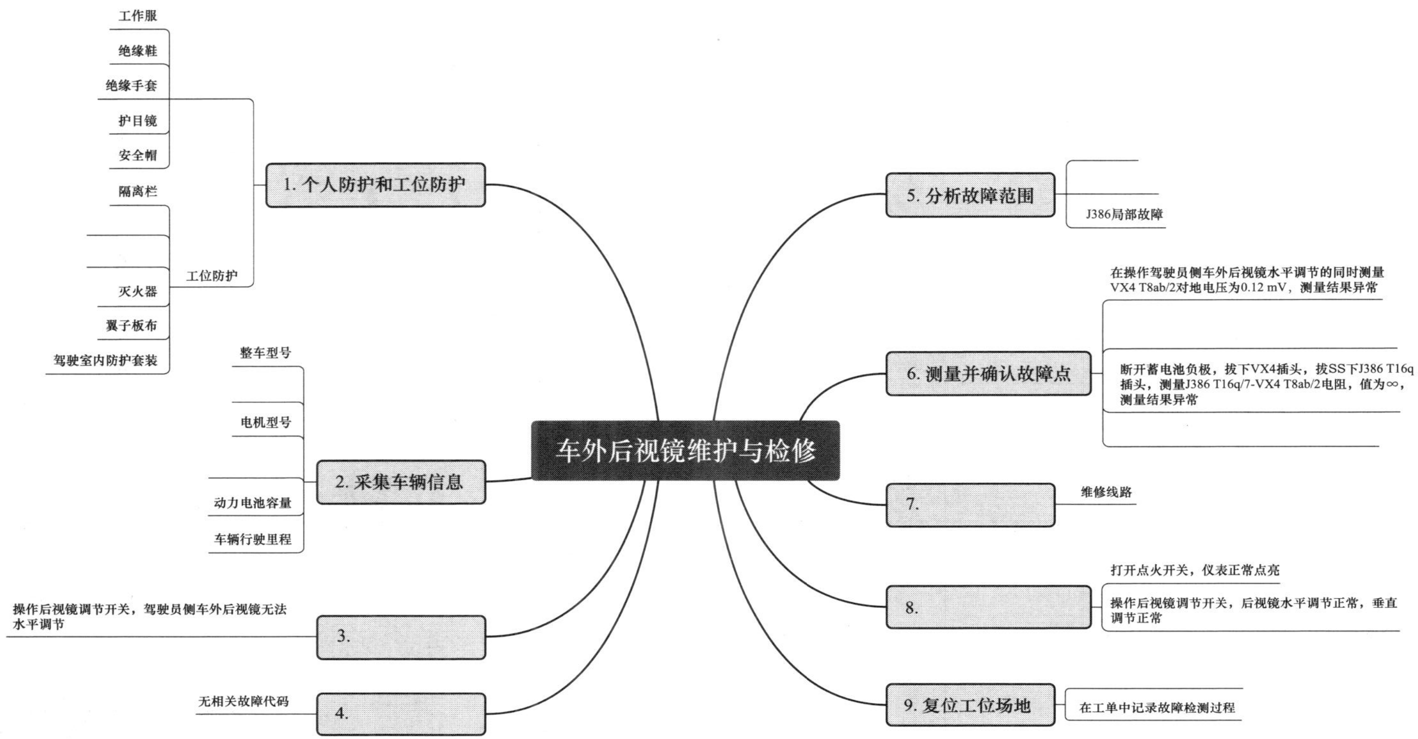

图 2–3–2　车外后视镜维护与检修思维导图

技能拓展

本次任务学习完了，还意犹未尽吗？尝试完成表 2–3–8 所示车外后视镜维护与检修知识拓展表。根据表 2–3–9 至表 2–3–14 所示的相关拓展任务进行故障设置与故障记录，提高自己的能力。

表 2–3–8　车外后视镜维护与检修知识拓展表

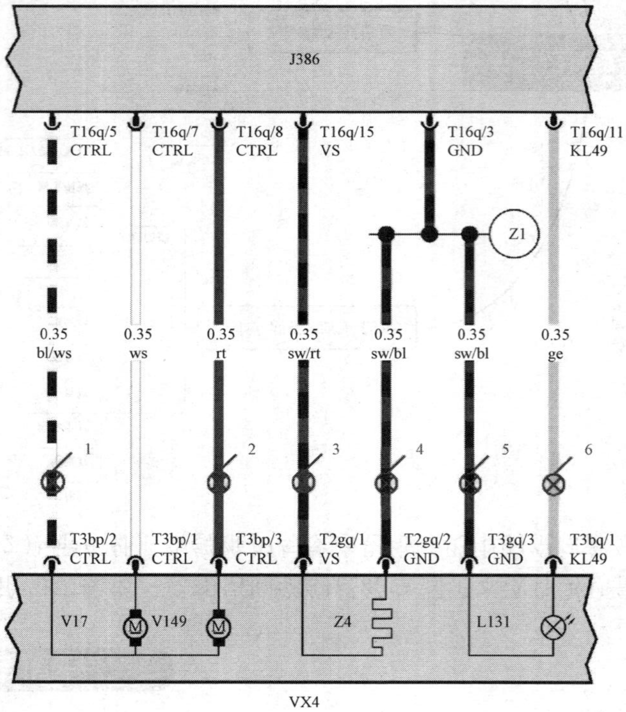

序号	任务
1	T16q/5 至 T3bp/2 断路
2	T16q/8 至 T3bp/3 断路
3	T16q/15 至 T2gq/1 断路
4	T16q/3 至 T2gq/2 断路
5	T16q/3 至 T3gq/3 断路
6	T16q/11 至 T3bq/1 断路
7	
8	
9	
10	
11	
12	
13	
14	
15	
16	

表 2-3-9 拓展任务 1：T16q/5 至 T3bp/2 断路

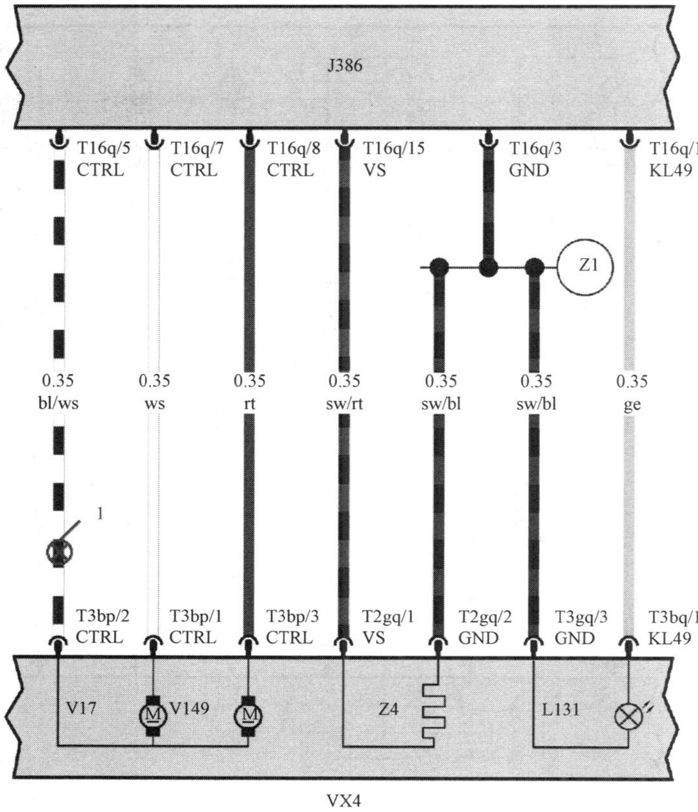

故障现象	故障码
数据流	**测量值**
波形图	**故障机理**
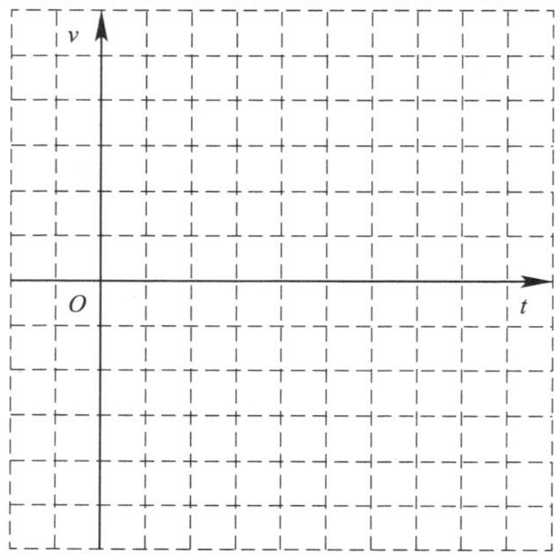	

表 2–3–10　拓展任务 2：T16q/8 至 T3bp/3 断路

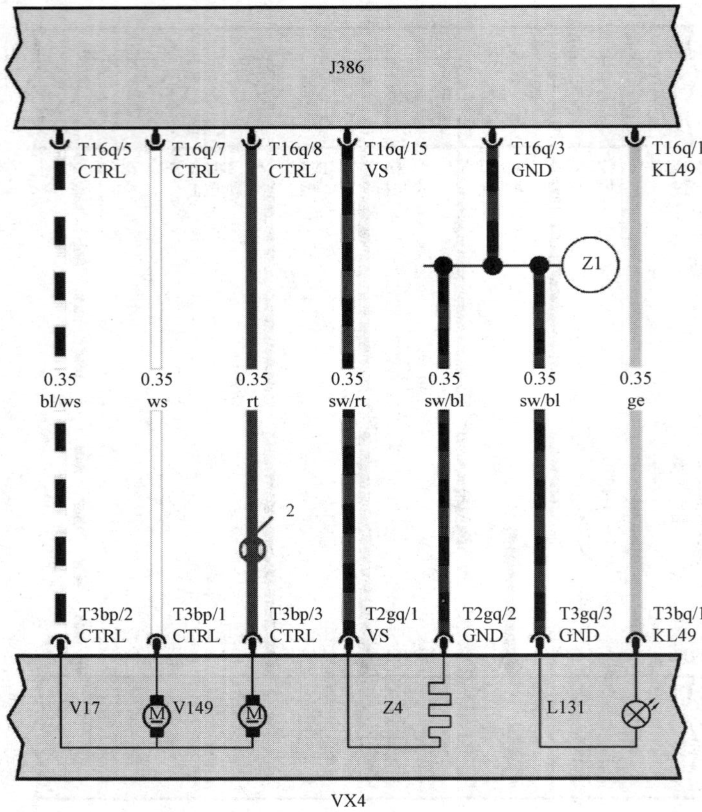

故障现象	故障码
数据流	**测量值**
波形图	**故障机理**
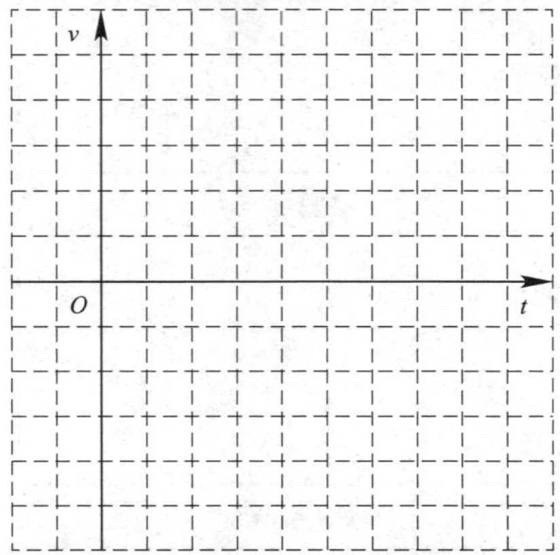	

表 2-3-11　拓展任务 3：T16q/15 至 T2gq/1 断路

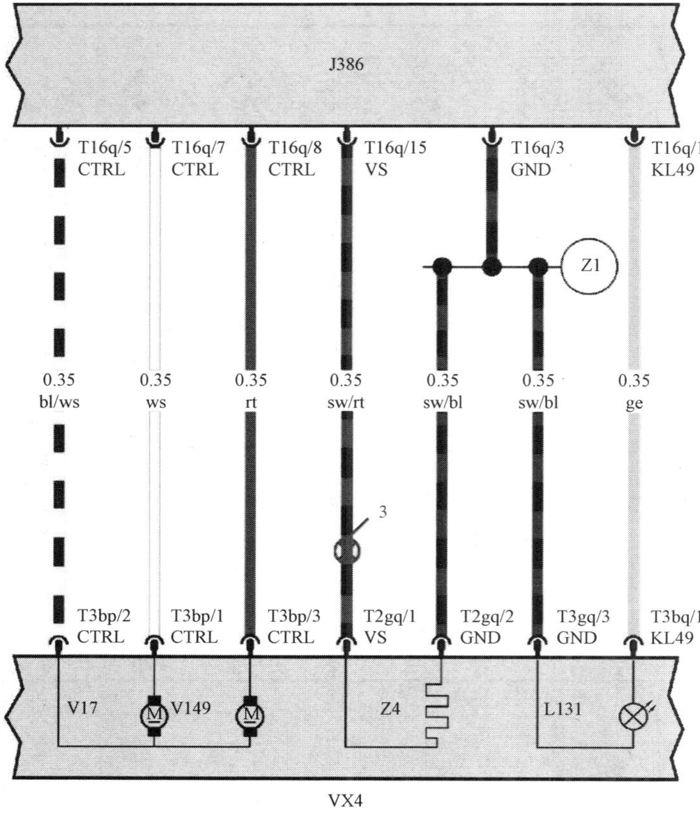

故障现象	故障码
数据流	**测量值**
波形图	**故障机理**
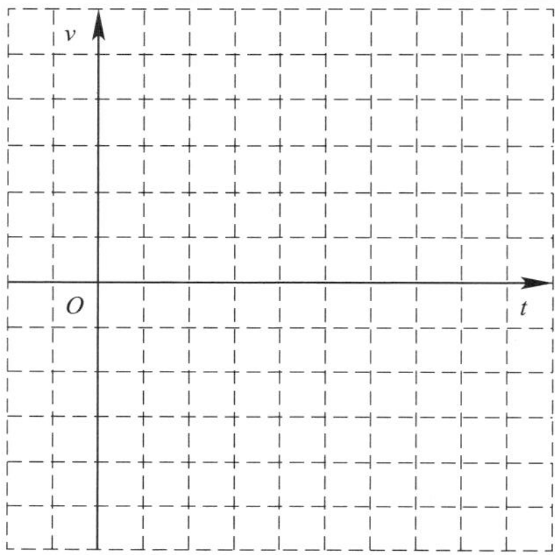	

表 2-3-12　拓展任务 4：T16q/3 至 T2gq/2 断路

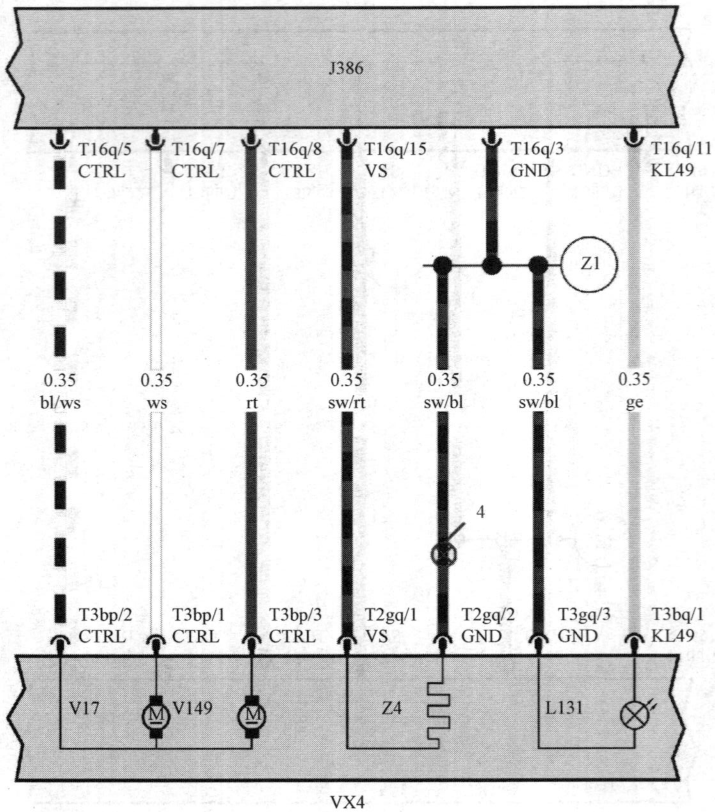

故障现象	故障码
数据流	**测量值**
波形图	**故障机理**
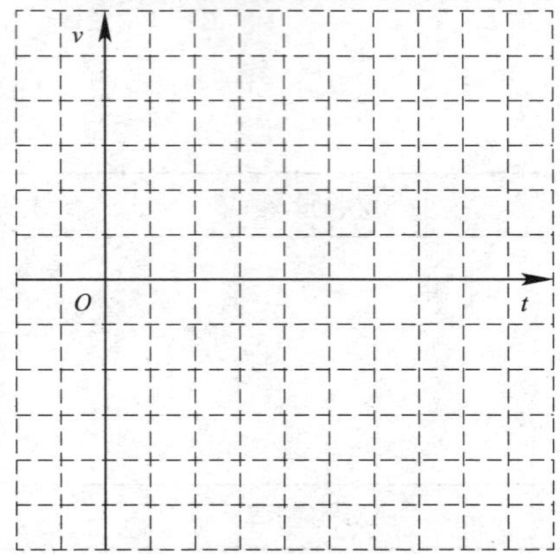	

表 2-3-13　拓展任务 5：T16q/3 至 T3gq/3 断路

<table>
<tr><td rowspan="6">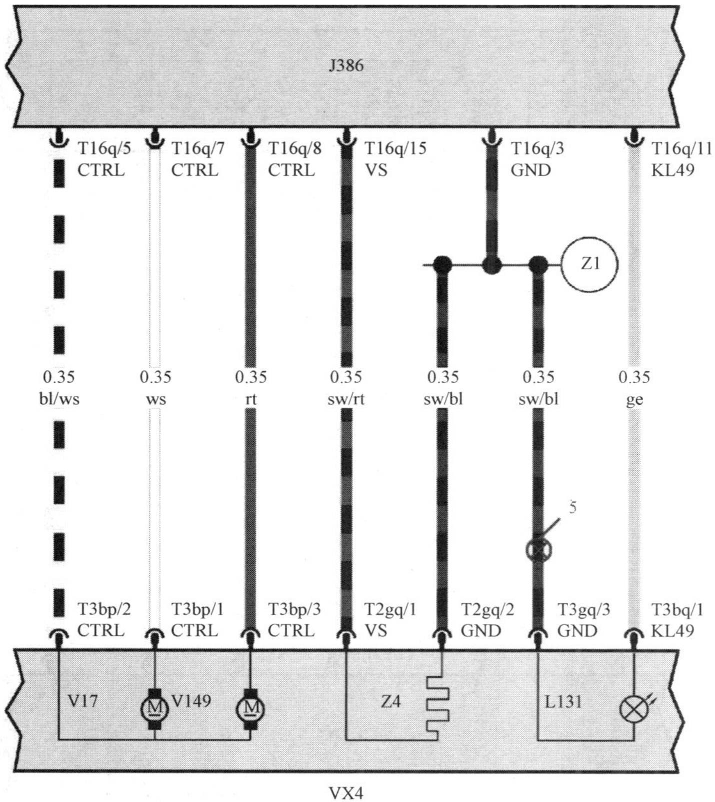
</td><td>故障现象</td><td>故障码</td></tr>
<tr><td></td><td></td></tr>
<tr><td>数据流</td><td>测量值</td></tr>
<tr><td></td><td></td></tr>
<tr><td>波形图</td><td>故障机理</td></tr>
<tr><td>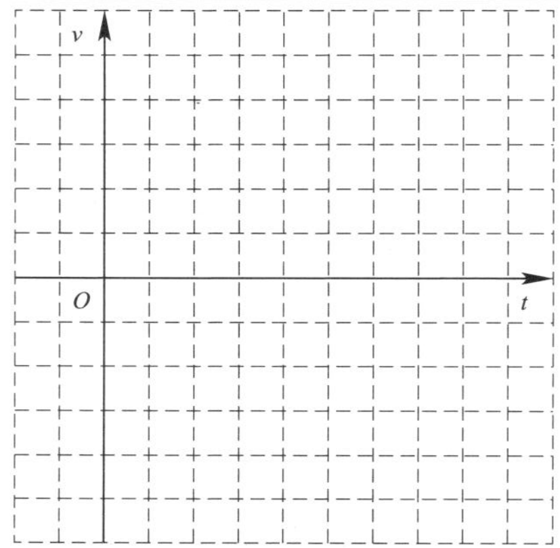
</td><td></td></tr>
</table>

表 2-3-14　拓展任务 6：T16q/11 至 T3bq/1 断路

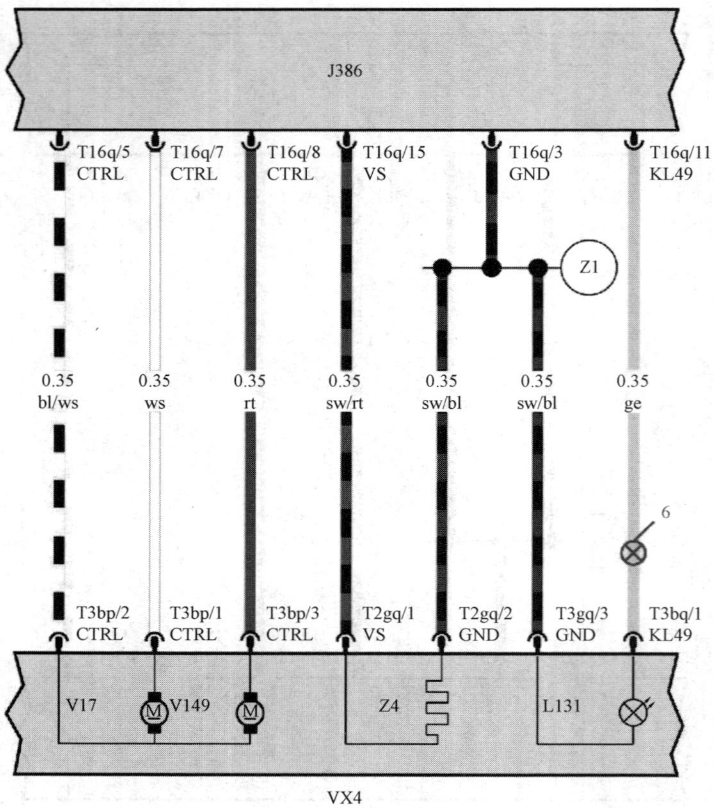

故障现象	故障码
数据流	测量值
波形图	故障机理
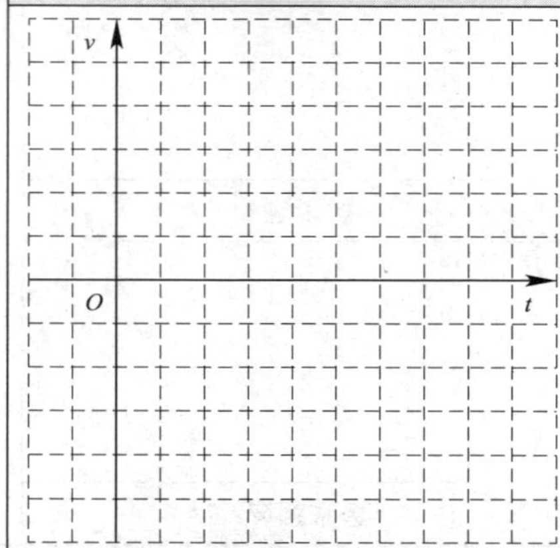	

任务 2.4　玻璃升降器维护与检修

教学目标

1. 知识目标

（1）掌握玻璃升降器的组成和作用。

（2）熟悉玻璃升降器安装位置。

（3）了解玻璃升降器检修流程。

2. 能力目标

（1）能按照维修手册制订玻璃升降器维护与检修工作计划。

（2）能正确使用工具并在 30 min 内完成玻璃升降器维护与检修。

3. 素养目标

（1）培养学生规范操作的安全意识。

（2）培养学生精益求精的工匠精神。

情境导入

小李哥开车下高速，到达收费站。操作车窗升降开关发现车窗玻璃不动，多次尝试后未果，无奈只好开门缴费。小李哥的爱车已行驶 14 万公里。

车辆送到维修站，经检查有如下故障：

（1）仪表中央报警灯点亮，仪表提示：车辆照明故障，电子儿童锁故障。

（2）示廓灯和近光灯异常点亮且无法关闭。

（3）驾驶员侧车门上的车窗升降器操作单元不工作，按钮背景灯不亮。

（4）照明控制单元不工作。

使用故障诊断仪读取故障码：

无法连接诊断仪。

如果你是维修人员，你会怎么处理呢？

知识准备

通过维护与检修，车辆可以保持良好的状态，现在就来学习一下玻璃升降器维护与检修的相关知识吧。

玻璃升降器主要由电机组成，其作用是控制车窗玻璃的上升与下降。

1. 玻璃升降器的组成及作用

汽车玻璃升降器一般由以下几部分组成：操纵机构（摇臂或电动控制系统）、传动机构（齿轮、齿板或齿条，齿轮软轴啮合机构）、玻璃升降机构（升降臂、运动托架）、玻璃支承机构（玻璃托架）及止动弹簧、平衡弹簧。

汽车玻璃升降器的作用主要有：① 调整汽车门窗开度的大小。其可使车门玻璃平稳升降，并顺利地开启和关闭，让驾驶员和乘客可以方便地控制车窗的开启程度。② 保证车窗玻璃升降平稳。其允许门窗随时顺利开启和关闭，提升乘坐舒适度。③ 防止乘客被夹伤。其具备防夹功能，当升降器不工作时，玻璃能停留在任意位置上。

2. 玻璃升降器的安装位置

玻璃升降器组成及安装位置如表 2–4–1 所示。

表 2–4–1　玻璃升降器组成及安装位置

车门内板装配 1—车门内板 2—螺栓 3—夹子 4—盖罩 5—车窗玻璃升降器电动机-V147-/车窗玻璃升降器电动机-V148- 6—螺栓	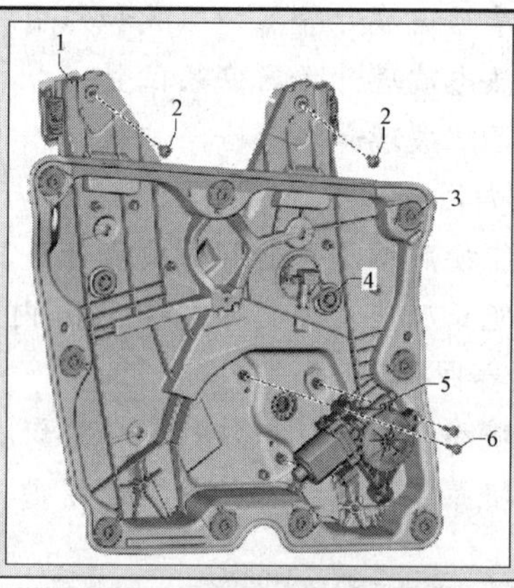
车门内板安装位置	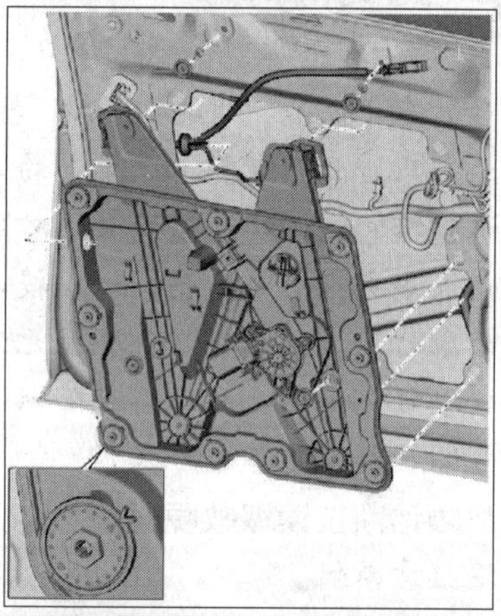
车窗升降器电动机安装位置	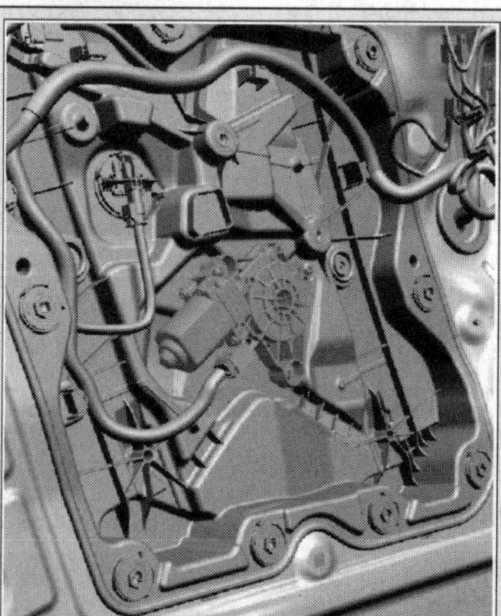

3. 玻璃升降器维护与检修相关保险丝

玻璃升降器维护与检修相关保险丝如表 2–4–2 所示。

表 2–4–2　玻璃升降器维护与检修相关保险丝

代码	额定电流	定义
SC44	7.5 A	保险丝架 C 上的保险丝 44

4. 玻璃升降器维护与检修相关系统电路图

玻璃升降器维护与检修相关系统电路图如图 2–4–1 所示。玻璃升降器维护与检修电路图相关代码定义如表 2–4–3 所示。

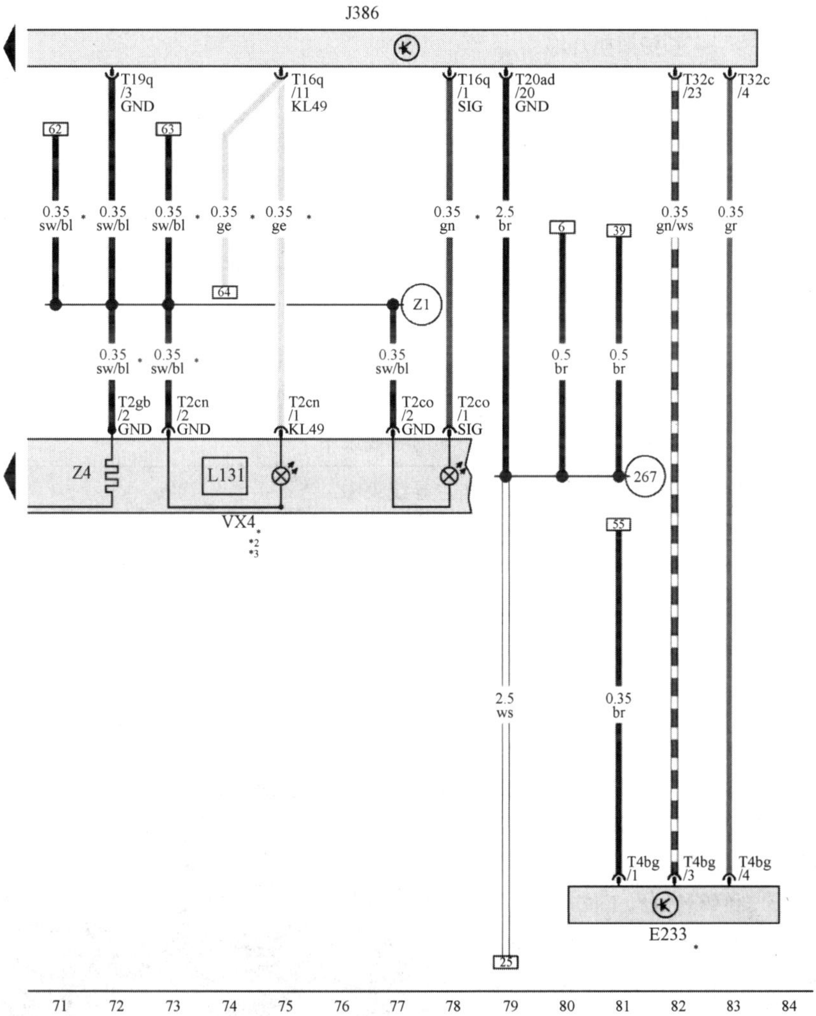

图 2–4–1　玻璃升降器维护与检修相关系统电路图

表 2–4–3　玻璃升降器维护与检修电路图相关代码定义

代码	定义
EX31	车窗升降器操作单元
E318	儿童安全锁按钮
E512	驾驶员车门中的车窗升降器操作单元
E710	驾驶员侧前部车窗升降器按钮
E712	驾驶员侧后部车窗升降器按钮（在驾驶员车门中）
E714	副驾驶员侧后部车窗升降器按钮（在驾驶员车门中）
E715	副驾驶员侧车窗升降器按钮（在驾驶员车门中）
K194	后部车窗升降器锁止指示灯
L76	按钮照明灯泡
SC	保险丝架 C
SC9	保险丝架 C 上的保险丝 9
SC44	保险丝架 C 上的保险丝 44
T4bj	4 芯插头连接，红色
T46c	46 芯插头连接，黑色
T46d	46 芯插头连接，黑色
TTVL	左前车门连接位置
B150	正极连接 2（30a），在车内导线束中
B318	正极连接 4（30a），在主导线束中
*	见车内保险丝所适用的电路图
*2	依汽车装备而定

5. 玻璃升降器维护与检修操作流程

玻璃升降器维护与检修操作流程如表 2–4–4 所示。

表 2–4–4　玻璃升降器维护与检修操作流程

1. 个人防护和工位防护 ● 穿工作服与绝缘鞋进入工位，进入工位后设置隔离栏，放置安全警示牌，检查灭火器 ● 检查个人防护用品和工具仪器	

续表

2. 采集车辆信息 ● 安装翼子板布和驾驶室内防护套装 ● 通过车辆铭牌获取车辆型号、车辆识别代码、电机型号、工作电压、电池容量等数据 ● 通过仪表板获取行驶里程数据并将其记录在工单中	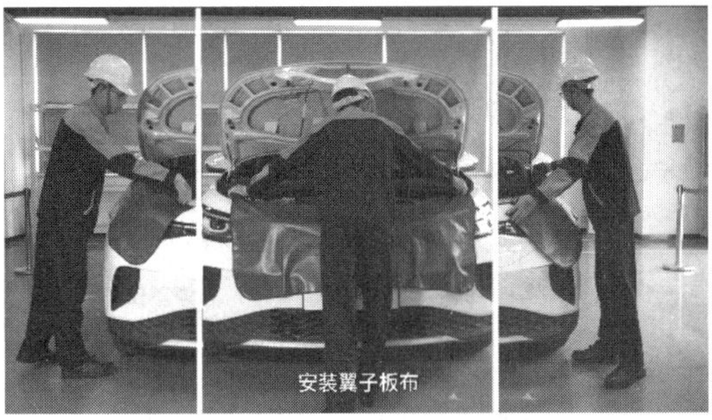 安装翼子板布
3. 确认故障现象 ● 操作 E378 点火开关，仪表正常点亮 ● 踩下制动踏板，挂档，车辆行驶准备就绪指示灯（READY）点亮，车辆高压上电正常	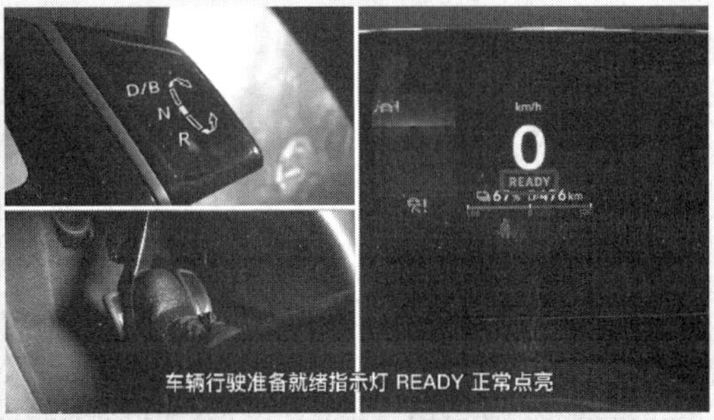 车辆行驶准备就绪指示灯 READY 正常点亮
● 仪表中央报警灯点亮，仪表提示：车辆照明故障，电子儿童锁故障。示廓灯和近光灯异常点亮且无法关闭	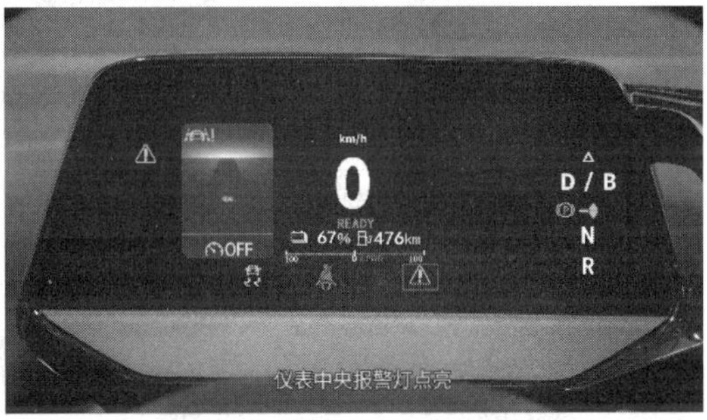 仪表中央报警灯点亮
● 驾驶员侧车门上的玻璃升降器操作单元不工作。按钮背景灯不亮（① 操作玻璃升降器开关，无法进行车窗升降；② 操作中控锁开关，无法进行车辆解锁或者闭锁；③ 操作电子儿童锁开关，儿童锁不工作；④ 操作后视镜调节开关，无法调节后视镜）	 驾驶员车门上的玻璃升降器操作单元不工作
● 照明控制单元不工作。（① 操作示廓灯开关，示廓灯无法关闭；② 操作近光灯开关，近光灯无法关闭；③ 操作雾灯开关，雾灯不亮；④ 操作不利天气车灯开关，不利天气车灯无法点亮；⑤ 操作前挡风玻璃加热开关，前挡风玻璃加热不工作） ● 将故障现象记录在工单中	 照明控制单元不工作

续表

4. 读取故障信息 ● 连接诊断接头 ● 连接诊断仪，查看模块通信状态及故障码 ● 无法连接诊断仪	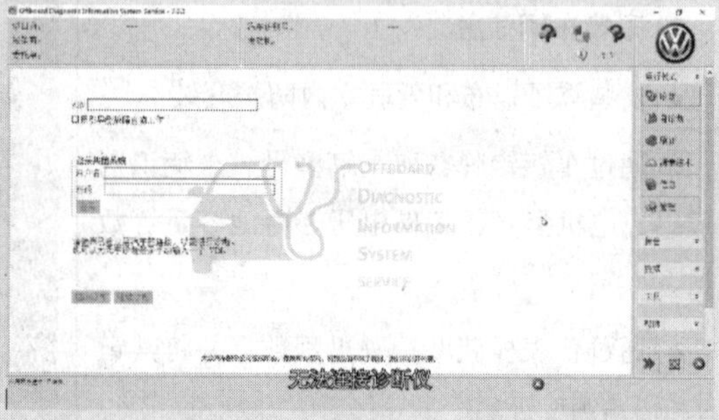
5. 分析故障范围 ● 将故障信息记录在工单中 ● 电源故障 ● J519 局部故障 ● J386 局部故障 ● 开关控制单元故障 ● 记录故障范围	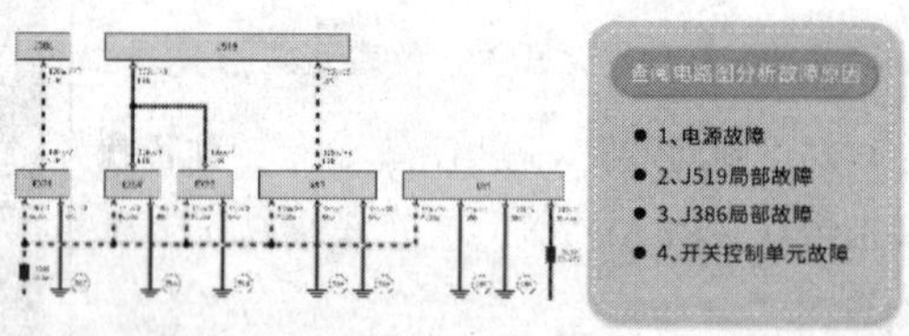
6. 测量并确认故障点 ● 测量 SC44 输出端对地电压为 36 mV，测量结果异常 ● 测量 SC44 输入端对地电压为 14 V，测量结果异常	
● 断开蓄电池负极，拔下保险丝，测量保险丝 SC44 电阻阻值为∞，测量结果异常 ● 测量保险丝 SC44 输出端对地电阻阻值为∞，测量结果正常 ● 将测量结果记录在工单中	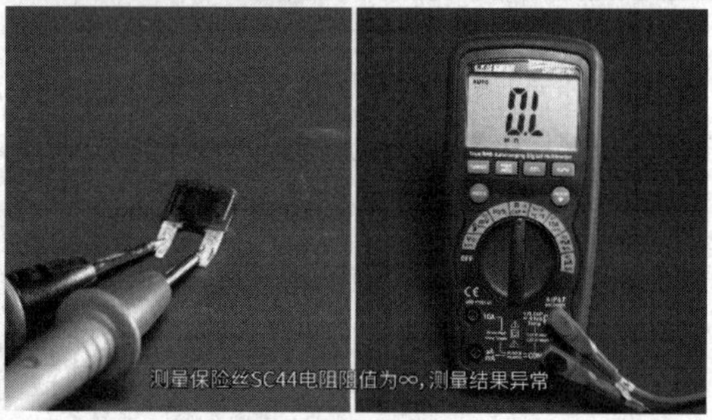
● 通过以上逐一测量排查，确认故障点为：SC44 断路	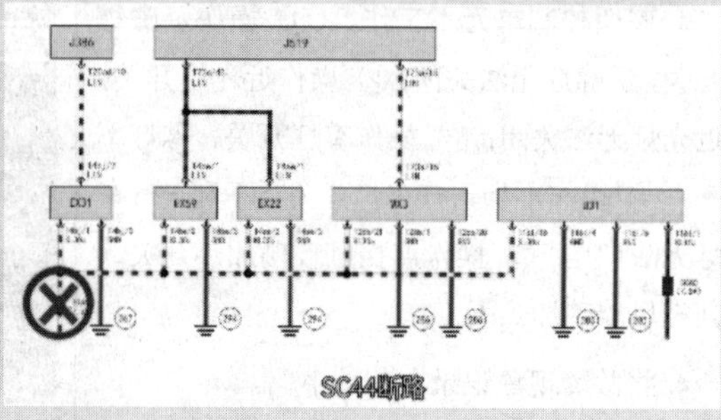

续表

<table>
<tr><td>7. 再次验证故障现象
● 打开点火开关，仪表正常点亮
● 踩下制动踏板，挂档，车辆行驶准备就绪指示灯（READY）正常点亮，车辆上电正常</td><td>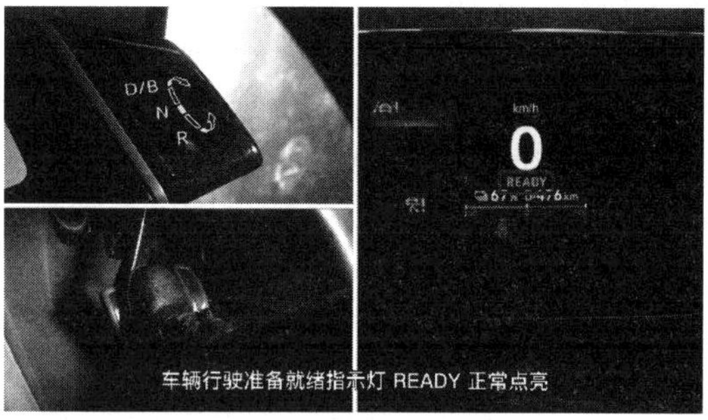</td></tr>
<tr><td>● 驾驶员车门上的玻璃升降器操作单元工作正常。（① 操作玻璃升降器开关，玻璃正常升降；② 操作中控锁开关，车辆正常解锁或者闭锁；③ 操作电子儿童锁开关，儿童锁正常工作；④ 操作后视镜调节开关，后视镜正常工作）</td><td></td></tr>
<tr><td>● 照明控制单元工作正常。（① 操作示廓灯开关，示廓灯点亮；② 操作近光灯开关，近光灯点亮；③ 操作雾灯开关，雾灯点亮；④ 操作不利天气车灯开关，不利天气车灯点亮；⑤ 操作前挡风玻璃加热开关，前挡风玻璃加热工作）</td><td></td></tr>
<tr><td>● 中部仪表板开关模块正常工作（① 操作危险警报灯开关，危险警报灯点亮；② 操作自动泊车开关，自动泊车工作；③ 操作空调开关，空调开启；④ 操作驾驶模式开关，驾驶模式正常切换）确认车辆故障已排除</td><td>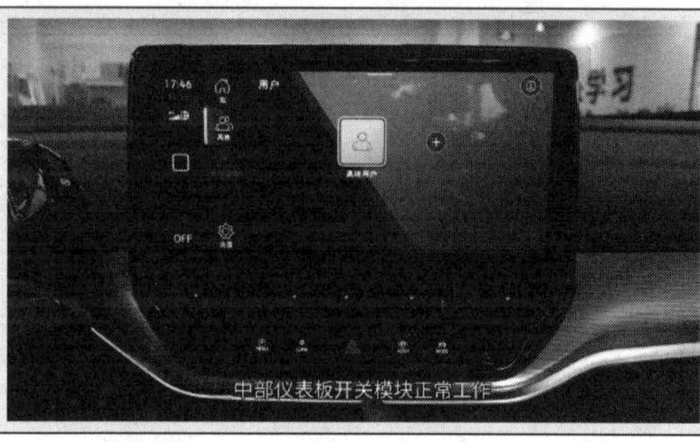</td></tr>
<tr><td>8. 复位工位场地
● 收起翼子板布和驾驶室内防护套装
● 将故障检测过程记录到工单
● 记录测量数据和结果</td><td>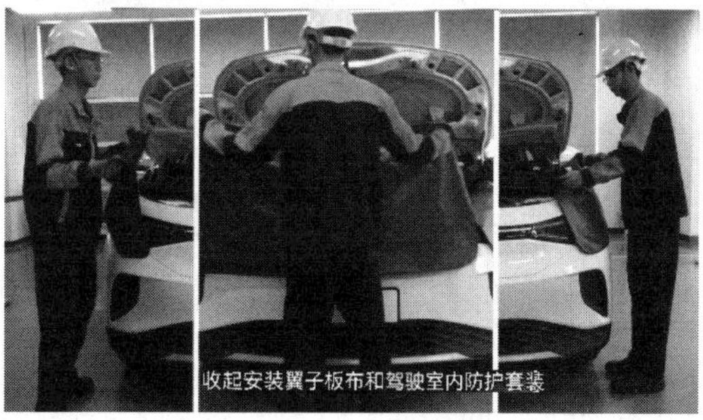</td></tr>
</table>

计划决策

学习完相关知识，同学们该自己动手操作了。

观看视频演示，了解视频操作流程，制订任务计划，研讨、沟通实施计划需要准备的场地、设备和工具，做好组内人员的分工。玻璃升降器维护与检修任务计划表如表 2-4-5 所示。

表 2-4-5　玻璃升降器维护与检修任务计划表

编号	任务计划	人员	工具	备注
1				
2				
3				
4				
5				
6				

任务实施

使用仪器设备进行实车操作，根据表 2-4-6 所示玻璃升降器维护与检修任务工单上的检测项目逐一检测，每检测完一项就将检测结果记录在工单上，并在检测完成后进行结果确认。

表 2-4-6 玻璃升降器维护与检修任务工单

玻璃升降器维护与检修

一、车辆信息

项目	作业内容	配分	评分
整车型号			
车辆识别代码			
电机型号			
工作电压			
动力电池容量			
行驶里程			

二、故障检修

项目	作业内容	配分	评分
确认故障现象			
记录故障信息			

续表

<table>
<tr><th colspan="8">玻璃升降器维护与检修</th></tr>
<tr><th>项目</th><th colspan="5">作业内容</th><th>配分</th><th>评分</th></tr>
<tr><td>分析故障范围</td><td colspan="5"></td><td></td><td></td></tr>
<tr><td rowspan="7">记录测量数据</td><td>测量对象</td><td>测量条件</td><td>实测值</td><td>标准值</td><td>结果判定</td><td rowspan="7"></td><td rowspan="7"></td></tr>
<tr><td></td><td></td><td></td><td></td><td></td></tr>
<tr><td></td><td></td><td></td><td></td><td></td></tr>
<tr><td></td><td></td><td></td><td></td><td></td></tr>
<tr><td></td><td></td><td></td><td></td><td></td></tr>
<tr><td></td><td></td><td></td><td></td><td></td></tr>
<tr><td></td><td></td><td></td><td></td><td></td></tr>
<tr><td>采集波形数据</td><td colspan="5">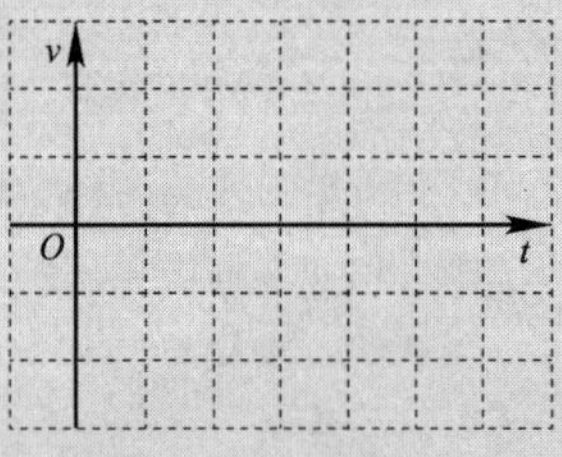
实测波形
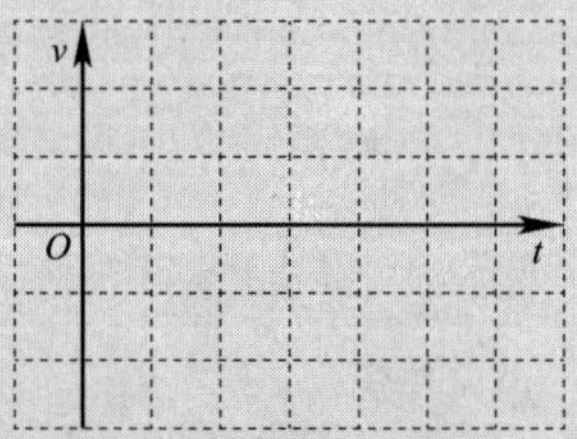
标准波形</td><td></td><td></td></tr>
<tr><td rowspan="3">确诊故障部位</td><td>故障类型</td><td colspan="2">故障点</td><td colspan="2">故障类别</td><td rowspan="3"></td><td rowspan="3"></td></tr>
<tr><td>线路故障</td><td colspan="2"></td><td colspan="2">□ 短路 □ 断路 □ 虚接</td></tr>
<tr><td>元件故障</td><td colspan="2"></td><td colspan="2">□ 机械故障 □ 电气故障</td></tr>
</table>

反思评价

玻璃升降器维护与检修操作评分表如表 2-4-7 所示。也可以进行自我评价，评价自己在知识、技能、思政方面是否达标，是否按照推荐流程进行操作，总结实操过程中的得与失并交流、记录。

表 2-4-7　玻璃升降器维护与检修操作评分表

课程名称		授课教师	
学习任务		授课班级	
学习内容		班级人数	
评分项目	评分细则	评分	备注
专业知识能力表现	了解高压安全知识		
	了解防火安全知识		
	讲述场地设备操作规范		
	讲述检测仪器使用注意事项		
	讲述维修工具使用规范		
	掌握车辆仪表指示灯含义		
	掌握个人和工位防护知识		
	讲述采集车辆信息内容步骤		
	描述玻璃升降器故障现象		
	分析玻璃升降器故障范围		
专业技能实操表现	正确操作场地设备		
	正确使用测量仪器		
	正确使用维修工具		
	检查、穿戴工作服		
	检查、穿戴绝缘鞋		
	检查、穿戴绝缘手套		
	检查、佩戴护目镜		
	检查、佩戴安全帽		
	设置隔离栏		
	放置安全警示牌		
	检查灭火器		
	安装翼子板布		
	安装驾驶室内防护套装		
	采集整车型号		
	采集车辆识别代码		
	采集电机型号		
	采集高压系统工作电压		

续表

评分项目	评分细则	评分	备注
专业技能实操表现	采集动力电池容量		
	采集车辆行驶里程		
	记录：仪表中央报警灯点亮，仪表提示车辆照明故障，电子儿童锁故障		
	记录：示廓灯和近光灯异常点亮且无法关闭		
	记录：驾驶员车门上的车窗升降器操作单元不工作，按钮背景灯不亮		
	记录：照明控制单元不工作		
	读取故障，无法连接诊断仪		
	分析故障范围：电源故障		
	分析故障范围：J519 局部故障		
	分析故障范围：J386 局部故障		
	分析故障范围：开关控制单元故障		
	测量 SC44 输出端对地电压为 36 mV，测量结果异常		
	测量 SC44 输入端对地电压为 14 V，测量结果异常		
	断开蓄电池负极，拔下保险丝，测量保险丝 SC44 电阻阻值为∞，测量结果异常		
	测量保险丝 SC44 输出端对地电阻阻值为∞，测量结果正常		
	通过以上测量排查，确认故障点为：SC44 断路		
	维修车辆：更换 SB3 保险		
	验证故障现象：打开点火开关，仪表正常点亮		
	验证故障现象：踩下制动踏板，挂档，车辆行驶准备就绪指示灯（READY）正常点亮，车辆上电正常		
	验证故障现象：驾驶员侧车窗升降器操作单元工作正常		
	验证故障现象：照明控制单元工作正常		
	验证故障现象：中部仪表板开关模块正常工作		
	收起翼子板布和驾驶室内防护套装		
	在工单中记录故障检测过程		
职业思政素养表现	注重使用文明用语		
	表达清楚，条理分明		
	认真倾听，对问题有合理的反应		
	举一反三迁移能力和学习态度		
	自信心和抗挫折能力		
	自我检查与自我评价能力		
	毅力和工作责任心		
	时间管理能力		
	团队合作能力		
	规范操作的安全意识		
	精益求精的工匠精神		

总结提升

经过了理论与实操学习，相信同学们已经掌握了本次任务所需的知识和技能，对学习成果进行检验吧。回顾本次任务操作流程，请补全图 2–4–2 所示玻璃升降器维护与保养思维导图中的空缺部分。

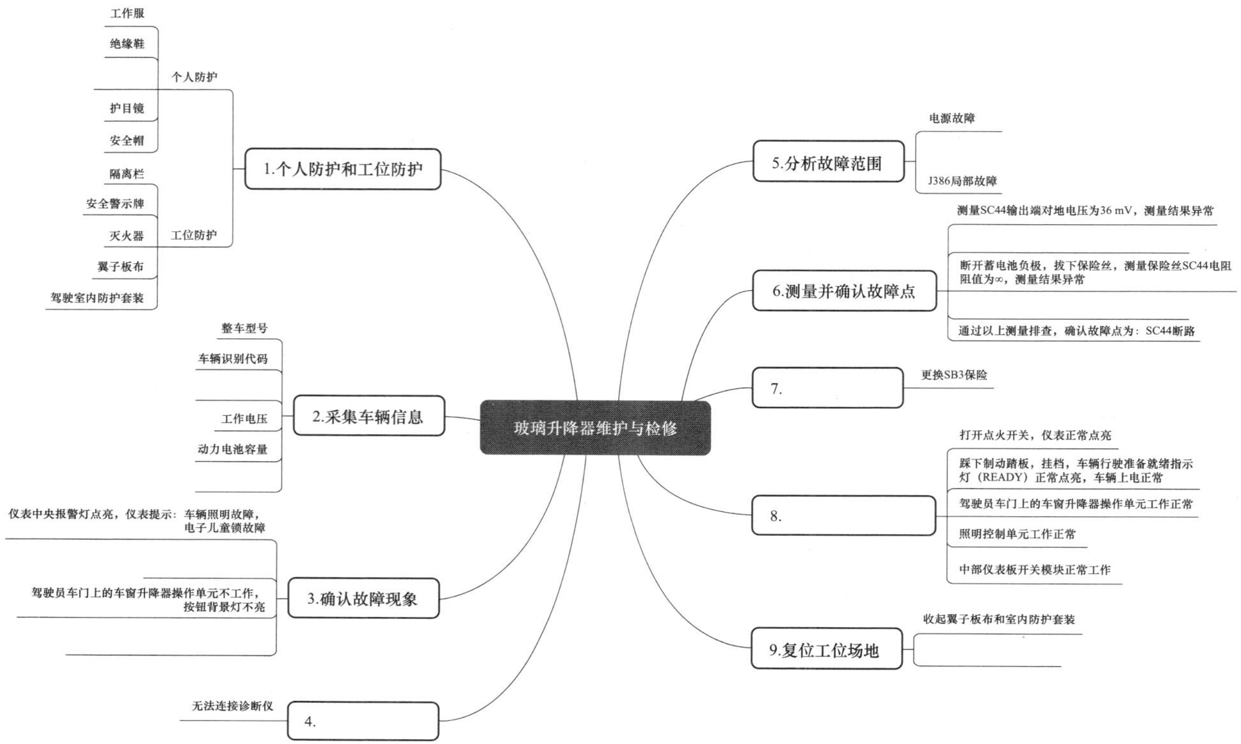

图 2–4–2　玻璃升降器维护与保养思维导图

技能拓展

本次任务学习完了，还意犹未尽吗？尝试完成表 2–4–8 所示玻璃升降器维护与检修知识拓展表。根据表 2–4–9 至表 2–4–17 所示的相关拓展任务进行故障设置与故障记录，提高自己的能力。

表 2–4–8　玻璃升降器维护与检修知识拓展表

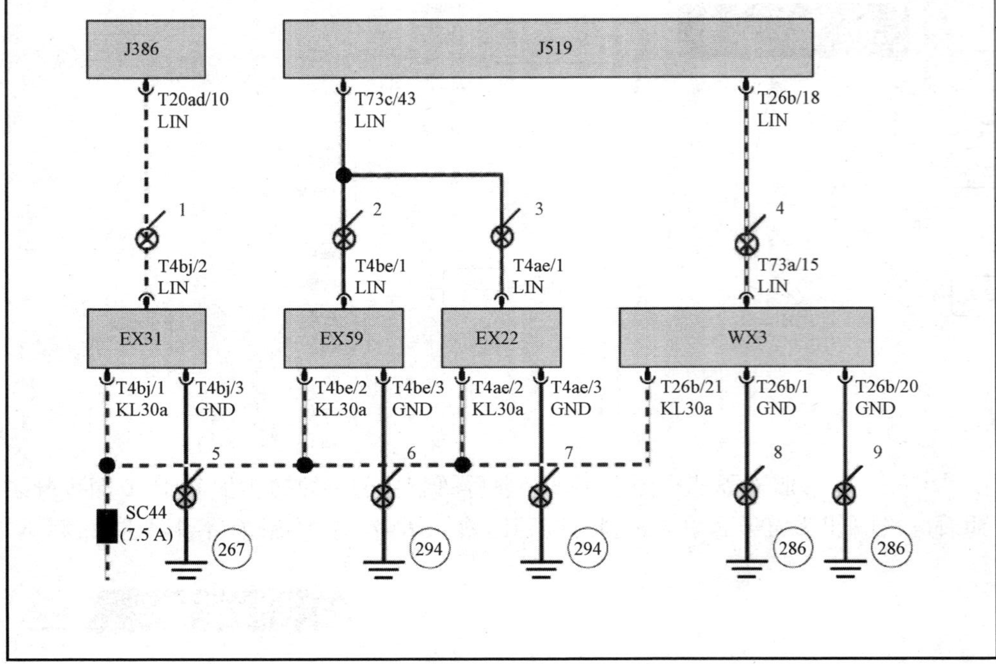

序号	任务
1	T20ad/10 至 T4bj/2 断路
2	T73c/43 至 T4be/1 断路
3	T73c/43 至 T4ae/1 断路
4	T26b/18 至 T73a/15 断路
5	T4bj/3 至 267 接地断路
6	T4be/3 至 294 接地断路
7	T4ae/3 至 294 接地断路
8	T26b/1 至 286 接地断路
9	T26b/20 至 286 接地断路
10	
11	
12	
13	
14	
15	
16	

表 2-4-9　拓展任务 1：T20ad/10 至 T4bj/2 断路

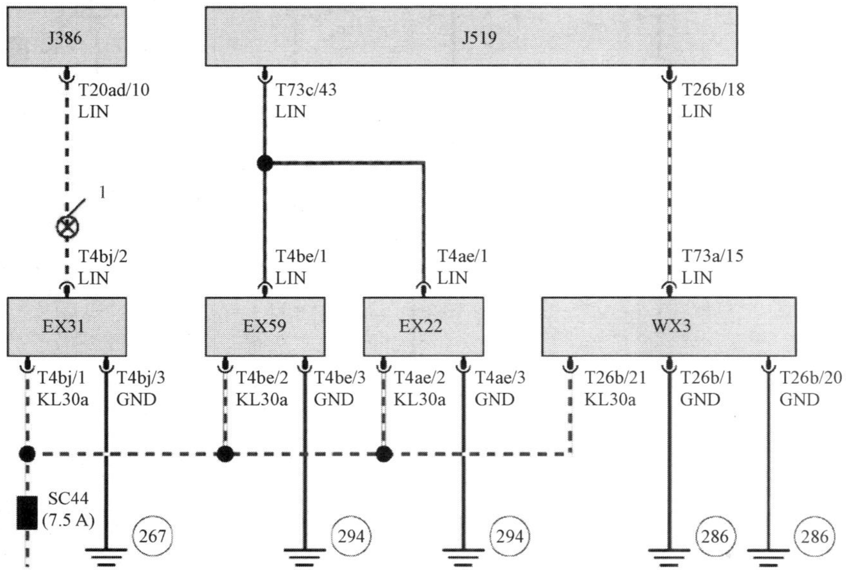

故障现象	故障码
数据流	测量值
波形图	故障机理
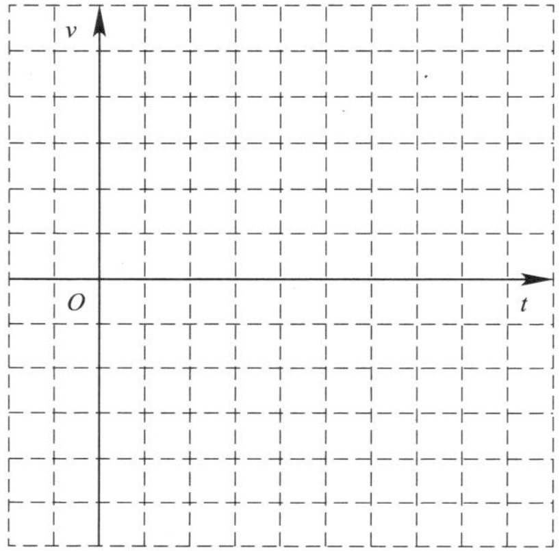	

表 2–4–10　拓展任务 2：T73c/43 至 T4be/1 断路

<table>
<tr><td rowspan="6">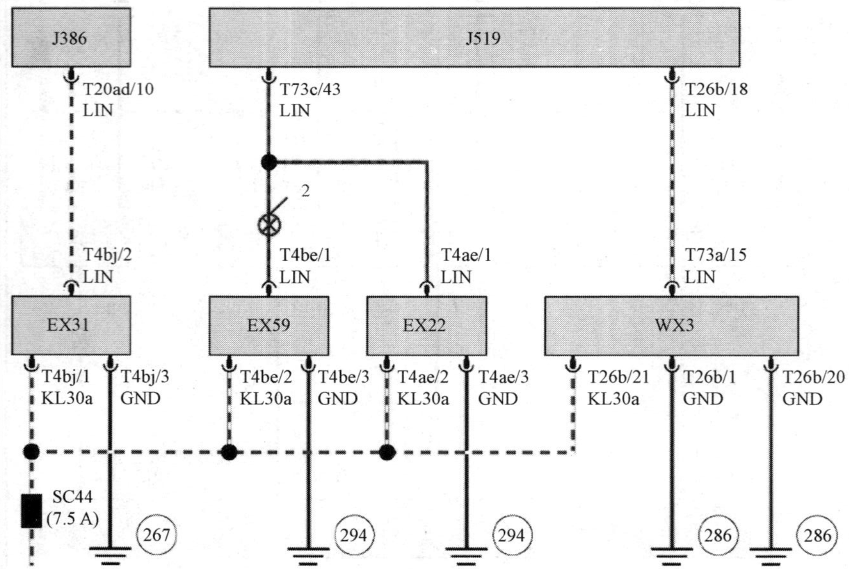
</td><td>故障现象</td><td>故障码</td></tr>
<tr><td></td><td></td></tr>
<tr><td>数据流</td><td>测量值</td></tr>
<tr><td></td><td></td></tr>
<tr><td>波形图</td><td>故障机理</td></tr>
<tr><td>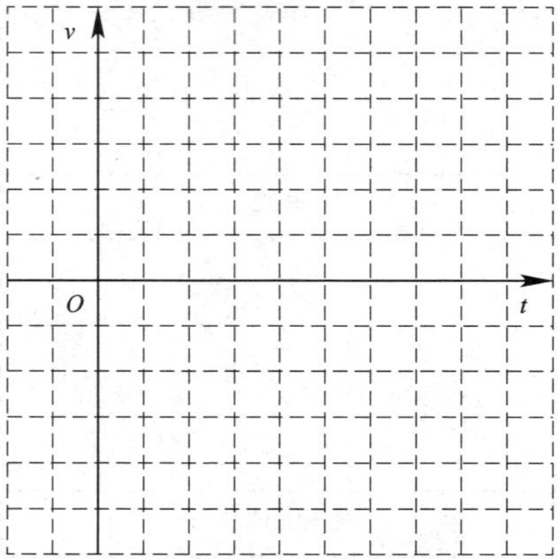
</td><td></td></tr>
</table>

表 2-4-11 拓展任务 3：T73c/43 至 T4ae/1 断路

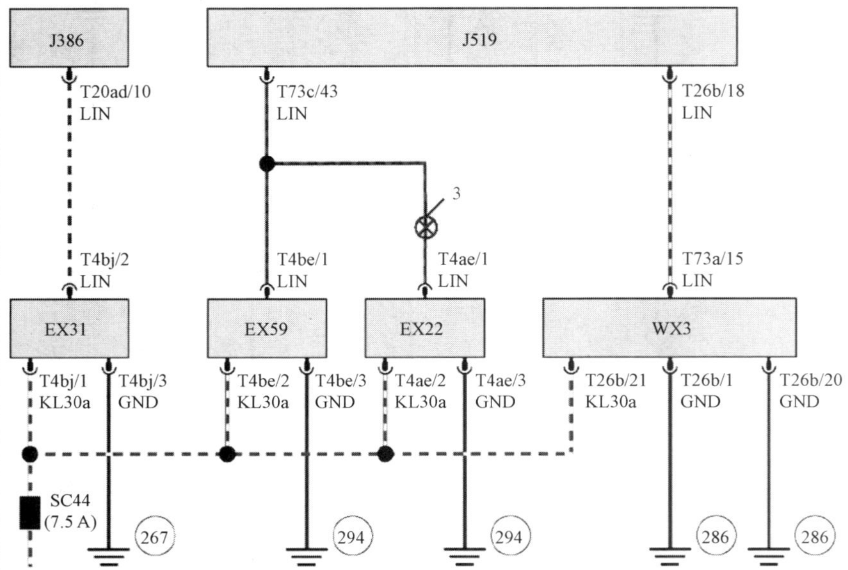

故障现象	故障码
数据流	测量值
波形图	故障机理
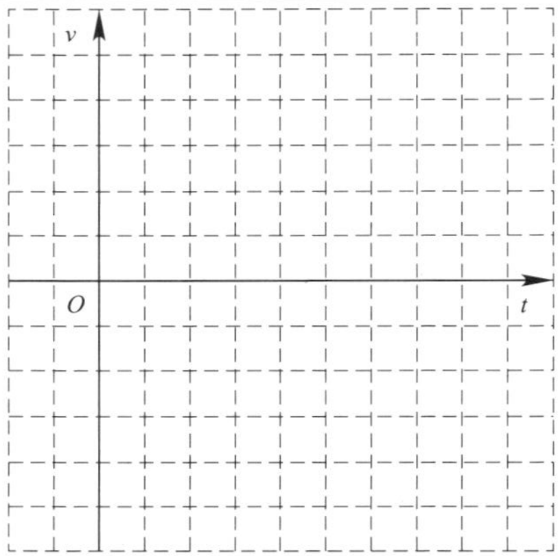	

表 2-4-12　拓展任务 4：T26b/18 至 T73a/15 断路

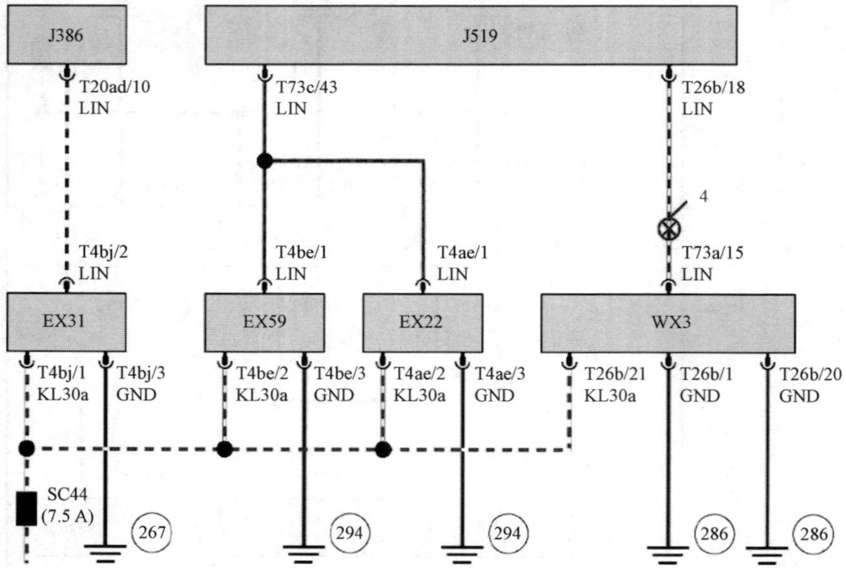

故障现象	故障码
数据流	测量值
波形图	故障机理
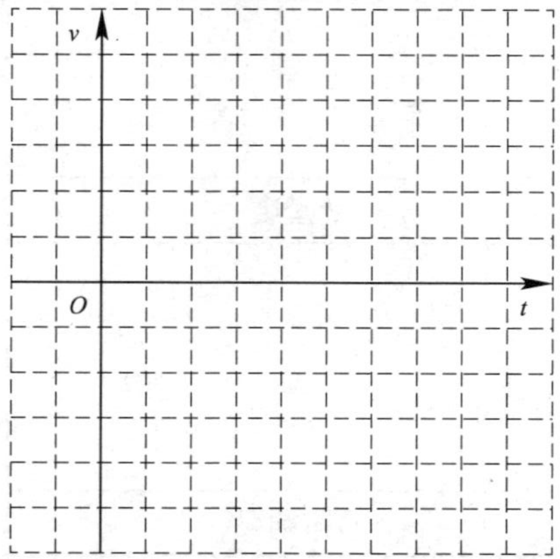	

表 2–4–13　拓展任务 5：T4bj/3 至 267 接地断路

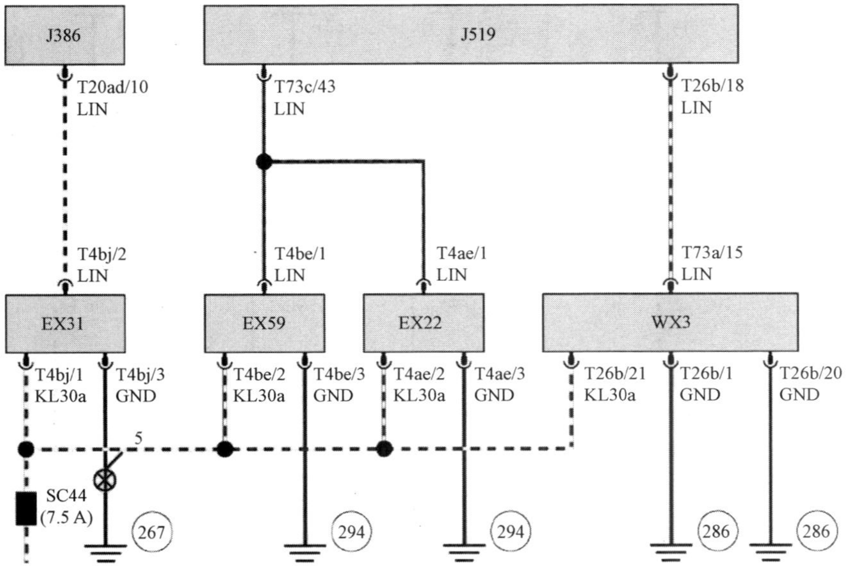

故障现象	故障码
数据流	测量值
波形图	故障机理
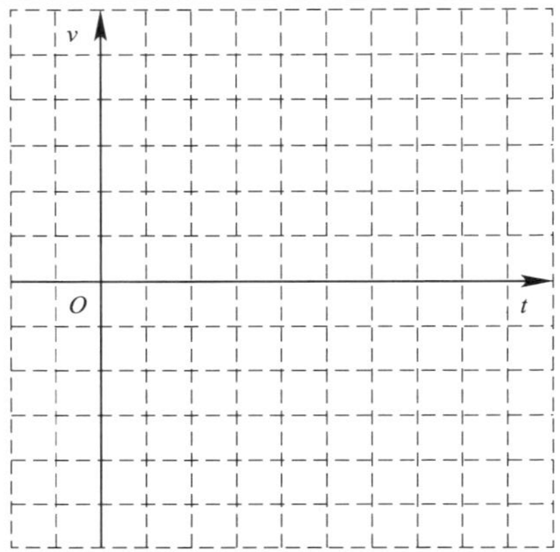	

表 2-4-14　拓展任务 6：T4be/3 至 294 接地断路

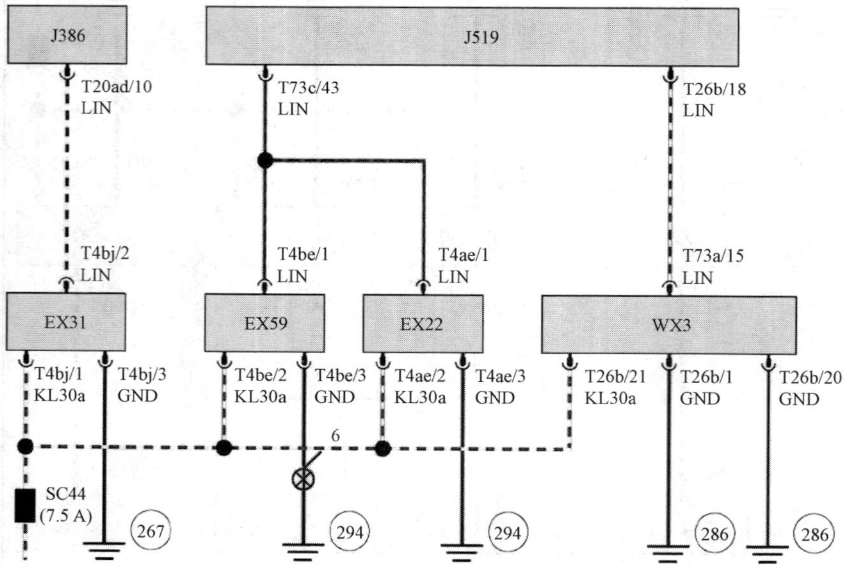

故障现象	故障码
数据流	测量值
波形图	故障机理
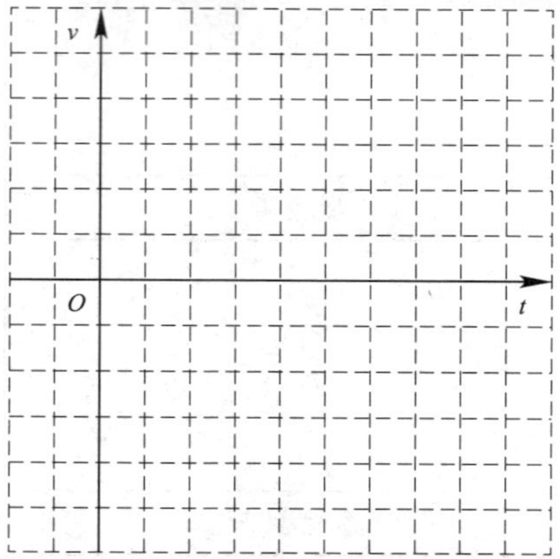	

表 2-4-15　拓展任务 7：T4ae/3 至 294 接地断路

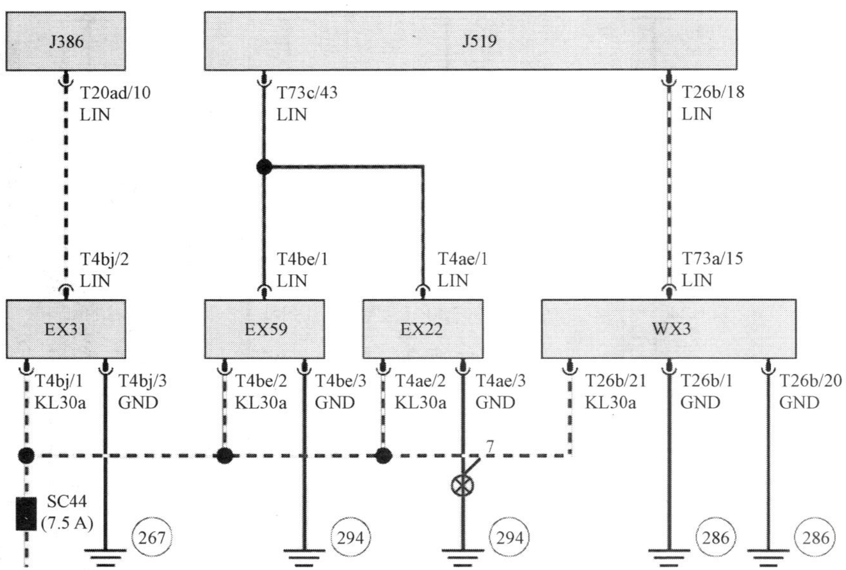

故障现象	故障码
数据流	测量值
波形图	故障机理
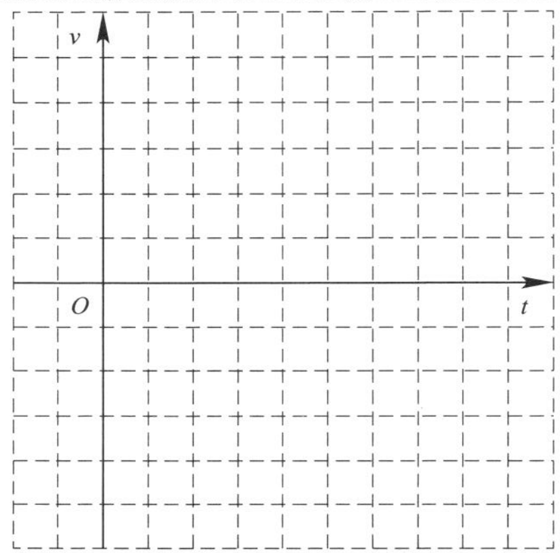	

表 2-4-16　拓展任务 8：T26b/1 至 286 接地断路

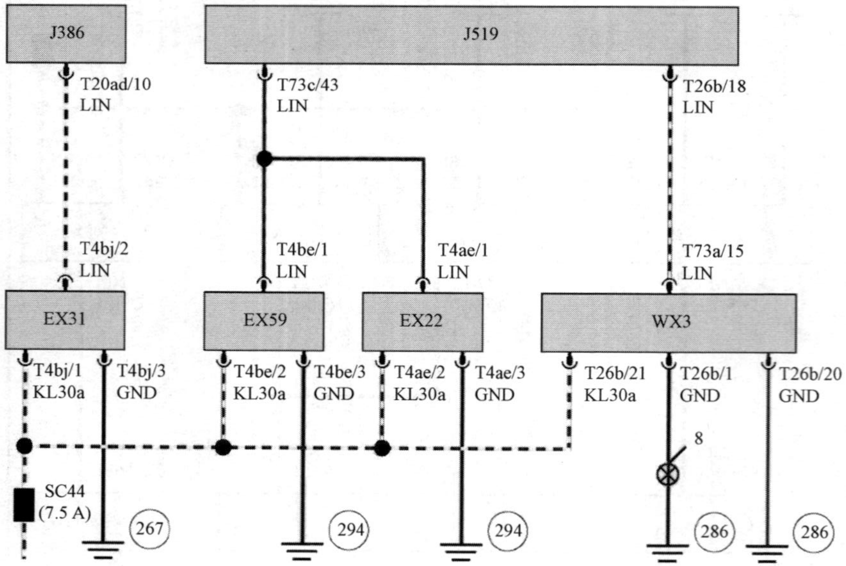

故障现象	故障码
数据流	测量值
波形图	故障机理
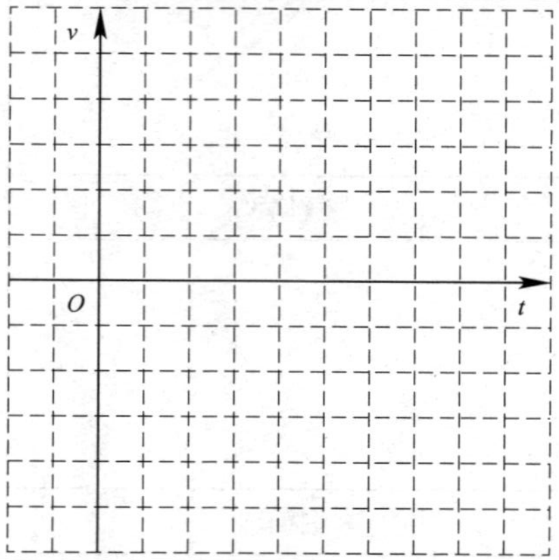	

表 2-4-17　拓展任务 9：T26b/20 至 286 接地断路

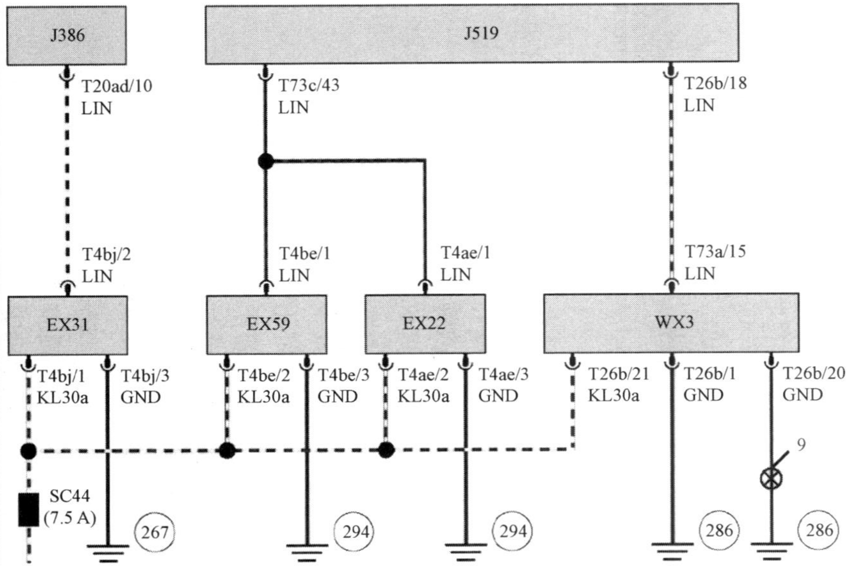

故障现象	故障码
数据流	测量值
波形图	故障机理
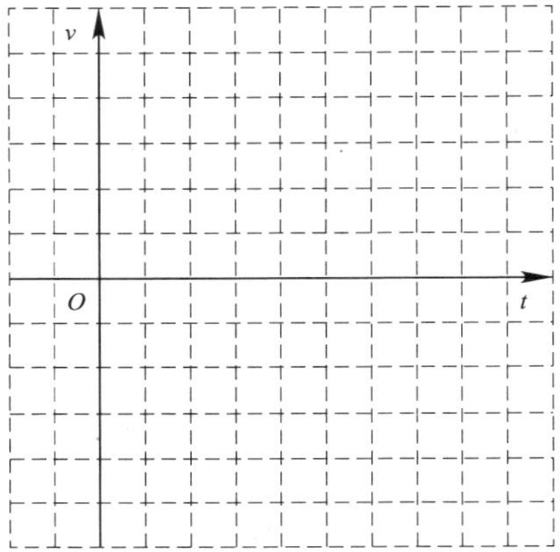	

模块 3

新能源汽车电气系统维护与保养

任务 3.1　LED 大灯维护与检修

教学目标

1. 知识目标
（1）了解 LED 大灯组成作用。
（2）掌握 LED 大灯结构位置。
（3）掌握 LED 大灯检修流程。
2. 能力目标
（1）能按照维修手册制订 LED 大灯维护与检修工作计划。
（2）能正确使用工具并在 30 min 内完成 LED 大灯维护与检修。
3. 素养目标
（1）培养学生规范操作的安全意识。
（2）培养学生精益求精的工匠精神。

情境导入

小张哥完成工作准备驾车回家时，遇到了一个棘手的问题：他的汽车大灯系统似乎出现了故障，大灯无法正常点亮。

车辆送到维修站，经检查有如下故障：
（1）仪表中央报警灯点亮，仪表提示：车辆照明故障。
（2）打开示廓灯开关，右前示廓灯不亮。
（3）打开近光灯开关，右前近光灯不亮。
（4）打开远光灯开关，右前远光灯不亮。
（5）打开不利天气车灯开关，右前不利天气车灯不亮。
（6）打开右转向灯，右前转向信号灯不亮。

使用故障诊断仪读取故障码：
（1）无法进入左侧车灯控制单元读取故障信息。
（2）21A097：右侧车灯控制系统控制单元 2，无通信。
（3）224064：外部噪声形成，无通信。

如果你是维修人员，你会怎么处理呢？

知识准备

通过维护与检修，车辆可以保持良好的状态，现在就来学习一下 LED 大灯维护与检修的相关知识吧。

LED 大灯主要由前大灯、日间行车灯和大灯电源模块等组成。LED 大灯的主要作用是照明道路，为司机提供安全驾驶条件。

1. 组成与安装位置

LED 大灯组成与安装位置如表 3–1–1 所示。

表 3–1–1　LED 大灯组成与安装位置

LED 大灯组成

1—左侧前大灯 MX1/右侧前大灯 MX2
2—螺栓 1
3—左侧日间行车灯和驻车灯的 LED 模块 L176/右侧日间行车灯和驻车灯的 LED 模块 L177
4—螺栓 2
5—左侧 LED 大灯电源模块 1-A31/右侧 LED 大灯电源模块 1-A27
6—螺栓 3

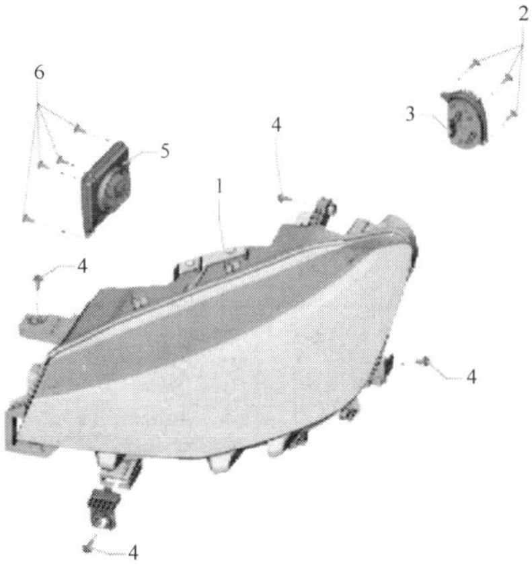

LED 大灯前部安装位置

2. LED 大灯维护与检修相关保险丝

LED 大灯维护与检修相关保险丝如表 3–1–2 所示。

表 3–1–2　LED 大灯维护与检修相关保险丝

代码	额定电流	定义
SB4	30 A	保险丝架 B 上的保险丝 4
SB5	30 A	保险丝架 B 上的保险丝 5

3. LED 大灯维护与检修相关系统电路图

LED 大灯维护与检修相关系统电路图如图 3–1–1 所示。LED 大灯维护与检修相关系统电路图相关代码定义如表 3–1–3 所示。

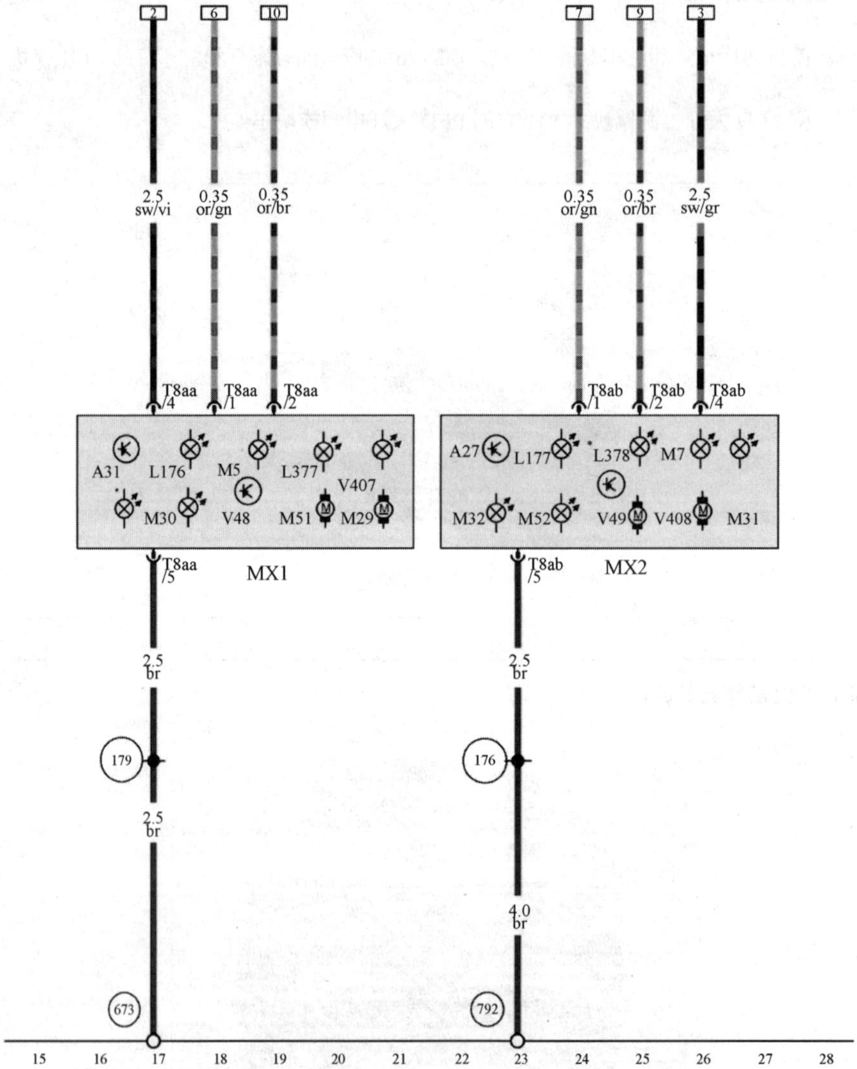

图 3–1–1　LED 大灯维护与检修相关系统电路图

表 3–1–3 LED 大灯维护与检修相关系统电路图相关代码定义

代码	定义
A27	右侧 LED 大灯模块化电源 1
A31	左侧 LED 大灯模块化电源 1
L176	日间行车灯和驻车示宽灯左侧 LED 模块
L177	日间行车灯和驻车示宽灯右侧 LED 模块
L377	日间行车灯左侧 LED 模块
L378	日间行车灯右侧 LED 模块
MX1	左前大灯
MX2	右前大灯
M5	左前转向信号灯灯泡
M7	右前转向信号灯灯泡
M29	左侧近光灯灯泡
M30	左侧远光灯灯泡
M31	右侧近光灯灯泡
M32	右侧远光灯灯泡
M51	左侧静态弯道灯
M52	右侧静态弯道灯
T8aa	8 芯插头连接
T8ab	8 芯插头连接
V48	左侧大灯照明距离调节伺服电机
V49	右侧大灯照明距离调节伺服电机
V407	左侧大灯风扇
V408	右侧大灯风扇
176	接地连接，在右侧大灯导线束中
179	接地连接，在左侧大灯导线束中
673	左前纵梁上的接地点 3
792	右前轮罩内的接地点
*	也作为 LED 型号规格

4. LED 大灯维护与检修操作流程

LED 大灯维护与检修操作流程如表 3–1–4 所示。

表 3–1–4 LED 大灯维护与检修操作流程

1. 个人防护和工位防护 ● 穿工作服与绝缘鞋进入工位，进入工位后设置隔离栏，放置安全警示牌，检查灭火器 ● 检查个人防护用品和工具仪器	
2. 采集车辆信息 ● 安装翼子板布和驾驶室内防护套装 ● 通过车辆铭牌获取车辆型号、车辆识别代码、电机型号、工作电压、电池容量等数据 ● 通过仪表板获取行驶里程数据并将其记录在工单中	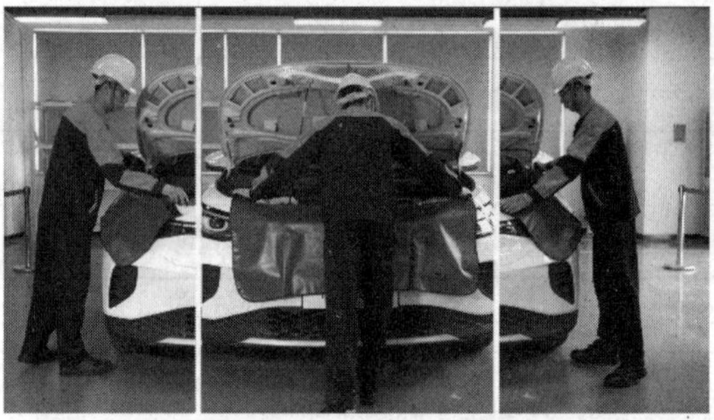
3. 确认故障现象 ● 进入车内，降下主驾驶车窗 ● 操作 E378 点火开关，仪表正常点亮 ● 仪表中央报警灯点亮，仪表提示：车辆照明故障 ● 踩下制动踏板，挂 D 档，车辆行驶准备就绪指示灯（READY）点亮，高压上电正常	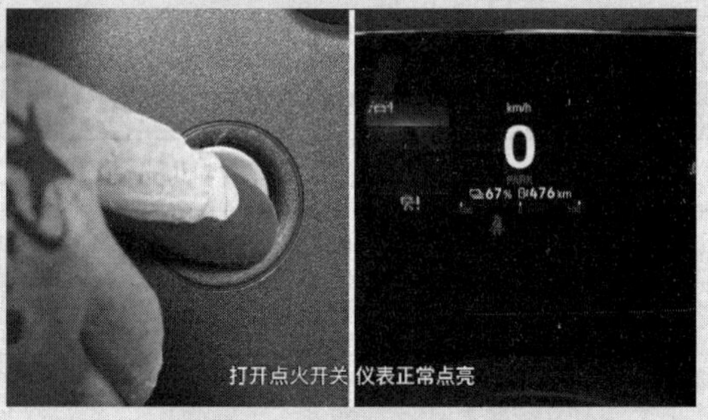
● 右前 LED 大灯总成不亮（① 打开示廓灯开关，右前示廓灯不亮；② 打开近光灯开关，右前近光灯不亮；③ 打开远光灯开关，右前远光灯不亮；④ 打开不利天气车灯开关，右前不利天气车灯不亮；⑤ 打开右转向灯，右前转向信号灯不亮） ● 将故障现象记录在工单中	

续表

<table>
<tr><td>4. 读取故障信息
● 连接诊断接头
● 连接诊断仪，查看模块通信状态及故障码
● 去掉“用引导型故障查询工作”的勾选</td><td>
</td></tr>
<tr><td>● 单击“启动诊断”进入诊断系统
● 手动选择正确车型信息
● 单击选择联网图
⚠ 注意
根据故障现象提示，应在右侧车灯控制单元读取故障或代码</td><td>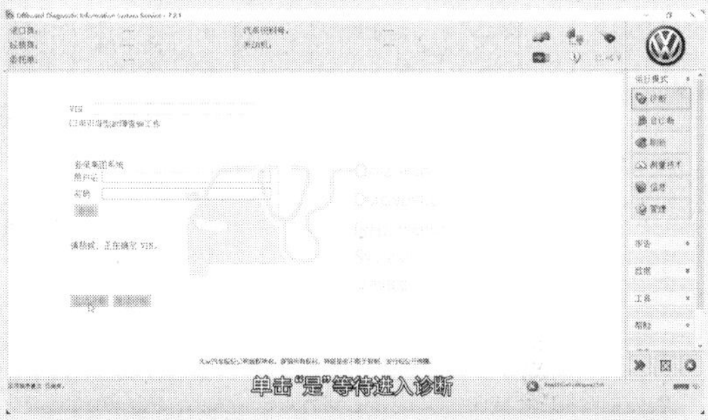

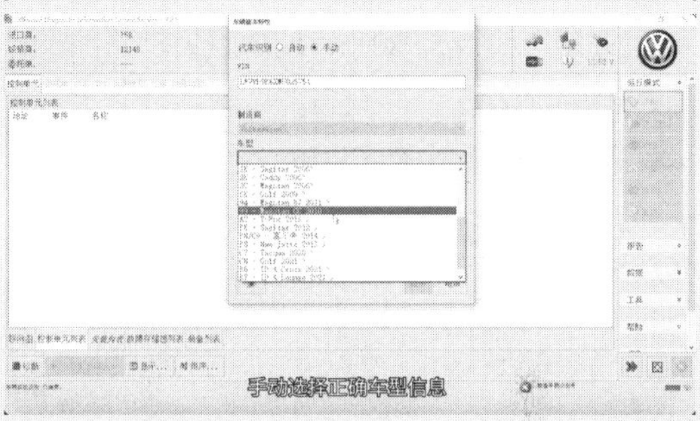
</td></tr>
<tr><td>● 使用鼠标右键选择“控制单元自诊断”
● 选择“故障存储器”，单击“执行”，画面跳转到控制单元自诊断界面
● 无法进入左侧车灯控制单元读取故障信息
⚠ 注意
在右侧车灯控制单元读取故障或代码
⚠ 注意
进入 J533 网关读取故障信息</td><td>
</td></tr>
<tr><td>● 使用鼠标右键选择“控制单元自诊断”
● 选择“故障存储器”，单击“执行，”画面跳转到控制单元自诊断界面
● 21A097：右侧车灯控制系统控制单元 2，无通信
● 224064：外部噪声形成，无通信</td><td>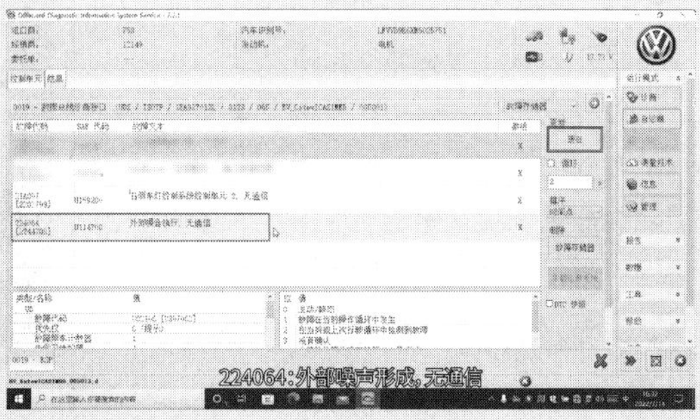
</td></tr>
</table>

续表

5. 分析故障范围 ● MX2 电源故障 ● 扩展总线故障 ● J533 局部故障 ● LED 大灯故障 ● 记录故障范围	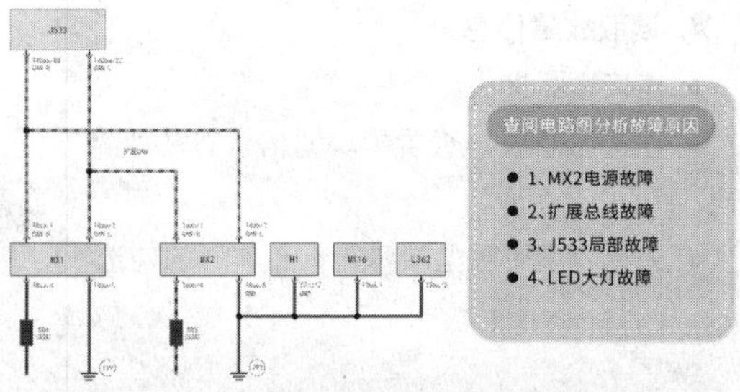
6. 测量并确认故障点 ● 拔下 MX2 插头，测量 MX2 供电 T8ab/4 对地电压为 14 V，测量结果正常 ● 进一步测量 MX2 搭铁 T8ab/5 对地电压为 14 V，测量结果异常 ● 将测量数据及结果记录在工单中	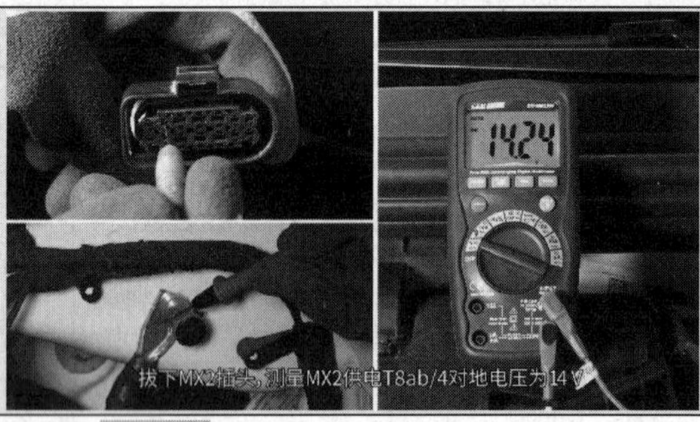
● 查阅电路图，并找到 MX2 搭铁点 792，发现 792 搭铁点松动，按照标准力矩（9 N·m）拧紧搭铁点螺栓 ● 将测量结果记录在工单中 ● 通过以上逐一测量排查，确认故障点为：792 搭铁点虚接	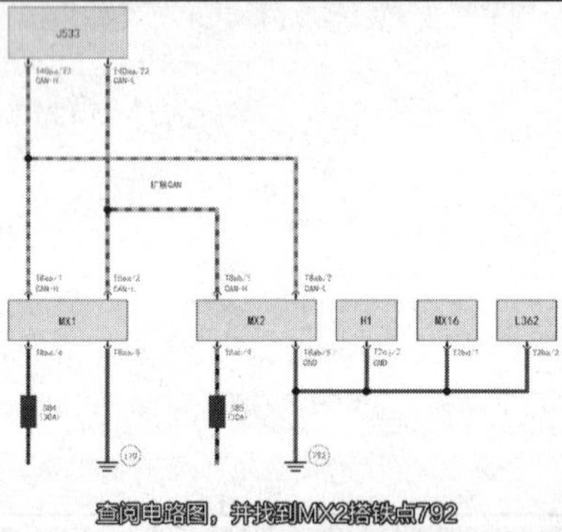
7. 再次验证故障现象 ● 打开点火开关，仪表状态正常 ● 踩下制动踏板，挂 D 档，车辆行驶准备就绪指示灯（READY）正常点亮，车辆上电正常	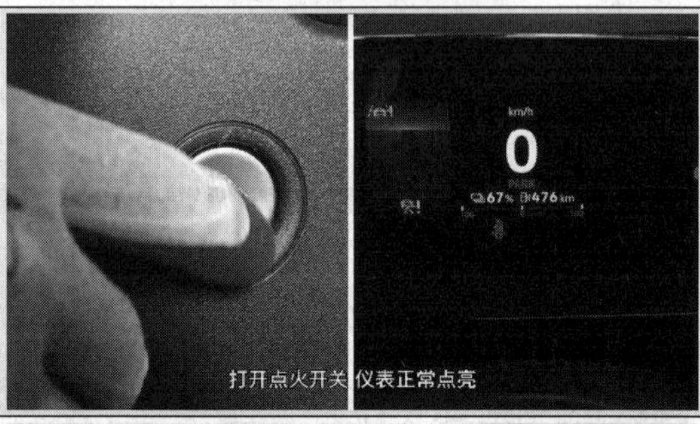
● 操作车灯开关，车辆前部大灯正常工作 ● 打开示廓灯，示廓灯正常点亮 ● 打开近光灯，近光灯正常点亮 ● 打开远光灯，远光灯正常点亮 ● 打开不利天气车灯，不利天气车灯正常点亮 ● 打开右转向灯，右转向信号灯点亮 ● LED 大灯故障已排除	

续表

8. 复位工位场地 ● 收起安装翼子板布和驾驶室内防护套装 ● 将故障检测过程记录在工单中	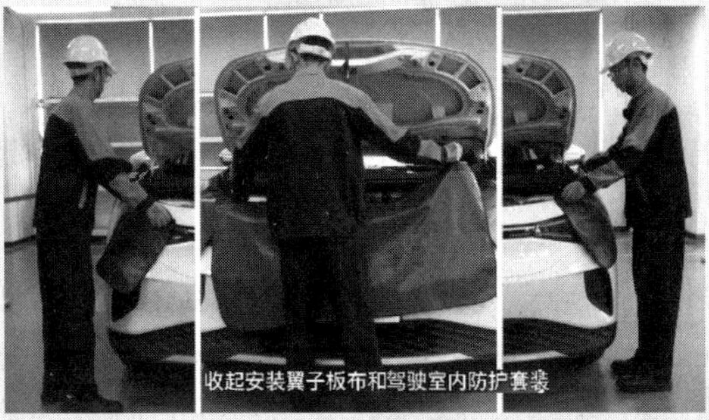

计划决策

学习完相关知识，同学们该自己动手操作了。

观看视频演示，了解视频操作流程，制订任务计划，沟通、研讨实施计划需要准备的场地、设备和工具，做好组内人员的分工。LED 大灯维护与检修任务计划表如表 3–1–5 所示。

表 3–1–5　LED 大灯维护与检修任务计划表

编号	任务计划	人员	工具	备注
1				
2				
3				
4				
5				
6				

任务实施

使用仪器设备进行实车操作，根据表 3–1–6 所示 LED 大灯维护与检修任务工单上的检测项目逐一检测，每检测完一项就将检测结果记录在工单上，并在检测完成后进行结果确认。

表 3–1–6　LED 大灯维护与检修任务工单

LED 大灯维护与检修

一、车辆信息

项目	作业内容	配分	评分
整车型号			
车辆识别代码			
电机型号			
工作电压			
动力电池容量			
行驶里程			

二、故障检修

项目	作业内容	配分	评分
确认故障现象			
记录故障信息			

续表

LED 大灯维护与检修

<table>
<tr><th>项目</th><th>作业内容</th><th>配分</th><th>评分</th></tr>
<tr><td>分析故障范围</td><td></td><td></td><td></td></tr>
<tr><td>记录测量数据</td><td>
<table>
<tr><th>测量对象</th><th>测量条件</th><th>实测值</th><th>标准值</th><th>结果判定</th></tr>
<tr><td></td><td></td><td></td><td></td><td></td></tr>
<tr><td></td><td></td><td></td><td></td><td></td></tr>
<tr><td></td><td></td><td></td><td></td><td></td></tr>
<tr><td></td><td></td><td></td><td></td><td></td></tr>
<tr><td></td><td></td><td></td><td></td><td></td></tr>
<tr><td></td><td></td><td></td><td></td><td></td></tr>
</table>
</td><td></td><td></td></tr>
<tr><td>采集波形数据</td><td>
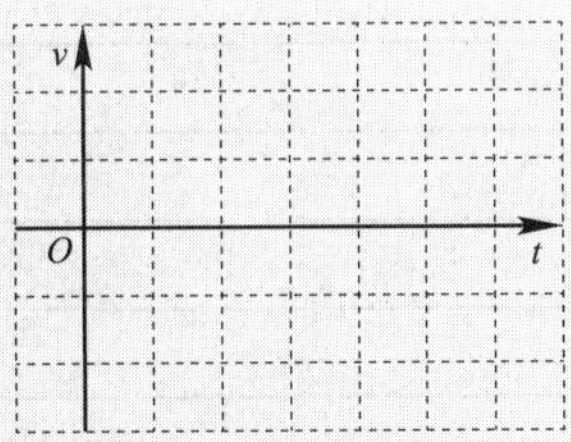

实测波形
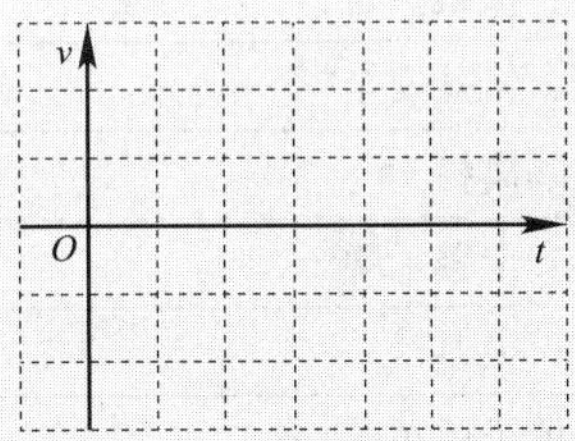

标准波形
</td><td></td><td></td></tr>
<tr><td>确诊故障部位</td><td>
<table>
<tr><th>故障类型</th><th>故障点</th><th>故障类别</th></tr>
<tr><td>线路故障</td><td></td><td>☐ 短路 ☐ 断路 ☐ 虚接</td></tr>
<tr><td>元件故障</td><td></td><td>☐ 机械故障 ☐ 电气故障</td></tr>
</table>
</td><td></td><td></td></tr>
</table>

反思评价

LED 大灯维护与检修操作评分表如表 3–1–7 所示。也可以进行自我评价，评价自己在知识、技能、思政方面是否达标，是否按照推荐流程进行操作，总结实操过程中的得与失并交流、记录。

表 3–1–7　LED 大灯维护与检修操作评分表

<table>
<tr><td>课程名称</td><td colspan="2"></td><td>授课教师</td><td colspan="2"></td></tr>
<tr><td>学习任务</td><td colspan="2"></td><td>授课班级</td><td colspan="2"></td></tr>
<tr><td>学习内容</td><td colspan="2"></td><td>班级人数</td><td colspan="2"></td></tr>
<tr><td>评分项目</td><td colspan="3">评分细则</td><td>评分</td><td>备注</td></tr>
<tr><td rowspan="8">专业知识
能力表现</td><td colspan="3">了解高压安全知识</td><td></td><td></td></tr>
<tr><td colspan="3">了解防火安全知识</td><td></td><td></td></tr>
<tr><td colspan="3">讲述场地设备操作规范</td><td></td><td></td></tr>
<tr><td colspan="3">讲述检测仪器使用注意事项</td><td></td><td></td></tr>
<tr><td colspan="3">讲述维修工具使用规范</td><td></td><td></td></tr>
<tr><td colspan="3">掌握车辆仪表指示灯含义</td><td></td><td></td></tr>
<tr><td colspan="3">掌握个人和工位防护知识</td><td></td><td></td></tr>
<tr><td colspan="3">讲述采集车辆信息内容步骤</td><td></td><td></td></tr>
<tr><td rowspan="18">专业技能
实操表现</td><td colspan="3">正确操作场地设备</td><td></td><td></td></tr>
<tr><td colspan="3">正确使用测量仪器</td><td></td><td></td></tr>
<tr><td colspan="3">正确使用维修工具</td><td></td><td></td></tr>
<tr><td colspan="3">检查、穿戴工作服</td><td></td><td></td></tr>
<tr><td colspan="3">检查、穿戴绝缘鞋</td><td></td><td></td></tr>
<tr><td colspan="3">检查、穿戴绝缘手套</td><td></td><td></td></tr>
<tr><td colspan="3">检查、佩戴护目镜</td><td></td><td></td></tr>
<tr><td colspan="3">检查、佩戴安全帽</td><td></td><td></td></tr>
<tr><td colspan="3">设置隔离栏</td><td></td><td></td></tr>
<tr><td colspan="3">放置安全警示牌</td><td></td><td></td></tr>
<tr><td colspan="3">检查灭火器</td><td></td><td></td></tr>
<tr><td colspan="3">安装翼子板布</td><td></td><td></td></tr>
<tr><td colspan="3">安装驾驶室内防护套装</td><td></td><td></td></tr>
<tr><td colspan="3">采集整车型号</td><td></td><td></td></tr>
<tr><td colspan="3">采集车辆识别代码</td><td></td><td></td></tr>
<tr><td colspan="3">采集电机型号</td><td></td><td></td></tr>
<tr><td colspan="3">采集高压系统工作电压</td><td></td><td></td></tr>
<tr><td colspan="3">采集动力电池容量</td><td></td><td></td></tr>
</table>

续表

评分项目	评分细则	评分	备注
专业技能实操表现	采集车辆行驶里程		
	记录：仪表中央报警灯点亮，仪表提示车辆照明故障		
	记录：打开示廓灯开关，右前示廓灯不亮		
	记录：打开近光灯开关，右前近光灯不亮		
	记录：打开远光灯开关，右前远光灯不亮		
	记录：打开不利天气车灯开关，右前不利天气车灯不亮		
	记录：打开右转向灯，右前转向信号灯不亮		
	读取故障，无法进入左侧车灯控制单元读取故障信息		
	读取故障，21A097：右侧车灯控制系统控制单元 2，无通信		
	读取故障，224064：外部噪声形成，无通信		
	分析故障范围：MX2 电源故障		
	分析故障范围：扩展总线故障		
	分析故障范围：J533 局部故障		
	拔下 MX2 插头，测量 MX2 供电 T8ab/4 对地电压为 14 V，测量结果正常		
	进一步测量 MX2 搭铁 T8ab/5 对地电压为 14 V，测量结果异常		
	查阅电路图，找到 MX2 搭铁点 792，发现 792 搭铁点松动		
	确认故障点为：792 搭铁点虚接		
	维修车辆：按照标准力矩（9 N·m）拧紧 792 搭铁点螺栓		
	验证故障现象：打开点火开关，仪表状态正常		
	验证故障现象：踩下制动踏板，挂档，车辆行驶准备就绪指示灯（READY）正常点亮，车辆上电正常		
	验证故障现象：操作车灯开关，车辆前部大灯正常工作		
	验证故障现象：打开示廓灯，示廓灯正常点亮		
	验证故障现象：打开近光灯，近光灯正常点亮		
	验证故障现象：打开远光灯，远光灯正常点亮		
	验证故障现象：打开不利天气车灯，不利天气车灯正常点亮		
	验证故障现象：打开右转向灯，右转向信号灯点亮		
	收起翼子板布和驾驶室内防护套装		
	在工单中记录故障检测过程		
职业思政素养表现	注重使用文明用语		
	表达清楚，条理分明		
	认真倾听，对问题有合理的反应		
	举一反三迁移能力和学习态度		
	自信心和抗挫折能力		
	自我检查与自我评价能力		
	毅力和工作责任心		
	时间管理能力		
	团队合作能力		
	规范操作的安全意识		
	精益求精的工匠精神		

总结提升

经过了理论与实操学习，相信同学们已经掌握了本次任务所需的知识和技能，对学习成果进行检验吧。回顾本次任务操作流程，请补全图 3–1–2 所示 LED 大灯维护与检修思维导图中的空缺部分。

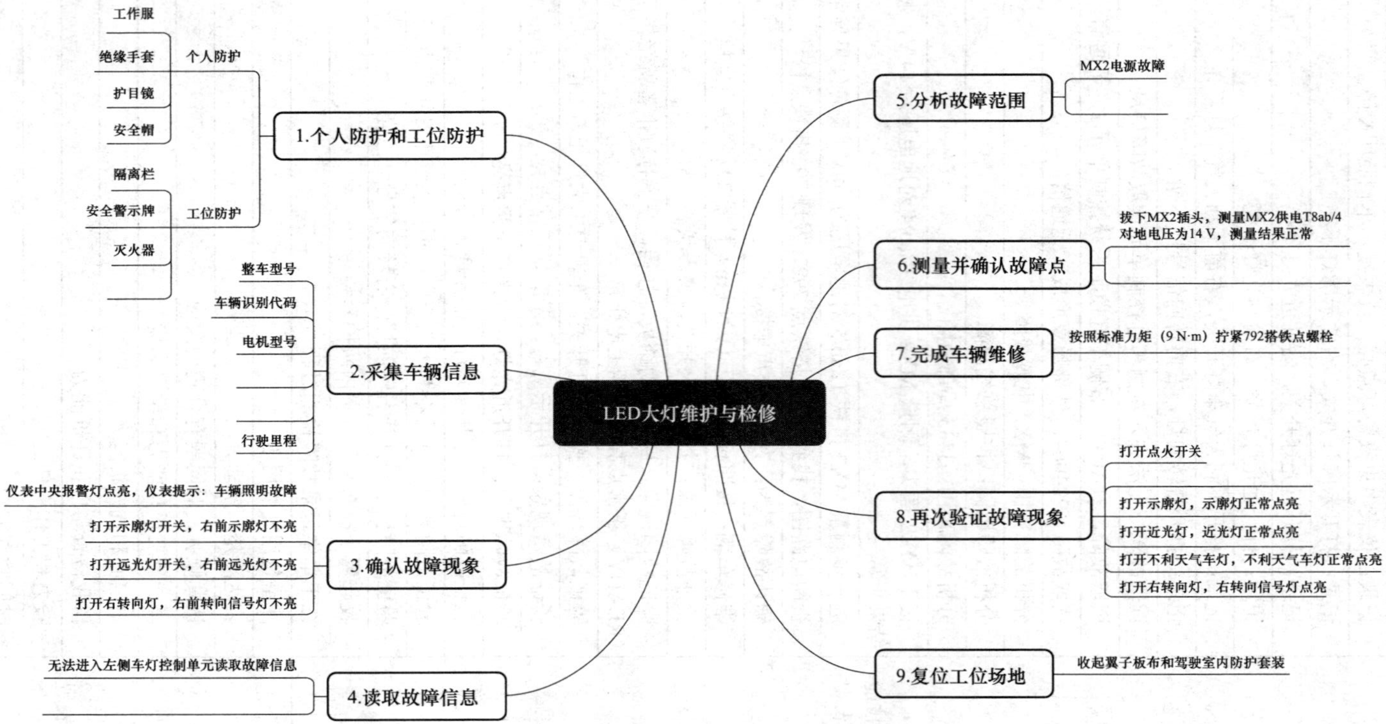

图 3–1–2　LED 大灯维护与检修思维导图

技能拓展

本次任务学习完了，还意犹未尽吗？尝试完成表 3–1–8 所示 LED 大灯维护与检修知识拓展表。根据表 3–1–9 至表 3–1–15 所示的相关拓展任务进行故障设置与故障记录，提高自己的能力。

表 3–1–8　LED 大灯维护与检修知识拓展表

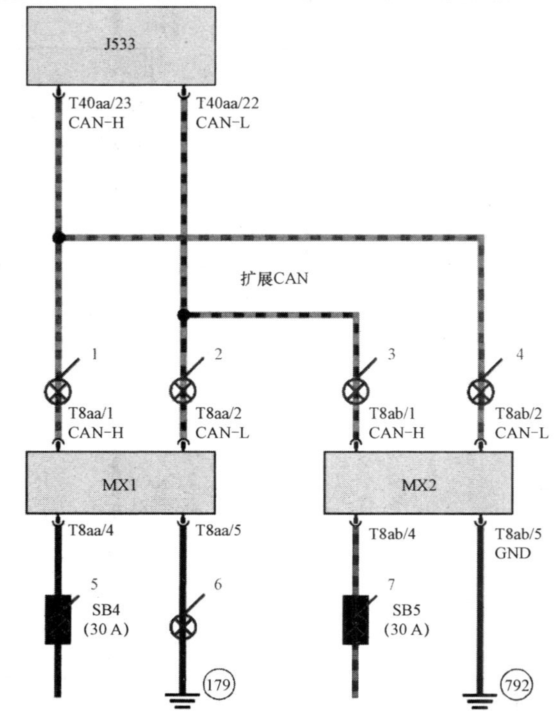

序号	任务
1	T40aa/23 至 T8aa/1 断路
2	T40aa/22 至 T8aa/2 断路
3	T40aa/22 至 T8ab/1 断路
4	T40aa/23 至 T8ab/2 断路
5	SB4 保险断路
6	T8aa/5 至 179 断路
7	SB5 保险断路
8	
9	
10	
11	
12	
13	
14	
15	
16	

表 3–1–9　拓展任务 1：T40aa/23 至 T8aa/1 断路

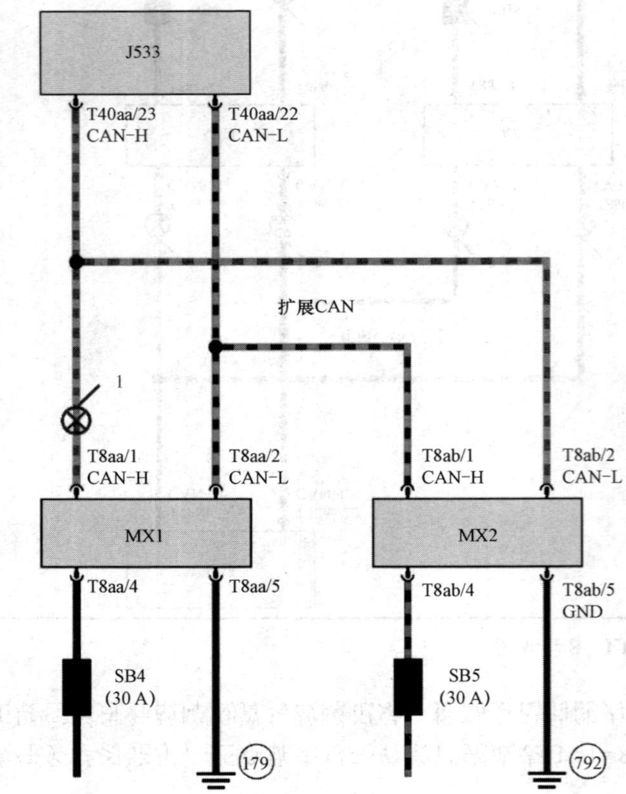

故障现象	故障码
数据流	测量值
波形图	故障机理
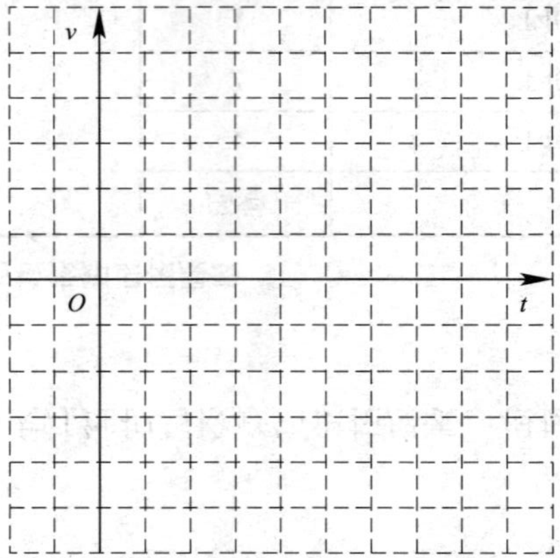	

表 3-1-10　拓展任务 2：T40aa/22 至 T8aa/2 断路

<table>
<tr><td rowspan="6">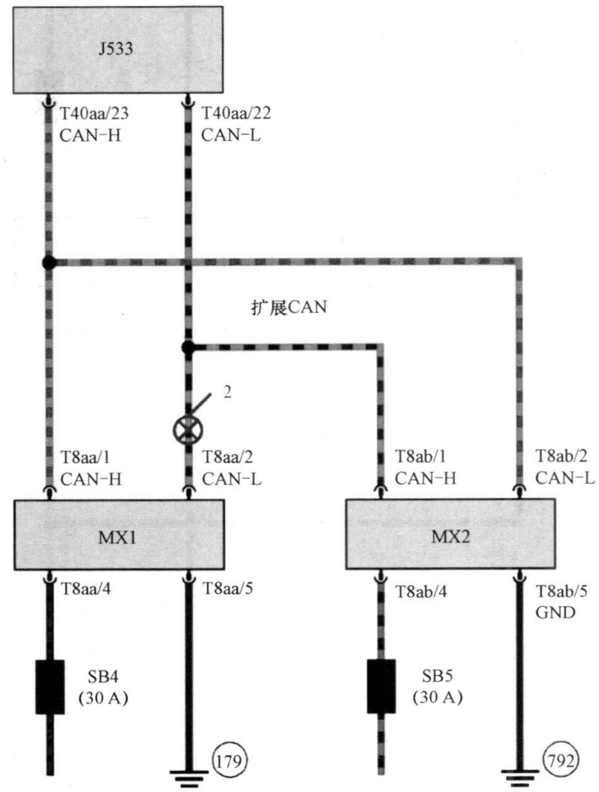
</td><td>故障现象</td><td>故障码</td></tr>
<tr><td></td><td></td></tr>
<tr><td>数据流</td><td>测量值</td></tr>
<tr><td></td><td></td></tr>
<tr><td>波形图</td><td>故障机理</td></tr>
<tr><td>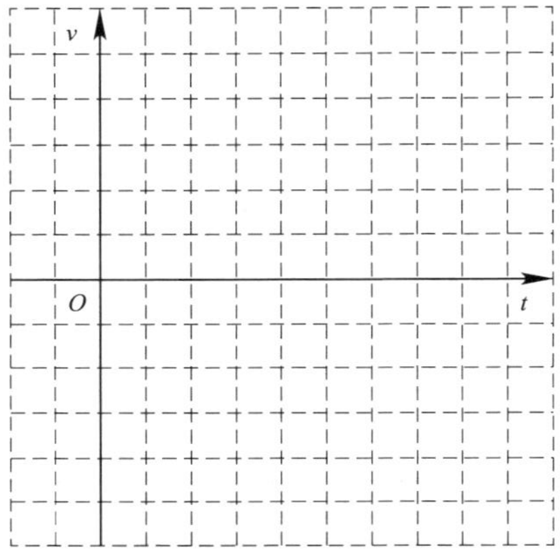
</td><td></td></tr>
</table>

表 3-1-11　拓展任务 3：T40aa/22 至 T8ab/1 断路

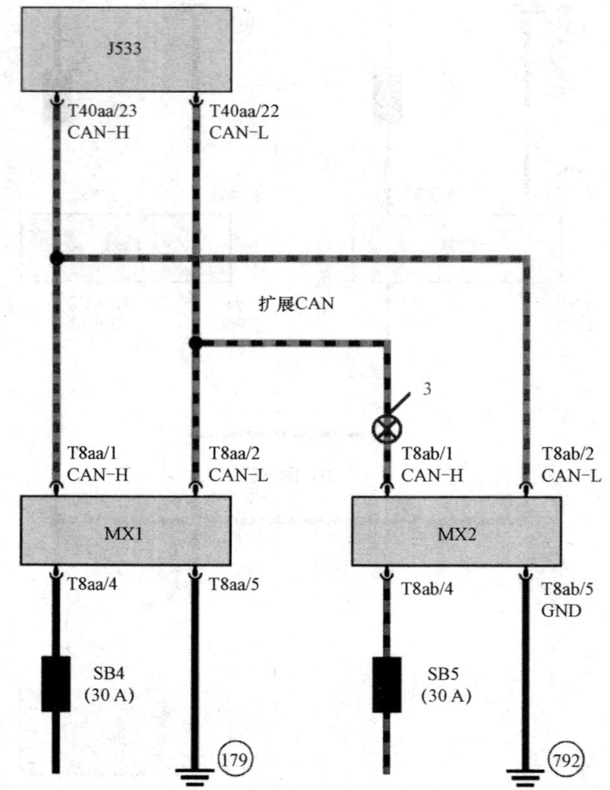

故障现象	故障码
数据流	测量值
波形图	故障机理
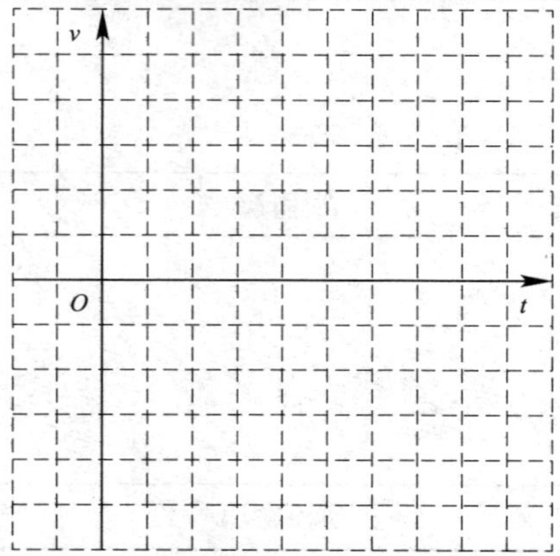	

表 3-1-12 拓展任务 4：T40aa/23 至 T8ab/2 断路

<table>
<tr><td rowspan="6">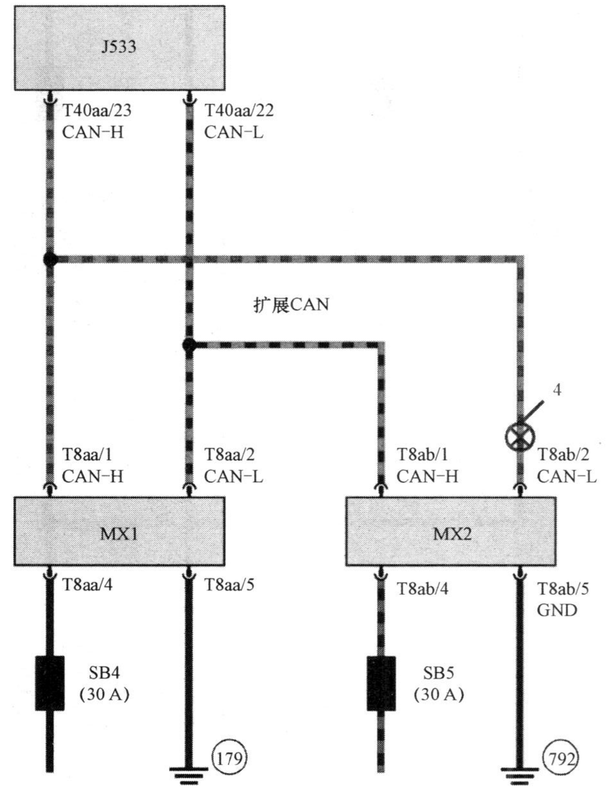
</td><td>故障现象</td><td>故障码</td></tr>
<tr><td></td><td></td></tr>
<tr><td>数据流</td><td>测量值</td></tr>
<tr><td></td><td></td></tr>
<tr><td>波形图</td><td>故障机理</td></tr>
<tr><td>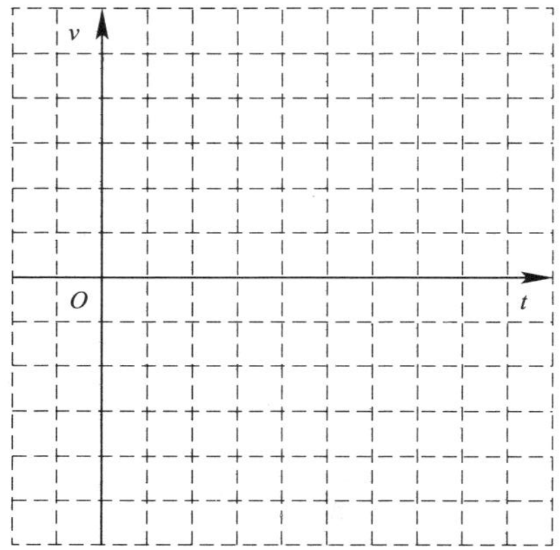
</td><td></td></tr>
</table>

表 3–1–13　拓展任务 5：SB4 保险断路

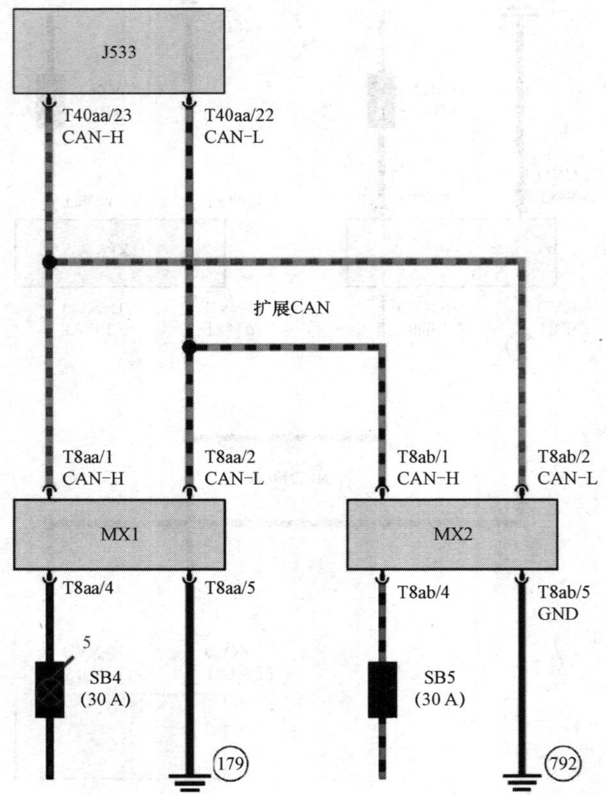

故障现象	故障码
数据流	测量值
波形图	故障机理
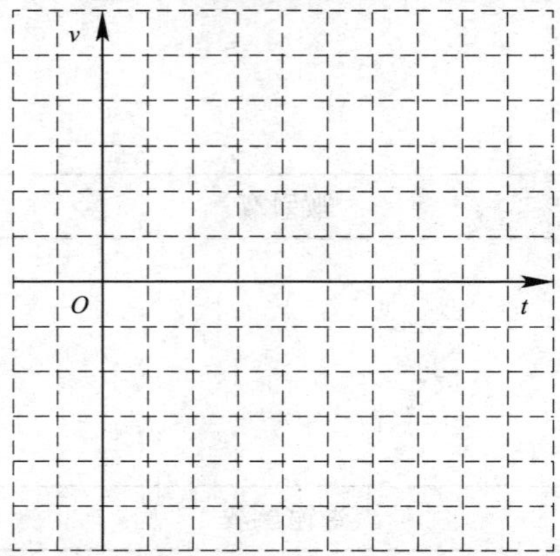	

表 3-1-14　拓展任务 6：T8aa/5 至 179 断路

<table>
<tr><td rowspan="6">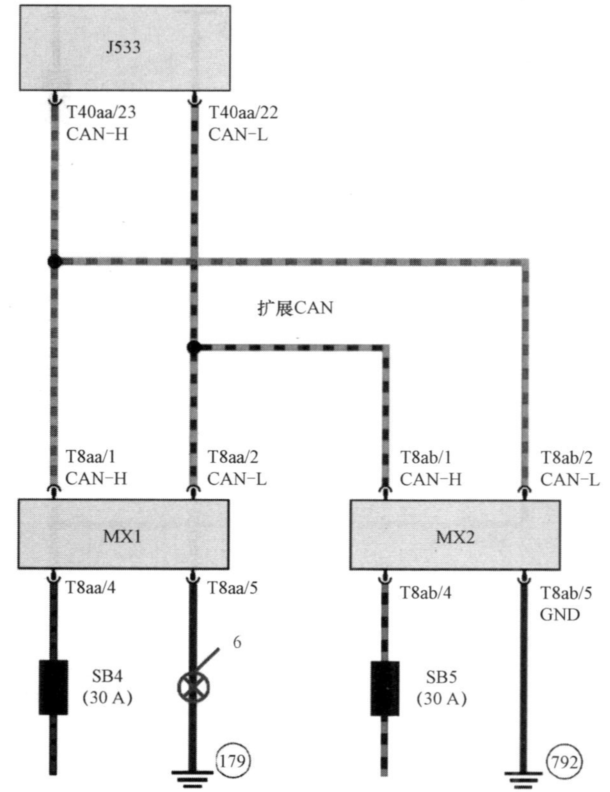
</td><td>故障现象</td><td>故障码</td></tr>
<tr><td></td><td></td></tr>
<tr><td>数据流</td><td>测量值</td></tr>
<tr><td></td><td></td></tr>
<tr><td>波形图</td><td>故障机理</td></tr>
<tr><td>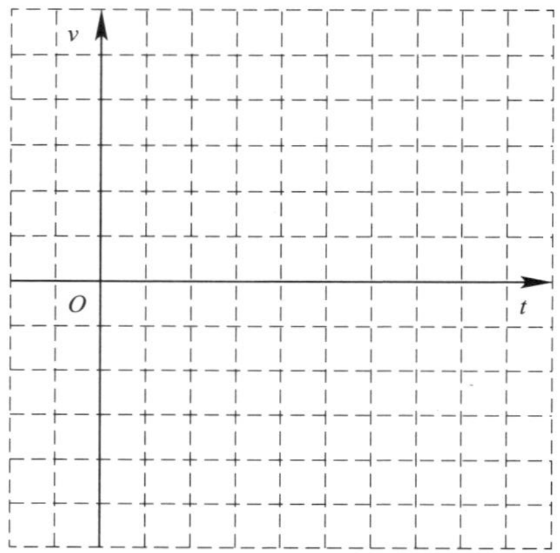
</td><td></td></tr>
</table>

表 3-1-15　拓展任务 7：SB5 保险断路

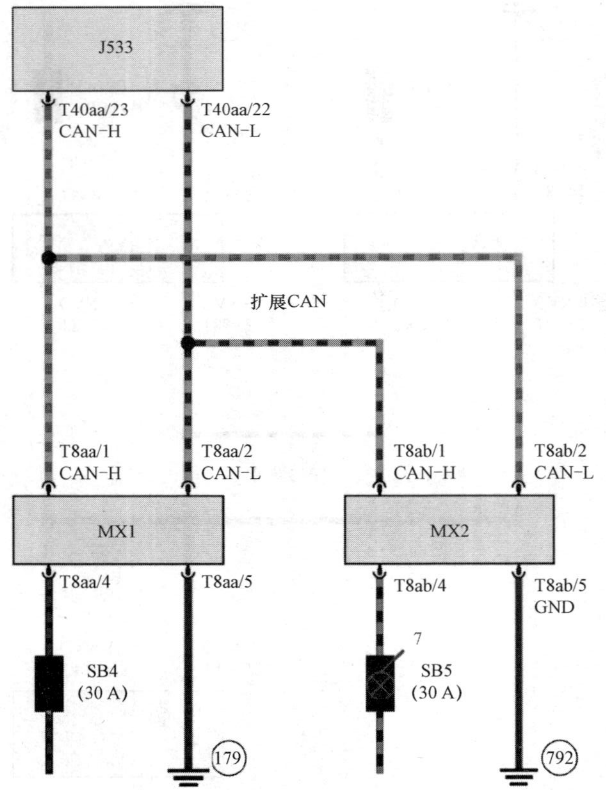

故障现象	故障码
数据流	测量值
波形图	故障机理
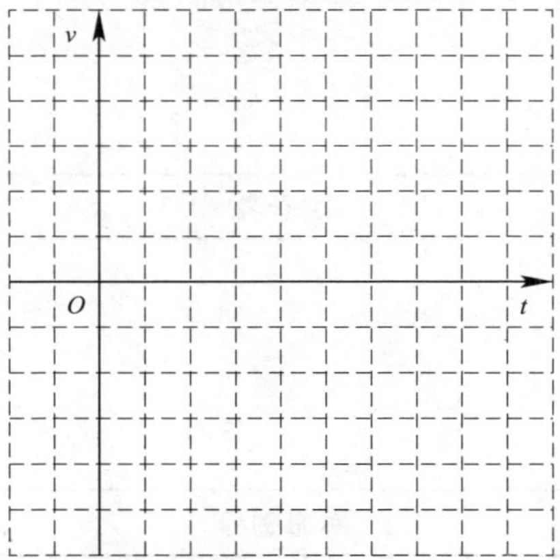	

任务 3.2 后雾灯维护与检修

教学目标

1. 知识目标

（1）了解后雾灯的组成。

（2）掌握后雾灯的安装位置。

（3）掌握后雾灯检修流程。

2. 能力目标

（1）能按照维修手册制订后雾灯维护与检修工作计划。

（2）能正确使用工具并在 30 min 内完成后雾灯维护与检修。

3. 素养目标

（1）培养学生规范操作的安全意识。

（2）培养学生精益求精的工匠精神。

情境导入

小李哥与小刘下班回家时遇到大雾天气，俩人约定好打开雾灯慢慢开，途中小李哥发现小刘驾驶的车的雾灯没有点亮，于是给小刘打电话告知他，小刘才发现自己的雾灯坏了。

车辆送到维修站，经检查有如下故障：

操作后雾灯开关，后雾灯不亮。

使用故障诊断仪读取故障码：

02E0A（左后雾灯灯泡断路，对正极短路）。

如果你是维修人员，你会怎么处理呢？

知识准备

通过维护与检修，车辆可以保持良好的状态，现在就来学习一下后雾灯维护与检修的相关知识吧。

后雾灯主要由后雾灯、电气连接插头等组成。后雾灯的作用是在大雾天气提醒后车保持车距，保障行车安全。

1. 组成与安装位置

后雾灯的组成与安装位置如表 3–2–1 所示。

表 3–2–1　后雾灯的组成与安装位置

行李舱盖尾灯组成 1—行李舱盖尾灯 2—螺母 3—后雾灯	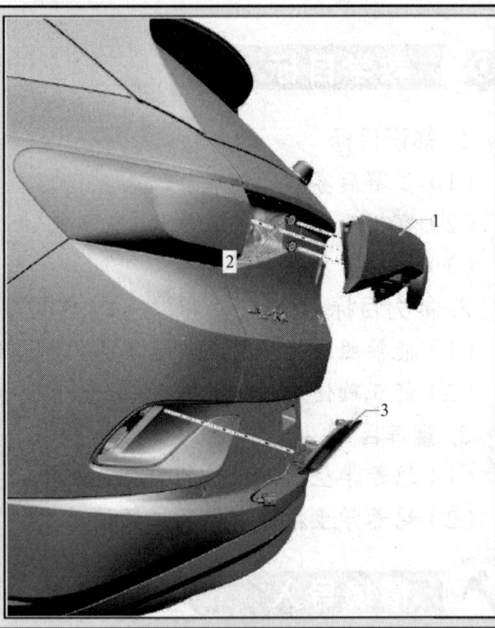
后部安装位置 后雾灯安装在尾灯下方的左侧，距离地面大约 250 mm 至 1 000 mm 的位置。	

2. 后雾灯维护与检修相关保险丝

后雾灯维护与检修相关保险丝如表 3–2–2 所示。

表 3–2–2　后雾灯维护与检修相关保险丝

代码	额定电流	定义
SC5	25 A	保险丝架 C 上的保险丝 5
SC6	30 A	保险丝架 C 上的保险丝 6
SC13	40 A	保险丝架 C 上的保险丝 13
SC32	25 A	保险丝架 C 上的保险丝 32
J329		15 号继电器
J9		可加热后风挡继电器

3. 后雾灯维护与检修相关系统电路图

后雾灯维护与检修相关系统电路图如图 3–2–1 所示。后雾灯维护与检修相关系统电路图相关代码定义如表 3–2–3 所示。

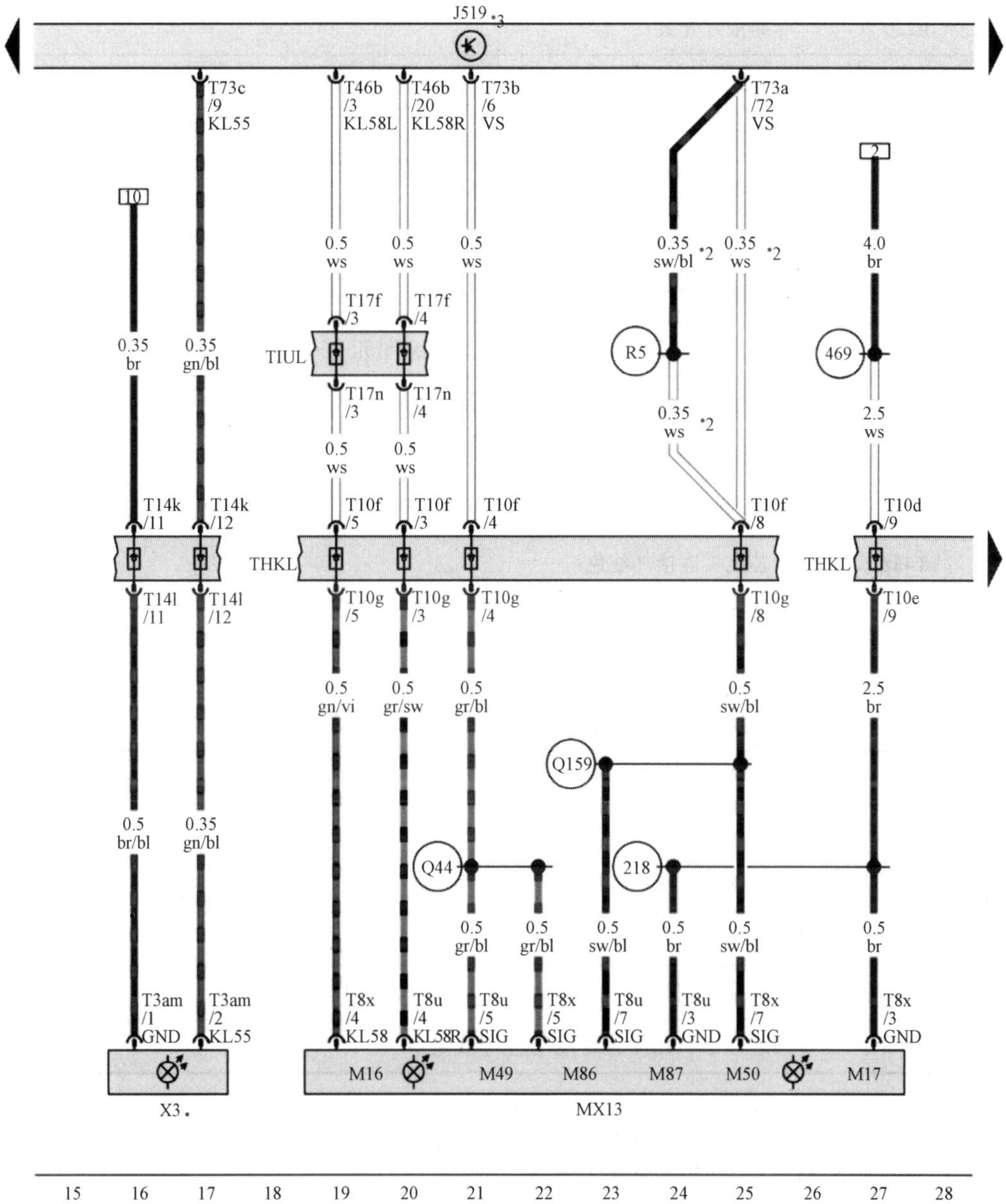

图 3–2–1　后雾灯维护与检修相关系统电路图

表 3–2–3　后雾灯维护与检修相关系统电路图相关代码定义

代码	定义
EX22	中部仪表板开关模块
E85	空调器和暖风按钮开关
E229	警报灯开关
E617	驾驶员辅助系统按钮
E735	驾驶模式选择按钮
E791	用于便捷驾驶功能的操作单元 1
E890	泊车转向辅助系统按钮
J519	车载电网控制单元
J685	前部信息显示和操作控制单元的显示单元
J794	电子通信信息设备 1 控制单元
K6	闪烁报警装置指示灯
L76	按钮照明灯泡
T4az	芯插头连接，红色
T5f	芯插头连接，蓝色
T5g	芯插头连接，粉色
T8e	芯插头连接，黑色
T12aa	芯插头连接，灰色
T73c	芯插头连接，黑色
294	接地连接 9，在车内导线束中
687	中间通道上的接地点 1
B422	连接 2（信息娱乐 CAN 总线，Low），在主导线束中
B844	连接 10（LIN 总线），在主导线束中

4. 后雾灯维护与检修操作流程

后雾灯维护与检修操作流程如表 3–2–4 所示。

表 3–2–4 后雾灯维护与检修操作流程

<table>
<tr><td>1. 个人防护和工位防护
● 穿工作服与绝缘鞋进入工位，进入工位后设置隔离栏，放置安全警示牌，检查灭火器
● 检查个人防护用品和工具仪器</td><td></td></tr>
<tr><td>2. 采集车辆信息
● 安装翼子板布
● 通过车辆铭牌获取车辆型号、车辆识别代码、电机型号、工作电压、电池容量等数据
● 通过仪表板获取行驶里程数据并将其记录在工单中</td><td>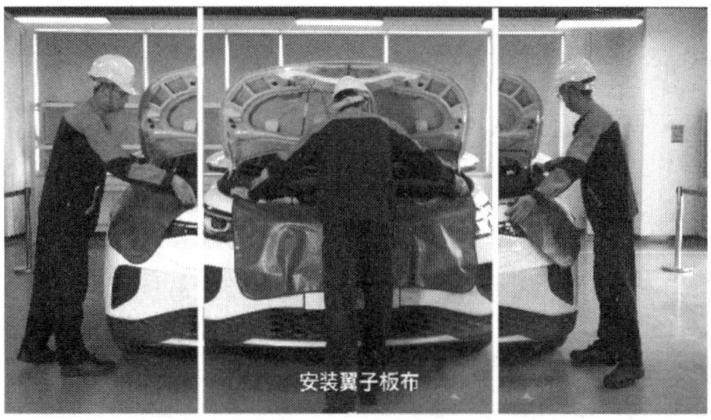</td></tr>
<tr><td>3. 确认故障现象
● 进入车内，降下主驾驶车窗
● 操作 E378 点火开关，仪表正常点亮</td><td>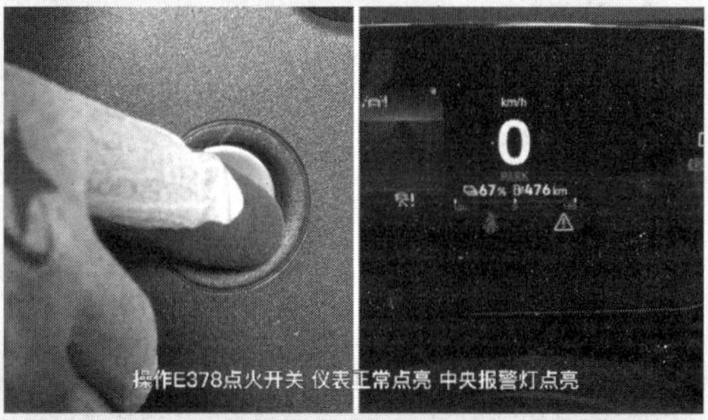</td></tr>
<tr><td>● 踩下制动踏板，挂 D 档，车辆行驶准备就绪指示灯（READY）正常点亮，车辆正常上电</td><td>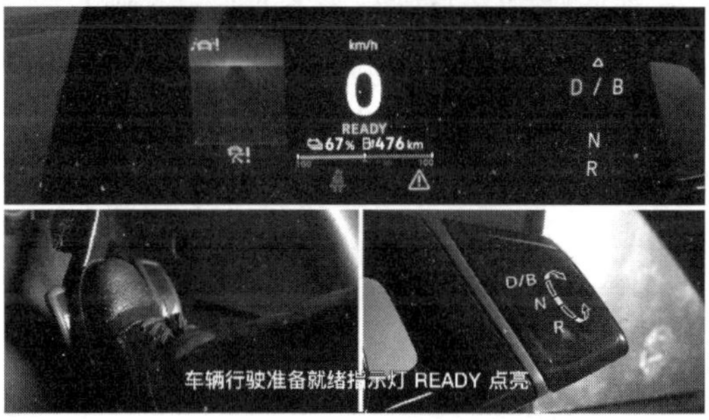</td></tr>
<tr><td>● 操作后雾灯开关，后雾灯不亮
● 将故障现象记录在工单中</td><td></td></tr>
</table>

续表

4. **读取故障信息** ● 连接诊断仪，查看模块通信状态及故障码 ● 去掉“用引导型故障查询工作”的勾选 ● 单击“是”等待进入诊断	
● 单击“启动诊断”进入诊断系统 ● 手动选择正确车型信息 ● 单击选择联网图	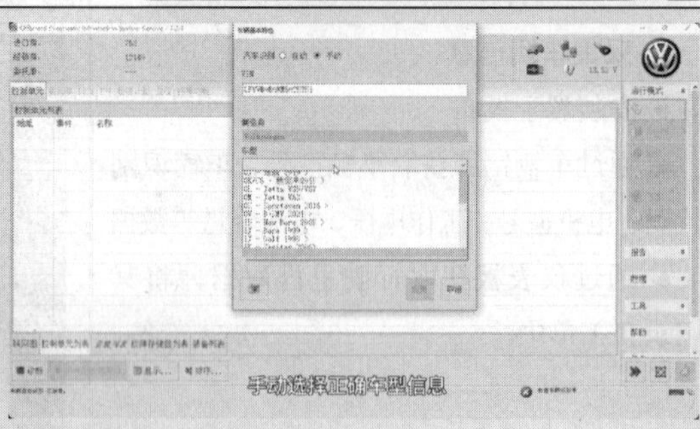
注意 根据故障现象提示，应在车载电网控制单元读取故障信息 ● 使用鼠标右键选择“控制单元自诊断”	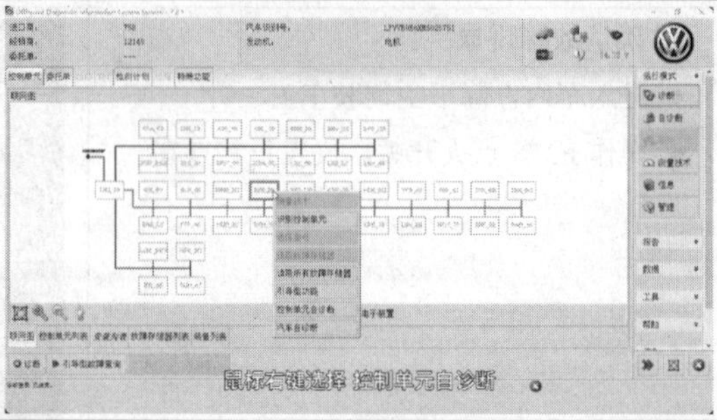
● 选择“故障存储器”，单击“执行”，画面跳转到控制单元自诊断界面 ● 读取高电压蓄电池充电器控制单元故障为：02E0A（左后雾灯灯泡断路，对正极短路） ● 记录故障码和测试值信息	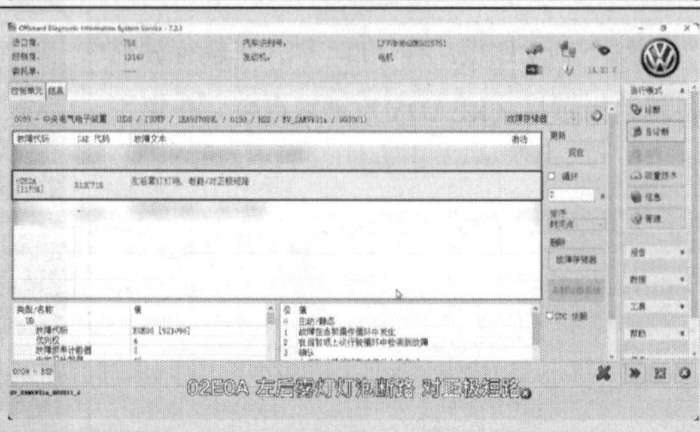
5. **分析故障可能原因** ● 后雾灯供电搭铁线路故障 ● 后雾灯灯泡故障 ● J519 局部故障	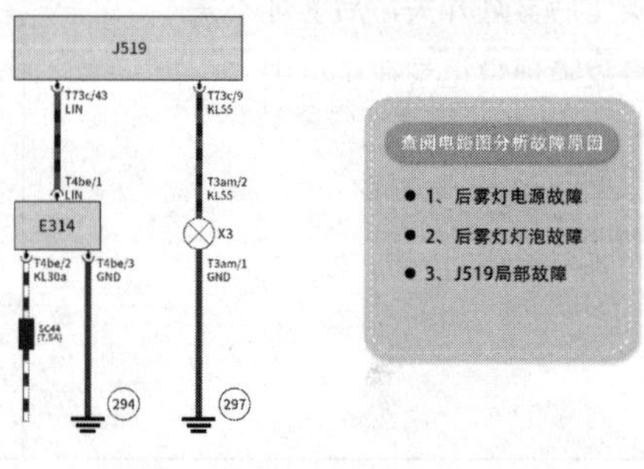

续表

6. 测量并确认故障点 ● 断开蓄电池负极，拔下后雾灯 X3 T3am 插头，连接蓄电池负极	
● 打开后雾灯开关，测量 X3 T3am/2 针脚，对地电压：54 mV，测量结果异常	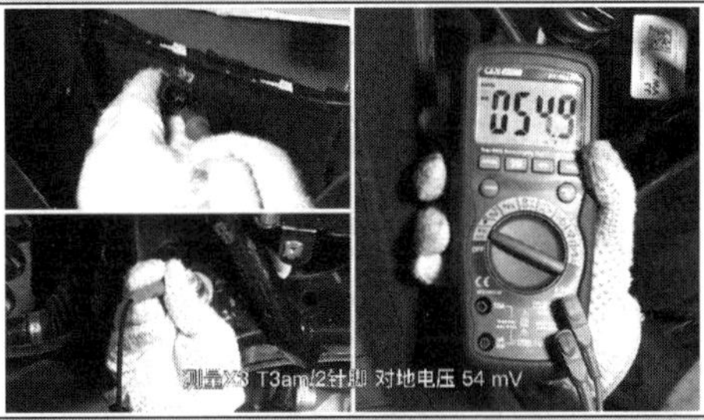
● 进一步测量 J519 T73c/9 针脚对地电压 12 V，测量结果正常 ● 将测量结果记录在工单中	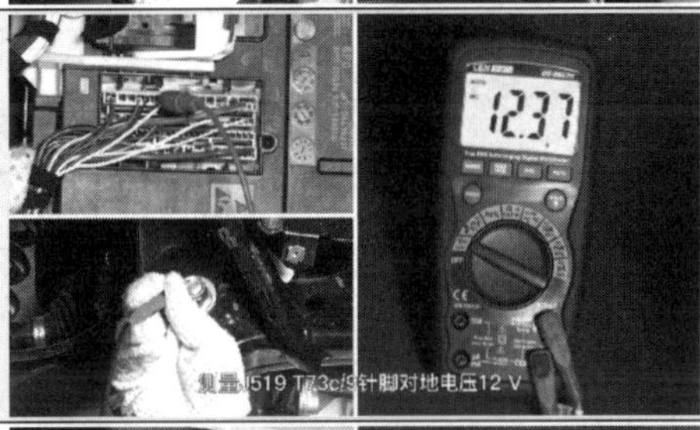
● 测量 J519 T73c/9 到 X3 T3am/2 的电阻，阻值为无穷大，测量结果异常 ● 将测量结果记录在工单中 ● 通过以上逐一测量排查，确认故障点为：J519 T73c/9 到 X3 T3am/2 线路断路 ● 开展维修	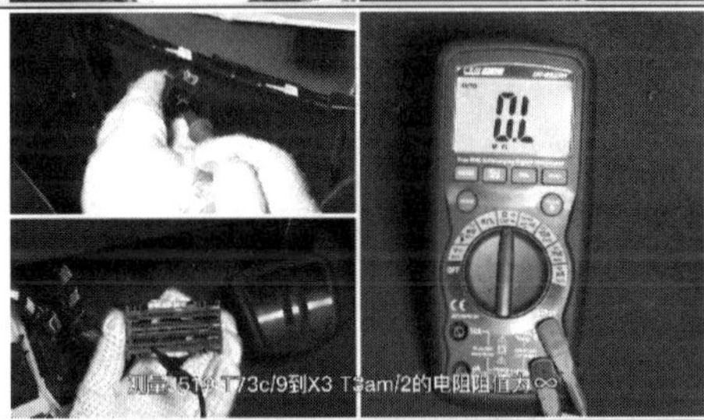
7. 再次验证故障现象 ● 打开点火开关，仪表点亮正常	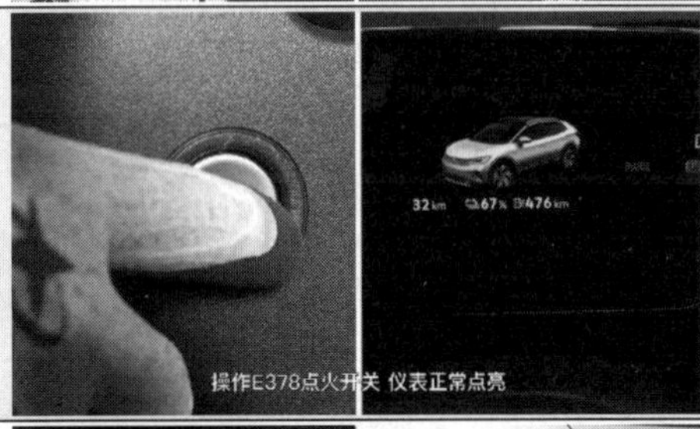
● 操作后雾灯开关，后雾灯正常点亮。后雾灯故障已排除	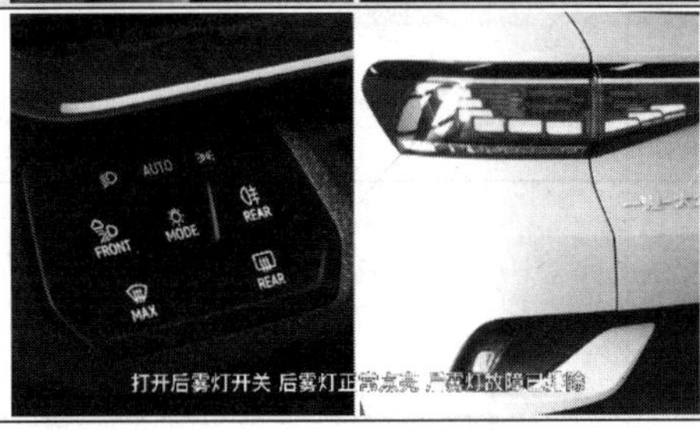

续表

8. 复位工位场地 ● 收起翼子板布和驾驶室内防护套装 ● 将故障检测过程记录在工单中 ● 记录测量数据和结果	 收起安装翼子板布和驾驶室内防护套装

计划决策

学习完相关知识，同学们该自己动手操作了。

观看视频演示，了解视频操作流程，制订任务计划，沟通、研讨实施计划需要准备的场地、设备和工具，做好组内人员的分工。后雾灯维护与检修任务计划表如表 3-2-5 所示。

表 3-2-5　后雾灯维护与检修任务计划表

编号	任务计划	人员	工具	备注
1				
2				
3				
4				
5				
6				

任务实施

使用仪器设备进行实车操作，根据表 3-2-6 所示后雾灯维护与检修任务工单上的检测项目逐一检测，每检测完一项就将检测结果记录在工单上，并在检测完成后进行结果确认。

表 3-2-6　后雾灯维护与检修任务工单

后雾灯维护与检修

一、车辆信息

项目	作业内容	配分	评分
整车型号			
车辆识别代码			
电机型号			
工作电压			
动力电池容量			
行驶里程			

二、故障检修

项目	作业内容	配分	评分
确认故障现象			
记录故障信息			

续表

<table>
<tr><th colspan="8">后雾灯维护与检修</th></tr>
<tr><th>项目</th><th colspan="5">作业内容</th><th>配分</th><th>评分</th></tr>
<tr><td>分析故障范围</td><td colspan="5"></td><td></td><td></td></tr>
<tr><td rowspan="7">记录测量数据</td><td>测量对象</td><td>测量条件</td><td>实测值</td><td>标准值</td><td>结果判定</td><td rowspan="7"></td><td rowspan="7"></td></tr>
<tr><td></td><td></td><td></td><td></td><td></td></tr>
<tr><td></td><td></td><td></td><td></td><td></td></tr>
<tr><td></td><td></td><td></td><td></td><td></td></tr>
<tr><td></td><td></td><td></td><td></td><td></td></tr>
<tr><td></td><td></td><td></td><td></td><td></td></tr>
<tr><td></td><td></td><td></td><td></td><td></td></tr>
<tr><td>采集波形数据</td><td colspan="5">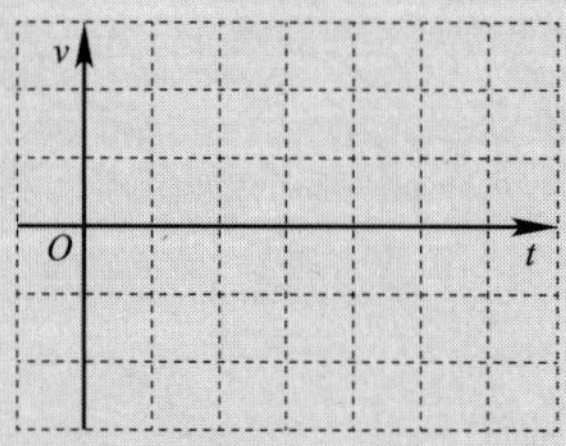
实测波形
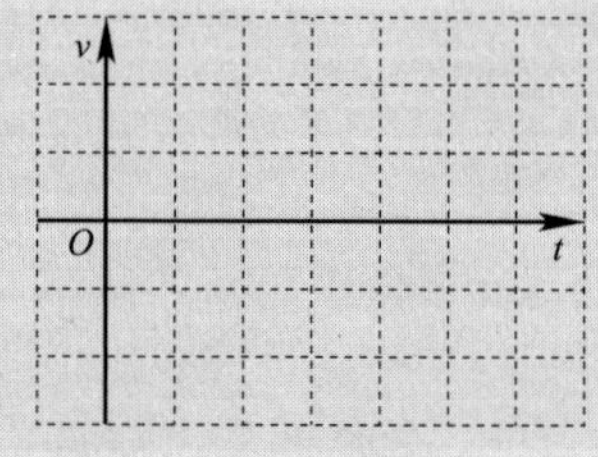
标准波形</td><td></td><td></td></tr>
<tr><td rowspan="3">确诊故障部位</td><td>故障类型</td><td colspan="2">故障点</td><td colspan="2">故障类别</td><td rowspan="3"></td><td rowspan="3"></td></tr>
<tr><td>线路故障</td><td colspan="2"></td><td colspan="2">□ 短路 □ 断路 □ 虚接</td></tr>
<tr><td>元件故障</td><td colspan="2"></td><td colspan="2">□ 机械故障 □ 电气故障</td></tr>
</table>

反思评价

后雾灯维护与检修操作评分表如表 3-2-7 所示。也可以进行自我评价，评价自己在知识、技能、思政方面是否达标，是否按照推荐流程进行操作，总结实操过程中的得与失并交流、记录。

表 3-2-7　后雾灯维护与检修操作评分表

课程名称		授课教师	
学习任务		授课班级	
学习内容		班级人数	
评分项目	评分细则	评分	备注
专业知识能力表现	了解高压安全知识		
	了解防火安全知识		
	讲述场地设备操作规范		
	讲述检测仪器使用注意事项		
	讲述维修工具使用规范		
	掌握车辆仪表指示灯含义		
	掌握个人和工位防护知识		
	讲述采集车辆信息内容步骤		
	描述后雾灯故障现象		
	分析后雾灯故障范围		
专业技能实操表现	正确操作场地设备		
	正确使用测量仪器		
	正确使用维修工具		
	检查、穿戴工作服		
	检查、穿戴绝缘鞋		
	检查、穿戴绝缘手套		
	检查、佩戴护目镜		
	检查、佩戴安全帽		
	设置隔离栏		
	放置安全警示牌		
	检查灭火器		
	安装翼子板布		
	安装驾驶室内防护套装		

续表

评分项目	评分细则	评分	备注
专业技能实操表现	采集整车型号		
	采集车辆识别代码		
	采集电机型号		
	采集高压系统工作电压		
	采集动力电池容量		
	采集车辆行驶里程		
	记录：操作后雾灯开关，后雾灯不亮		
	读取故障，02E0A（左后雾灯灯泡断路，对正极短路）		
	分析故障范围：后雾灯供电搭铁线路故障		
	分析故障范围：后雾灯灯泡故障		
	分析故障范围：J519 局部故障		
	打开后雾灯开关，测量 X3 T3am/2 针脚，对地电压为 54 mV，测量结果异常		
	进一步测量 J519 T73c/9 针脚，对地电压为 12 V，测量结果正常		
	测量 J519 T73c/9 到 X3 T3am/2 的电阻，阻值为∞，测量结果异常		
	确认故障点为：J519 T73c/9 到 X3 T3am/2 线路断路		
	维修线路		
	验证故障现象：打开点火开关，仪表点亮正常		
	验证故障现象：操作后雾灯开关，后雾灯正常点亮		
	收起翼子板布和驾驶室内防护套装		
	在工单中记录故障检测过程		
职业思政素养表现	注重使用文明用语		
	表达清楚，条理分明		
	认真倾听，对问题有合理的反应		
	举一反三迁移能力和学习态度		
	自信心和抗挫折能力		
	自我检查与自我评价能力		
	毅力和工作责任心		
	时间管理能力		
	团队合作能力		
	规范操作的安全意识		
	精益求精的工匠精神		

总结提升

经过了理论与实操学习，相信同学们已经掌握了本次任务所需的知识和技能，对学习成果进行检验吧。回顾本次任务操作流程，请补全图 3–2–2 所示后雾灯维护与检修思维导图中的空缺部分。

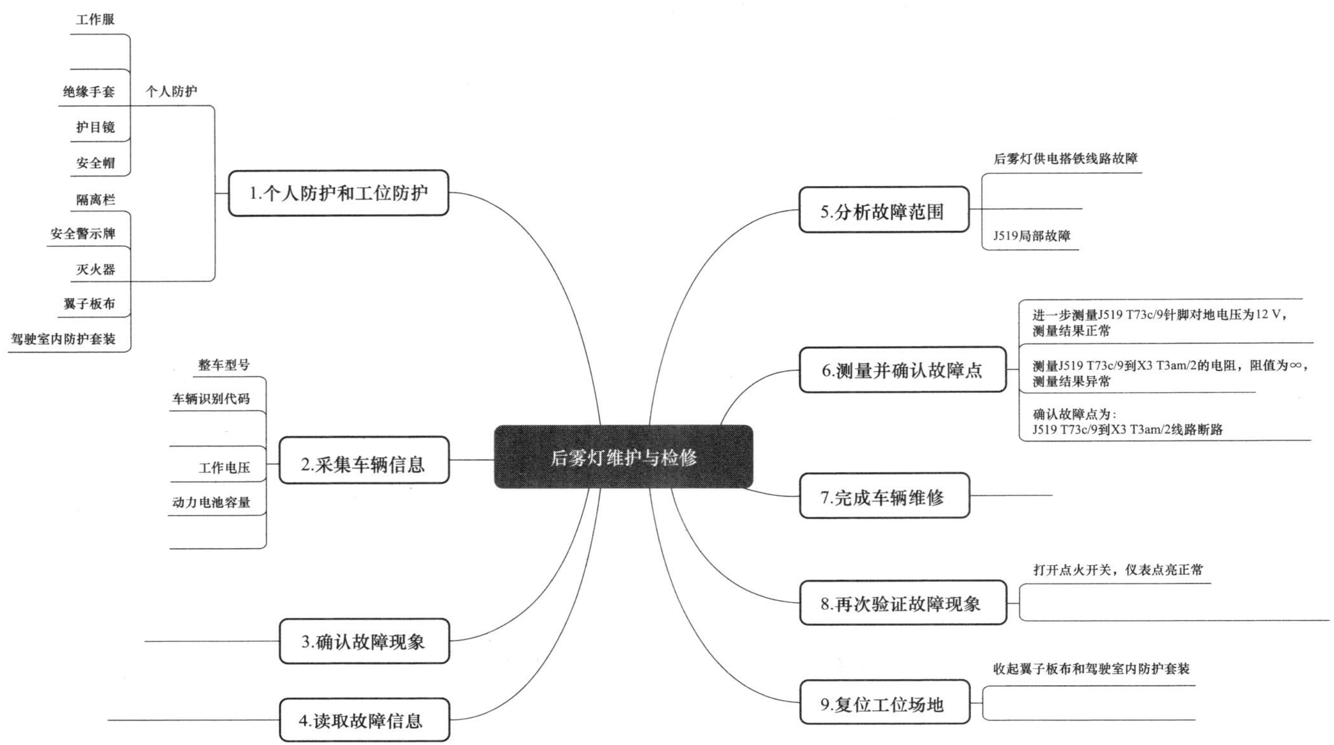

图 3–2–2 后雾灯维护与检修思维导图

技能拓展

本次任务学习完了，还意犹未尽吗？尝试完成表 3-2-8 所示后雾灯维护与检修知识拓展表。根据表 3-2-9 至表 3-2-11 所示的相关拓展任务进行故障设置与故障记录，提高自己的能力。

表 3-2-8　后雾灯维护与检修知识拓展表

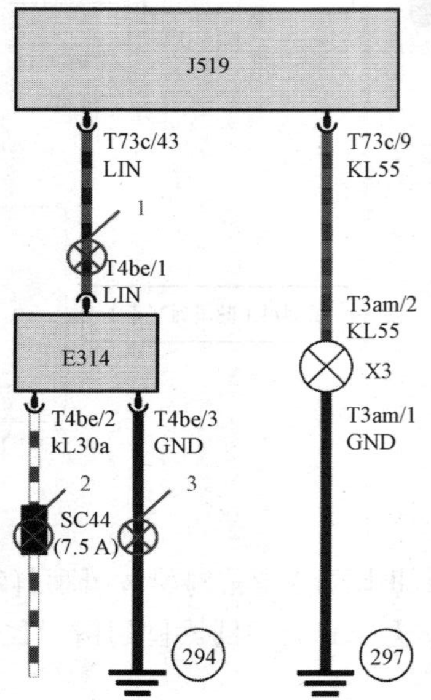

序号	任务
1	T73c/43 至 T4be/1 断路
2	SC44 保险断路
3	T4be/3 至 294 接地断路
4	
5	
6	
7	
8	
9	
10	
11	
12	
13	
14	
15	
16	

表 3–2–9　拓展任务 1：T73c/43 至 T4be/1 断路

<table>
<tr><td rowspan="6">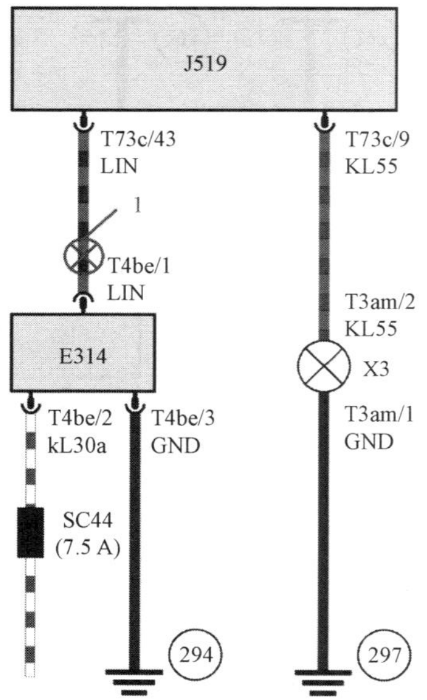
</td><td>故障现象</td><td>故障码</td></tr>
<tr><td></td><td></td></tr>
<tr><td>数据流</td><td>测量值</td></tr>
<tr><td></td><td></td></tr>
<tr><td>波形图</td><td>故障机理</td></tr>
<tr><td>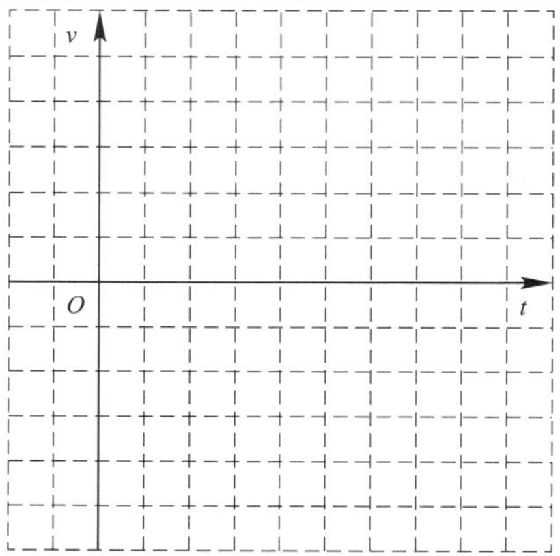
</td><td></td></tr>
</table>

表 3-2-10　拓展任务 2：SC44 保险断路

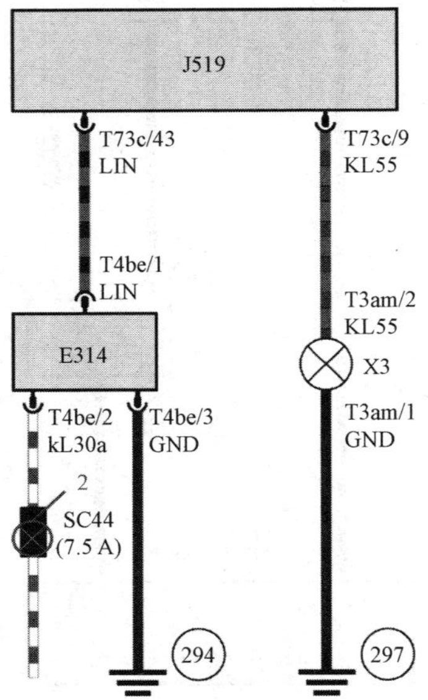

故障现象	故障码
数据流	测量值
波形图	故障机理
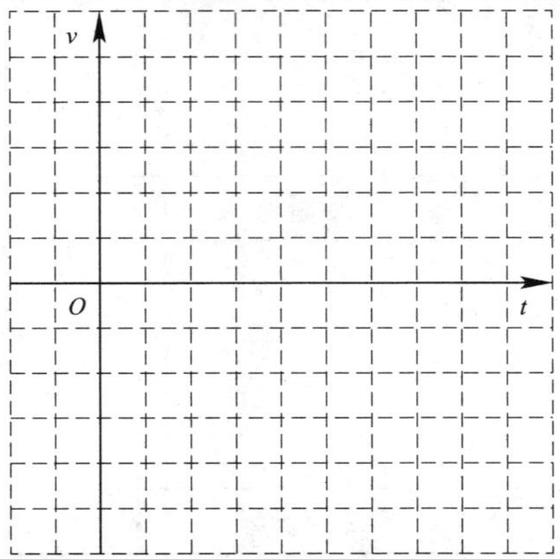	

表 3-2-11 拓展任务 3：T4be/3 至 294 接地断路

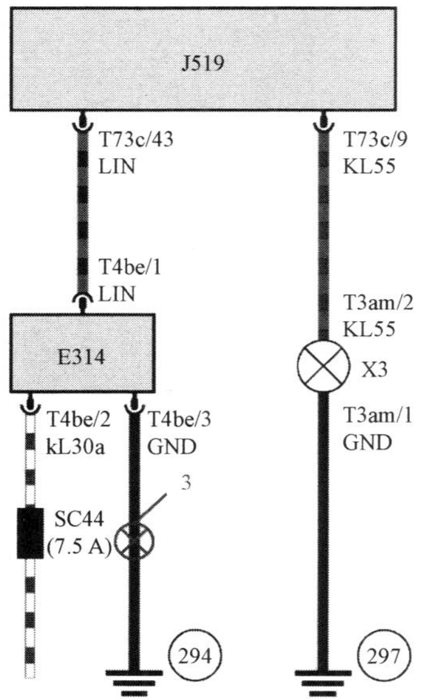

故障现象	故障码
数据流	**测量值**
波形图	**故障机理**
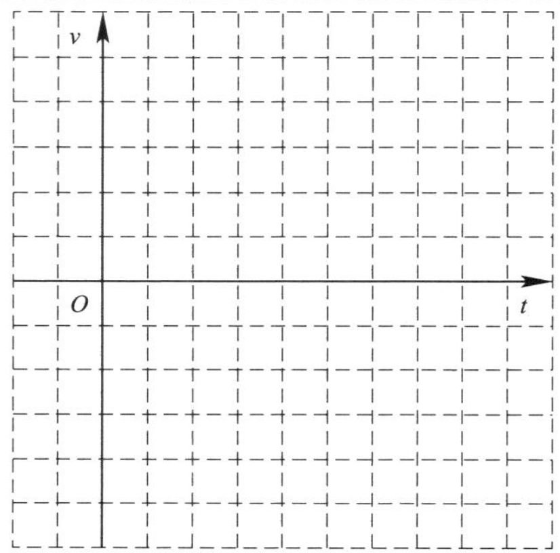	

任务 3.3　危险报警闪光灯维护与检修

教学目标

1. 知识目标

（1）了解危险报警闪光灯结构。

（2）掌握危险报警闪光灯安装位置。

（3）掌握危险报警闪光灯检修流程。

2. 能力目标

（1）能按照维修手册制订危险报警闪光灯维护与检修工作计划。

（2）能正确使用工具并在 30 min 内完成危险报警闪光灯维护与检修。

3. 素养目标

（1）培养学生规范操作的安全意识。

（2）培养学生精益求精的工匠精神。

情境导入

小李哥开车时发现右转灯闪烁得很快，然后靠边停车检查。小李哥停车后按下危险报警闪光灯，危险报警闪光灯不亮。

车辆送到维修站，经检查有如下故障：

操作危险报警闪光灯开关，危险报警闪光灯不亮。

使用故障诊断仪读取故障码：

E8108（灯开关信号不可信）。

如果你是维修人员，你会怎么处理呢？

知识准备

通过维护与检修，车辆可以保持良好的状态，现在就来学习一下危险报警闪光灯维护与检修的相关知识吧。

危险报警闪光灯的作用是在车辆遇到紧急情况时，向其他道路使用者发出警示信号，以提醒他们注意并采取相应的避让措施。

1. 危险报警闪光灯车身前部安装位置

危险报警闪光灯一般位于左右转向灯的位置，通常安装于前照灯 3 和尾灯的外侧或靠近外侧的位置，如图 3–3–1 所示。

1—前风窗；2—前机舱盖开启手柄；3—前照灯；4—大众徽标；5—装饰板后；6—盖板后；
7—驾驶辅助系统前部传感器；8—全景影像系统（Area View）摄像头；9—前部氛围灯

图 3–3–1　危险报警闪光灯车身前部安装位置

2. 危险报警闪光灯维护与检修相关保险丝

危险报警闪光灯保养插头维护与检修相关保险丝如表 3–3–1 所示。

表 3–3–1　危险报警闪光灯保养插头维护与检修相关保险丝

代码	额定电流	定义
SC5	25 A	保险丝架 C 上的保险丝 5
SC6	30 A	保险丝架 C 上的保险丝 6
SC13	40 A	保险丝架 C 上的保险丝 13
SC32	25 A	保险丝架 C 上的保险丝 32
J329		15 号继电器
J9		可加热后风挡继电器

3. 危险报警闪光灯维护与检修相关系统电路图

危险报警闪光灯维护与检修相关系统电路图如图 3–3–2 所示。危险报警闪光灯维护与检修相关系统电路图相关代码定义如表 3–3–2 所示。

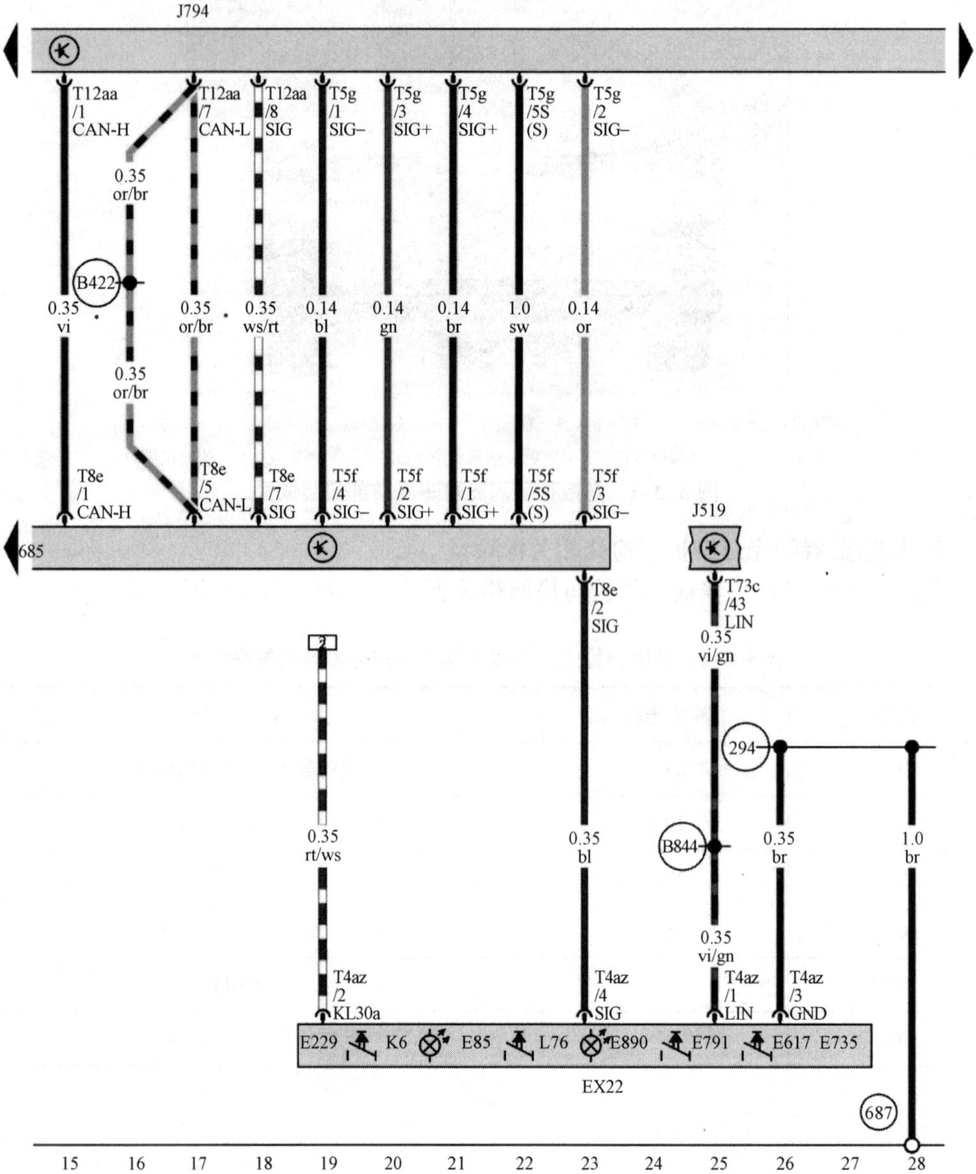

图 3–3–2　危险报警闪光灯维护与检修相关系统电路图

表 3–3–2　危险报警闪光灯维护与检修相关系统电路图相关代码定义

代码	定义
EX22	中部仪表板开关模块
E85	空调器和暖风按钮开关
E229	危险报警闪光灯开关
E617	驾驶员辅助系统按钮
E735	驾驶模式选择按钮
E791	用于/便捷驾驶功能的操作单元 1
E890	泊车转向辅助系统按钮 J519-车载电网控制单元
J685	前部信息显示和操作单元控制单元的显示单元
J794	电子通信信息设备 1 控制单元
K6	闪烁报警装置指示灯
L76	按钮照明灯泡
T4az	4 芯插头连接，红色
T5f	5 芯插头连接，蓝色
T5g	5 芯插头连接，粉色
T8e	8 芯插头连接
T12aa	12 芯插头连接，灰色
T73c	73 芯插头连接，黑色
294	接地连接 9，在车内导线束中
687	中间通道上的接地点 1
B422	连接 2（信息娱乐 CAN 总线，Low），在主导线束中
B844	连接 10（LIN 总线），在主导线束中

4. 危险报警闪光灯维护与检修操作流程

危险报警闪光灯维护与检修操作流程如表 3–3–3 所示。

表 3–3–3　危险报警闪光灯维护与检修操作流程

1. 个人防护和工位防护 ● 穿工作服与绝缘鞋进入工位，进入工位后设置隔离栏，放置安全警示牌，检查灭火器 ● 检查个人防护用品和工具仪器	

续表

2. 采集车辆信息 ● 安装翼子板布 ● 安装驾驶室内防护套装 ● 通过车辆铭牌获取车辆型号、车辆识别代码、电机型号、工作电压、电池容量等数据 ● 通过仪表板获取行驶里程数据并将其记录在工单中	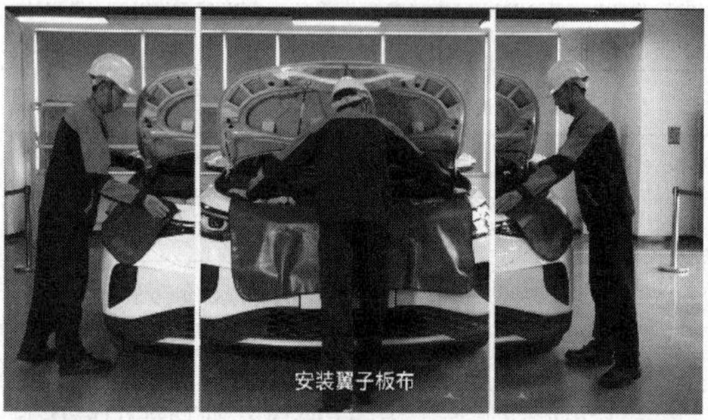 安装翼子板布
3. 确认故障现象 ● 进入车内，降下主驾驶车窗 ● 操作 E378 点火开关，仪表正常点亮	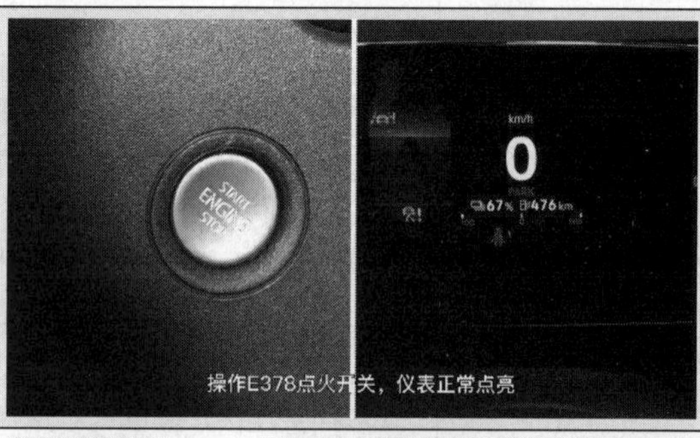 操作E378点火开关，仪表正常点亮
● 踩下制动踏板，挂档，车辆行驶准备就绪指示灯（READY）正常点亮，车辆正常上电	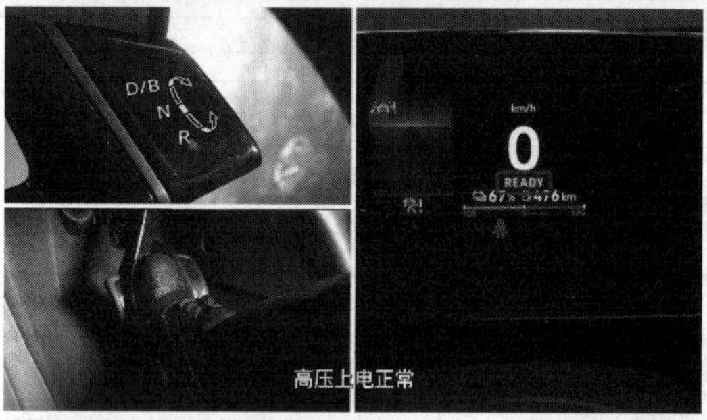 高压上电正常
● 操作危险报警闪光灯开关，危险报警闪光灯不亮 ● 将故障现象记录在工单中	 操作报警灯开关，危险警报灯不亮
4. 读取故障信息 ● 连接诊断仪，查看模块通信状态及故障码 ● 去掉“用引导型故障查询工作”的勾选 ● 单击“是”等待进入诊断	 连接诊断接头

续表

● 单击“启动诊断”进入诊断系统	
● 手动选择正确车型信息	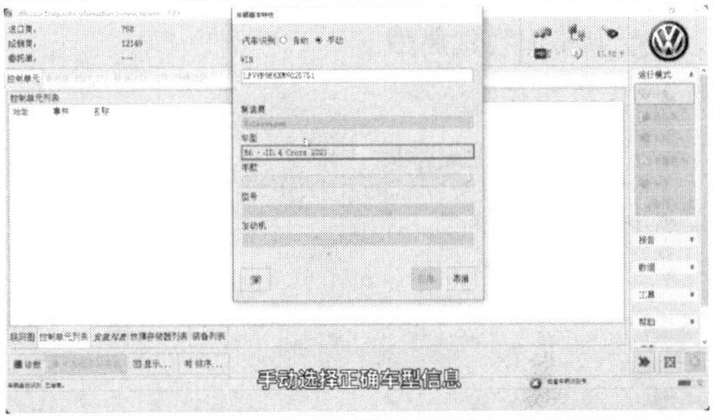
● 单击选择联网图	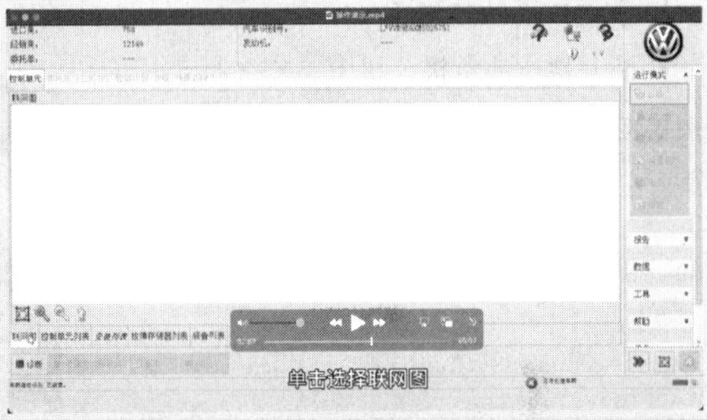
⚠ **注意** 根据故障现象提示，应在车载电网控制单元读取故障信息	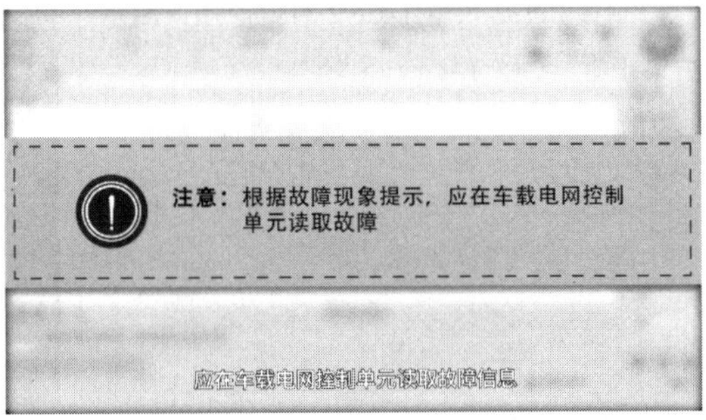
● 使用鼠标右键选择“控制单元自诊断”	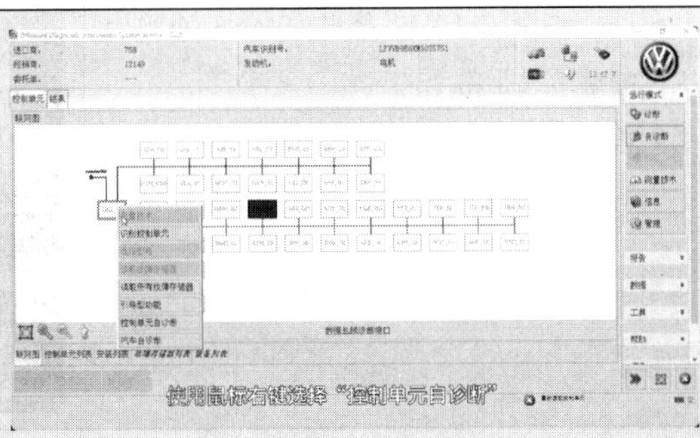

续表

<table>
<tr><td>● 选择“故障存储器”，单击“执行”，画面跳转到控制单元自诊断界面
● E8108：灯开关信号不可信</td><td>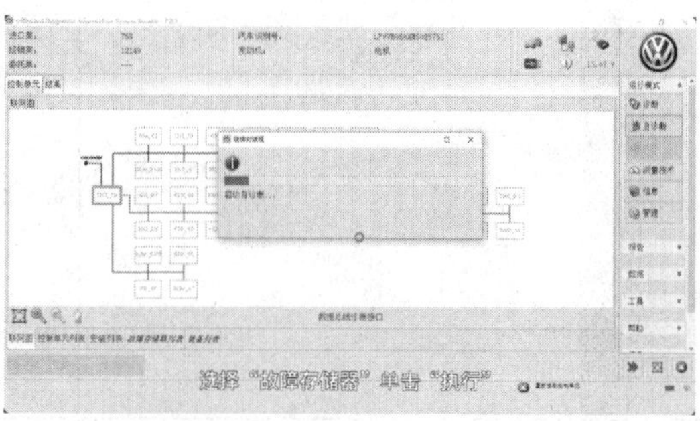</td></tr>
<tr><td>5. 分析故障可能原因
● EX22 电源故障
● EX22 控制线束故障
● EX22 局部故障
● J519 局部故障</td><td>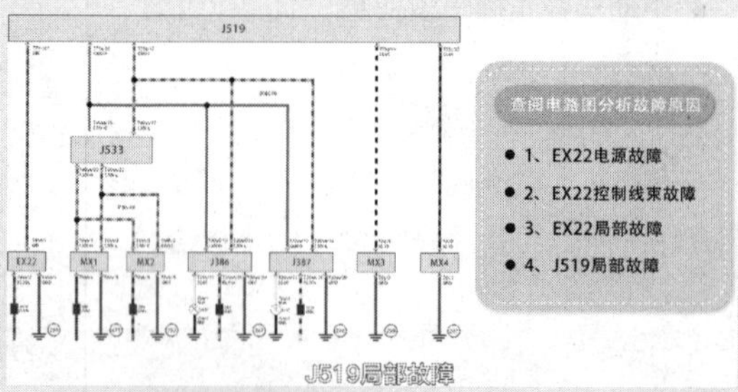</td></tr>
<tr><td>6. 测量并确认故障点
● 断开蓄电池负极，拔下 EX22 插头，连接蓄电池负极</td><td></td></tr>
<tr><td>● 测量 EX22 供电 T4ae/2 对地电压，测量结果正常</td><td>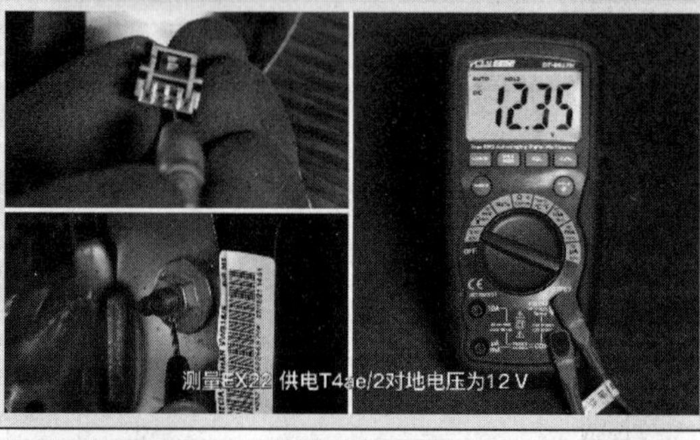</td></tr>
<tr><td>● 进一步测量 EX22 搭铁 T4ae/3 对地电压，测量结果正常
● 将测量结果记录在工单中</td><td>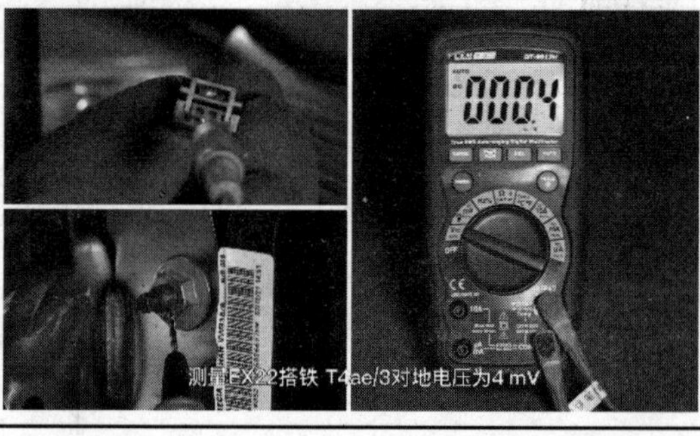</td></tr>
</table>

续表

● 测量 EX22 T4ae/1 波形，测量结果正常	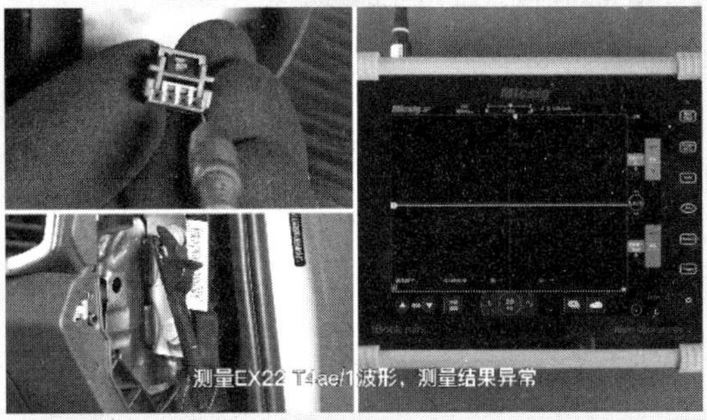
● 测量 J519 T73C/43 波形，测量结果异常 ● 将测量结果记录在工单中 ● 通过以上逐一测量排查，确认故障点为：J519 T73C/43-EX22 T4ae/1 断路	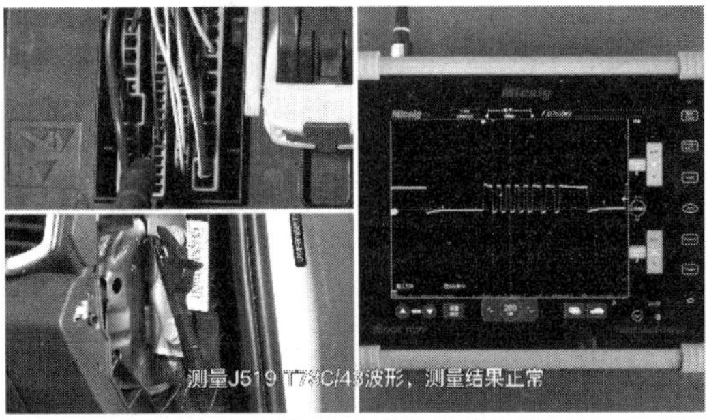
7. 再次验证故障现象 ● 打开点火开关，仪表点亮正常	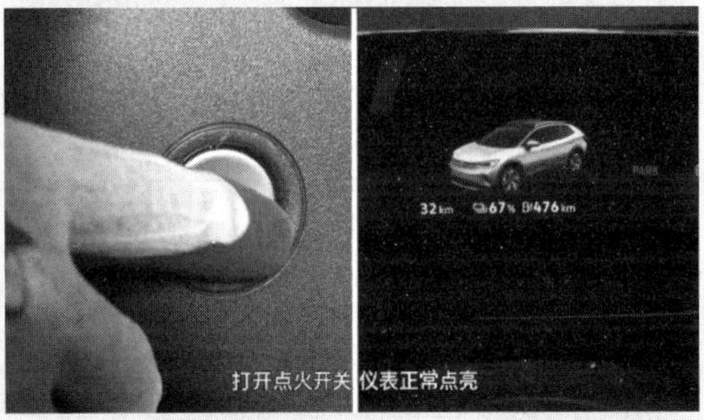
● 操作危险报警闪光灯开关，危险报警闪光灯正常点亮。危险报警闪光灯故障已排除	
8. 复位工位场地 ● 收起翼子板布和驾驶室内防护套装 ● 将故障检测过程记录在工单中 ● 记录测量数据和结果	

计划决策

学习完相关知识，同学们该自己动手操作了。

观看视频演示，了解视频操作流程，制订任务计划，沟通、研讨实施计划需要准备的场地、设备和工具，做好组内人员的分工。危险报警闪光灯维护与检修任务计划表如表 3–3–4 所示。

表 3–3–4　危险报警闪光灯维护与检修任务计划表

编号	任务计划	人员	工具	备注
1				
2				
3				
4				
5				
6				

任务实施

使用仪器设备进行实车操作，根据表 3–3–5 所示危险报警闪光灯维护与检修任务工单上的检测项目逐一检测，每检测完一项将检测结果记录在工单上，并在检测完成后进行结果确认。

表 3–3–5　危险报警闪光灯维护与检修任务工单

危险报警闪光灯维护与检修

一、车辆信息

项目	作业内容	配分	评分
整车型号			
车辆识别代码			
电机型号			
工作电压			
动力电池容量			
行驶里程			

二、故障检修

项目	作业内容	配分	评分
确认故障现象			
记录故障信息			

续表

<table>
<tr><th colspan="8">危险报警闪光灯维护与检修</th></tr>
<tr><th>项目</th><th colspan="5">作业内容</th><th>配分</th><th>评分</th></tr>
<tr><td>分析故障范围</td><td colspan="5"></td><td></td><td></td></tr>
<tr><td rowspan="7">记录测量数据</td><td>测量对象</td><td>测量条件</td><td>实测值</td><td>标准值</td><td>结果判定</td><td rowspan="7"></td><td rowspan="7"></td></tr>
<tr><td></td><td></td><td></td><td></td><td></td></tr>
<tr><td></td><td></td><td></td><td></td><td></td></tr>
<tr><td></td><td></td><td></td><td></td><td></td></tr>
<tr><td></td><td></td><td></td><td></td><td></td></tr>
<tr><td></td><td></td><td></td><td></td><td></td></tr>
<tr><td></td><td></td><td></td><td></td><td></td></tr>
<tr><td>采集波形数据</td><td colspan="5">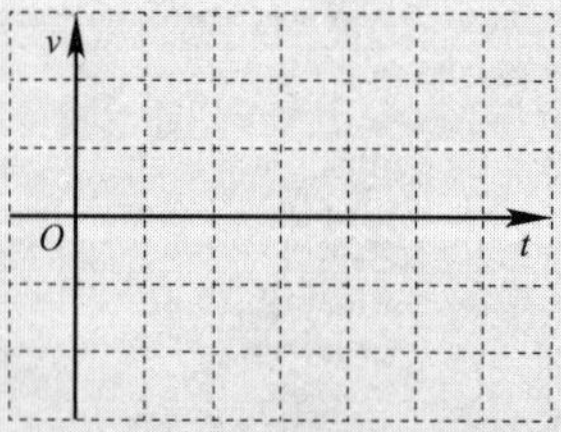
实测波形
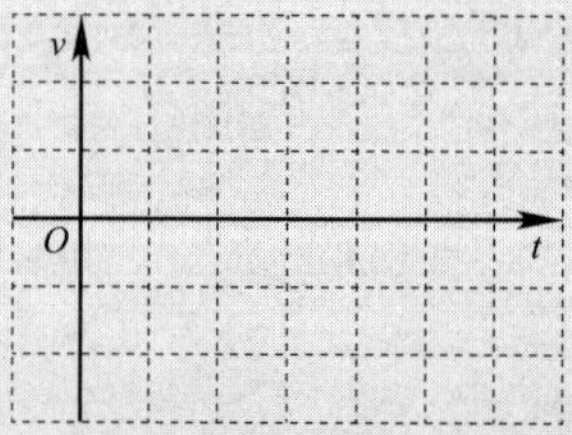
标准波形</td><td></td><td></td></tr>
<tr><td rowspan="3">确诊故障部位</td><td>故障类型</td><td colspan="2">故障点</td><td colspan="2">故障类别</td><td rowspan="3"></td><td rowspan="3"></td></tr>
<tr><td>线路故障</td><td colspan="2"></td><td colspan="2">☐ 短路 ☐ 断路 ☐ 虚接</td></tr>
<tr><td>元件故障</td><td colspan="2"></td><td colspan="2">☐ 机械故障 ☐ 电气故障</td></tr>
</table>

反思评价

危险报警闪光灯维护与检修操作评分表如表 3–3–6 所示。可以进行自我评价，评价自己在知识、技能、思政方面是否达标，是否按照推荐流程进行操作，总结实操过程中的得与失并交流、记录。

表 3–3–6　危险报警闪光灯维护与检修操作评分表

<table>
<tr><td>课程名称</td><td colspan="2"></td><td>授课教师</td><td colspan="2"></td></tr>
<tr><td>学习任务</td><td colspan="2"></td><td>授课班级</td><td colspan="2"></td></tr>
<tr><td>学习内容</td><td colspan="2"></td><td>班级人数</td><td colspan="2"></td></tr>
<tr><td>评分项目</td><td colspan="3">评分细则</td><td>评分</td><td>备注</td></tr>
<tr><td rowspan="10">专业知识
能力表现</td><td colspan="3">了解高压安全知识</td><td></td><td></td></tr>
<tr><td colspan="3">了解防火安全知识</td><td></td><td></td></tr>
<tr><td colspan="3">讲述场地设备操作规范</td><td></td><td></td></tr>
<tr><td colspan="3">讲述检测仪器使用注意事项</td><td></td><td></td></tr>
<tr><td colspan="3">讲述维修工具使用规范</td><td></td><td></td></tr>
<tr><td colspan="3">掌握车辆仪表指示灯含义</td><td></td><td></td></tr>
<tr><td colspan="3">掌握个人和工位防护知识</td><td></td><td></td></tr>
<tr><td colspan="3">讲述采集车辆信息内容步骤</td><td></td><td></td></tr>
<tr><td colspan="3">描述危险报警闪光灯故障现象</td><td></td><td></td></tr>
<tr><td colspan="3">分析危险报警闪光灯故障范围</td><td></td><td></td></tr>
<tr><td rowspan="13">专业技能
实操表现</td><td colspan="3">正确操作场地设备</td><td></td><td></td></tr>
<tr><td colspan="3">正确使用测量仪器</td><td></td><td></td></tr>
<tr><td colspan="3">正确使用维修工具</td><td></td><td></td></tr>
<tr><td colspan="3">检查、穿戴工作服</td><td></td><td></td></tr>
<tr><td colspan="3">检查、穿戴绝缘鞋</td><td></td><td></td></tr>
<tr><td colspan="3">检查、穿戴绝缘手套</td><td></td><td></td></tr>
<tr><td colspan="3">检查、佩戴护目镜</td><td></td><td></td></tr>
<tr><td colspan="3">检查、佩戴安全帽</td><td></td><td></td></tr>
<tr><td colspan="3">设置隔离栏</td><td></td><td></td></tr>
<tr><td colspan="3">放置安全警示牌</td><td></td><td></td></tr>
<tr><td colspan="3">检查灭火器</td><td></td><td></td></tr>
<tr><td colspan="3">安装翼子板布</td><td></td><td></td></tr>
<tr><td colspan="3">安装驾驶室内防护套装</td><td></td><td></td></tr>
</table>

续表

评分项目	评分细则	评分	备注
专业技能实操表现	采集整车型号		
	采集车辆识别代码		
	采集电机型号		
	采集高压系统工作电压		
	采集动力电池容量		
	采集车辆行驶里程		
	记录：操作危险报警闪光灯开关，危险报警闪光灯不亮		
	读取故障，E8108（灯开关信号不可信）		
	分析故障范围：EX22 电源故障		
	分析故障范围：EX22 控制线束故障		
	分析故障范围：EX22 局部故障		
	分析故障范围：J519 局部故障		
	测量 EX22 供电 T4ae/2 对地电压，测量结果正常		
	进一步测量 EX22 搭铁 T4ae/3 对地电压，测量结果正常		
	测量 EX22 T4ae/1 波形，测量结果正常		
	测量 J519 T73C/43 波形，测量结果异常		
	确认故障点为：J519 T73C/43-EX22 T4ae/1 断路		
	维修线路		
	验证故障：操作危险报警闪光灯开关，危险报警闪光灯正常点亮		
	收起翼子板布和驾驶室内防护套装		
	在工单中记录故障检测过程		
职业思政素养表现	注重使用文明用语		
	表达清楚，条理分明		
	认真倾听，对问题有合理的反应		
	举一反三迁移能力和学习态度		
	自信心和抗挫折能力		
	自我检查与自我评价能力		
	毅力和工作责任心		
	时间管理能力		
	团队合作能力		
	规范操作的安全意识		
	精益求精的工匠精神		

总结提升

经过了理论与实操学习，相信同学们已经掌握了本次任务所需的知识和技能，对学习成果进行检验吧。回顾本次任务操作流程，请补全图 3–3–3 所示危险报警闪光灯维护与检修思维导图中的空缺部分。

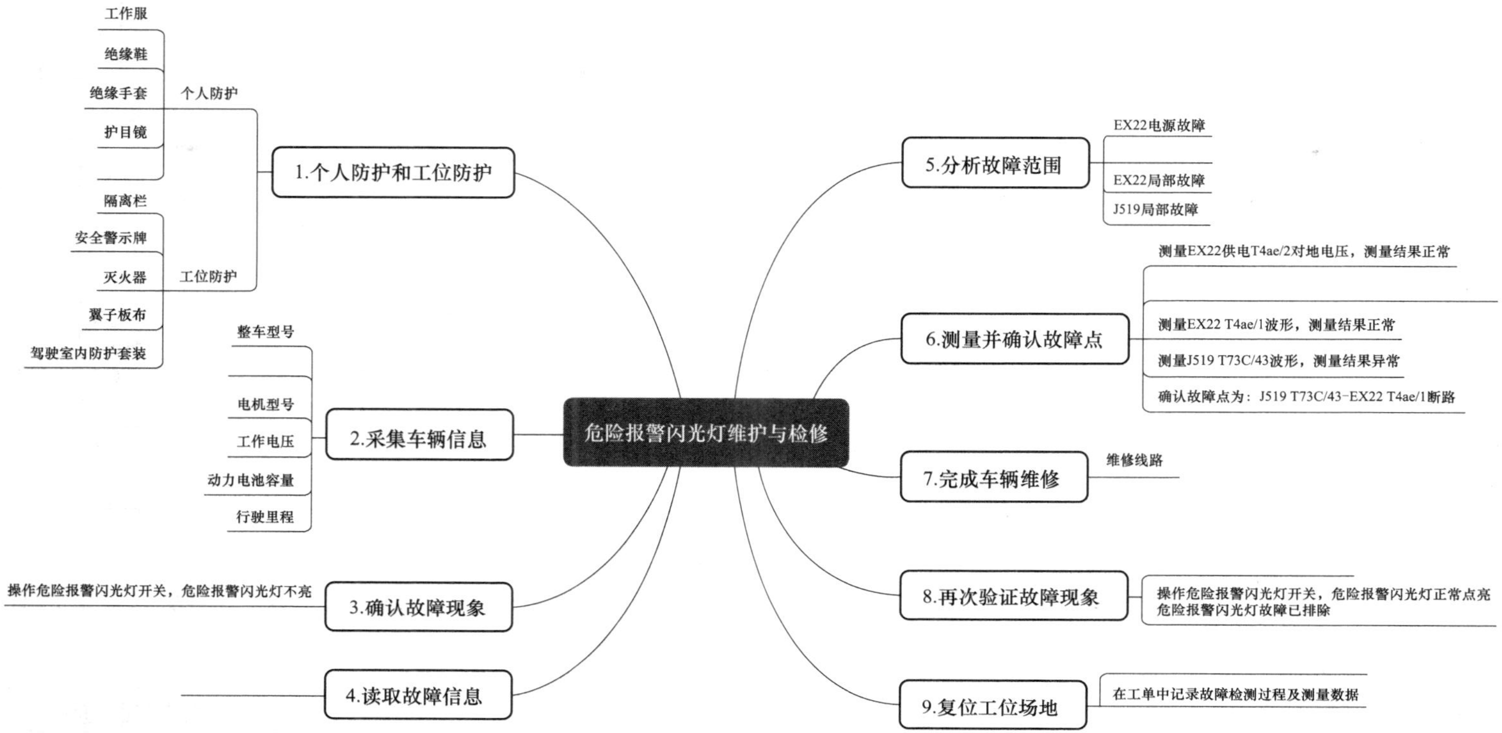

图 3–3–3　危险报警闪光灯维护与检修思维导图

技能拓展

本次任务学习完了，还意犹未尽吗？尝试完成表 3–3–7 所示危险报警闪光灯维护与检修知识拓展表。根据表 3–3–8 至表 3–3–16 所示的相关拓展任务进行故障设置与故障记录，提高自己的能力。

表 3–3–7　危险报警闪光灯维护与检修知识拓展表

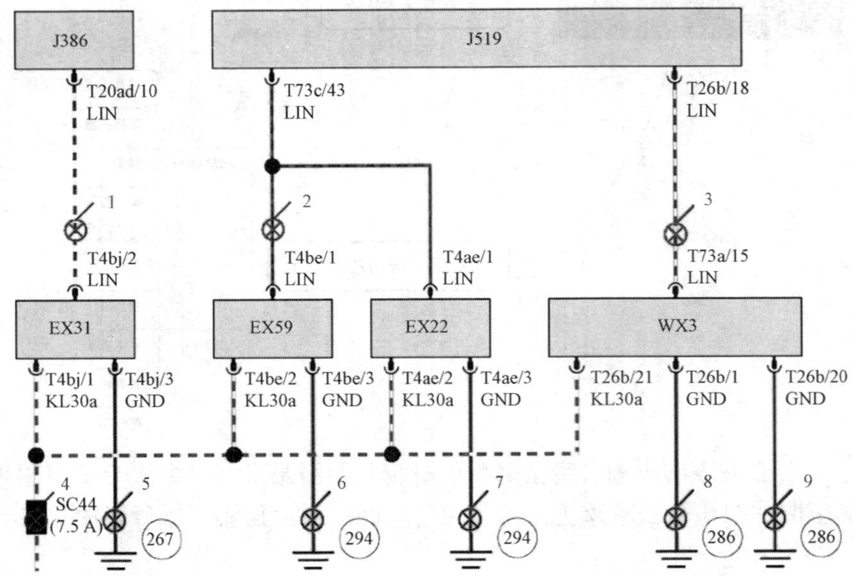

序号	任务
1	T20ad/10 至 T4bj/2 断路
2	T73c/43 至 T4be/1 断路
3	T26b/18 至 T73a/15 断路
4	SC44 保险断路
5	T4bj/3 至 267 接地断路
6	T4be/3 至 294 接地断路
7	T4ae/3 至 294 接地断路
8	T26b/1 至 286 接地断路
9	T26b/20 至 286 接地断路
10	
11	
12	
13	
14	
15	
16	

表 3-3-8　拓展任务 1：T20ad/10 至 T4bj/2 断路

<table>
<tr><td rowspan="6">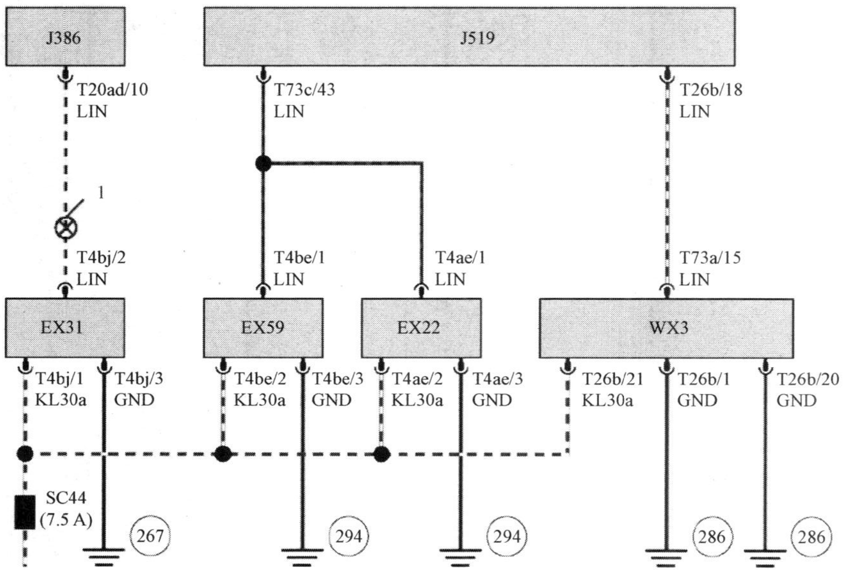
</td><td>故障现象</td><td>故障码</td></tr>
<tr><td></td><td></td></tr>
<tr><td>数据流</td><td>测量值</td></tr>
<tr><td></td><td></td></tr>
<tr><td>波形图</td><td>故障机理</td></tr>
<tr><td>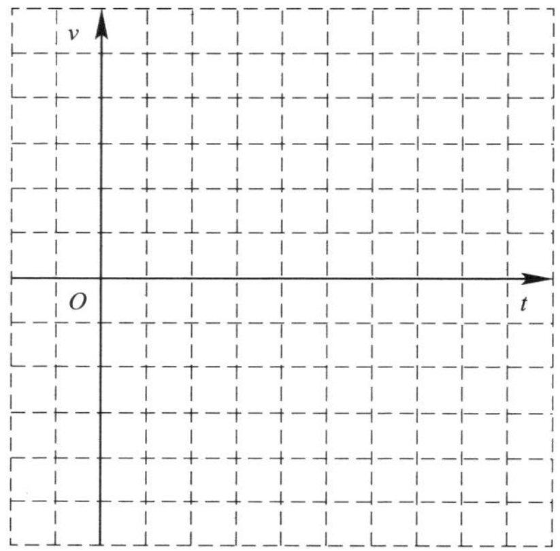
</td><td></td></tr>
</table>

表 3–3–9　拓展任务 2：T73c/43 至 T4be/1 断路

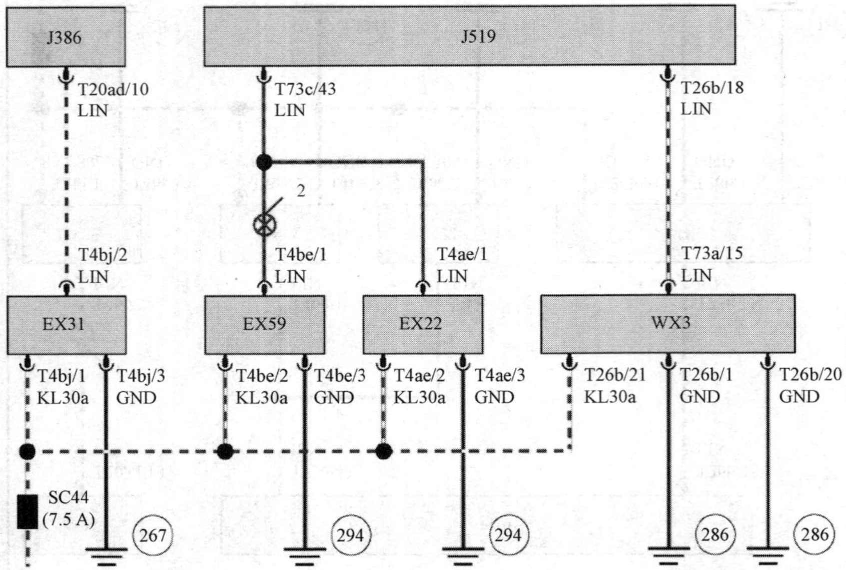

故障现象	故障码
数据流	测量值
波形图	故障机理
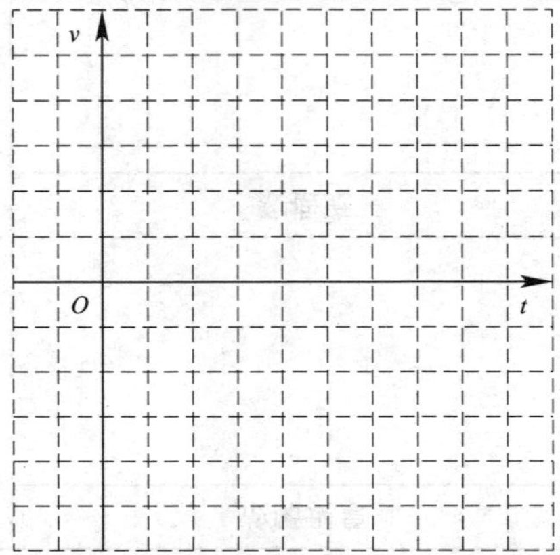	

表 3–3–10　拓展任务 3：T26b/18 至 T73a/15 断路

<table>
<tr><td rowspan="6">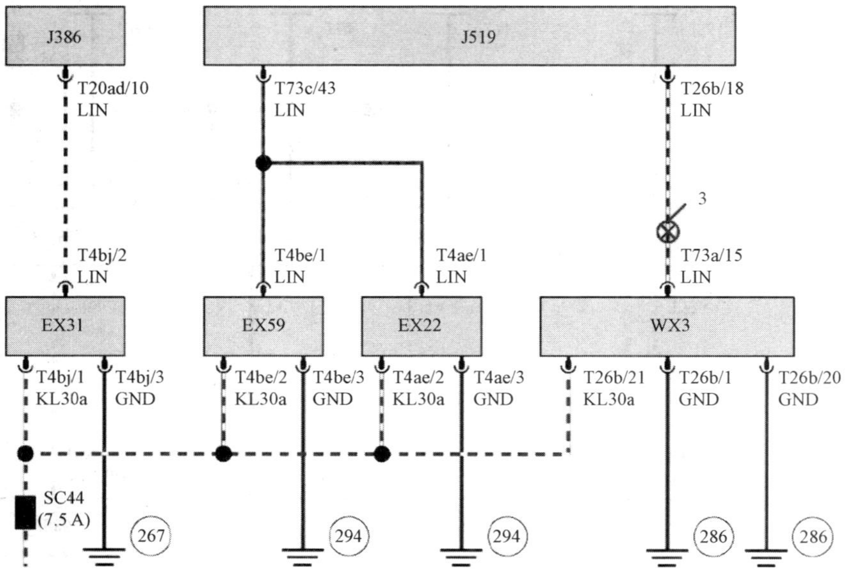
</td><td>故障现象</td><td>故障码</td></tr>
<tr><td></td><td></td></tr>
<tr><td>数据流</td><td>测量值</td></tr>
<tr><td></td><td></td></tr>
<tr><td>波形图</td><td>故障机理</td></tr>
<tr><td>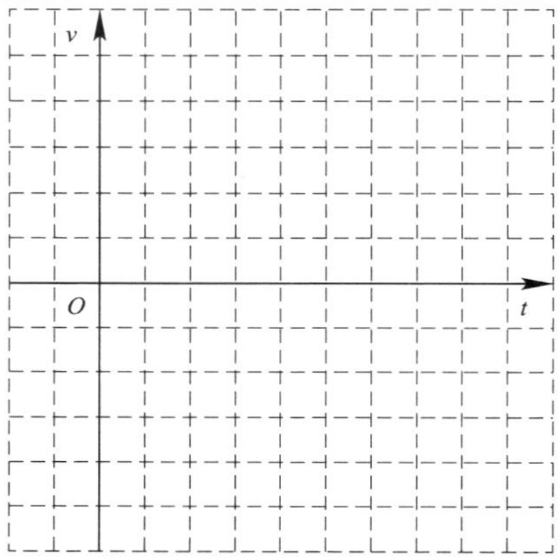
</td><td></td></tr>
</table>

表 3-3-11　拓展任务 4：SC44 保险断路

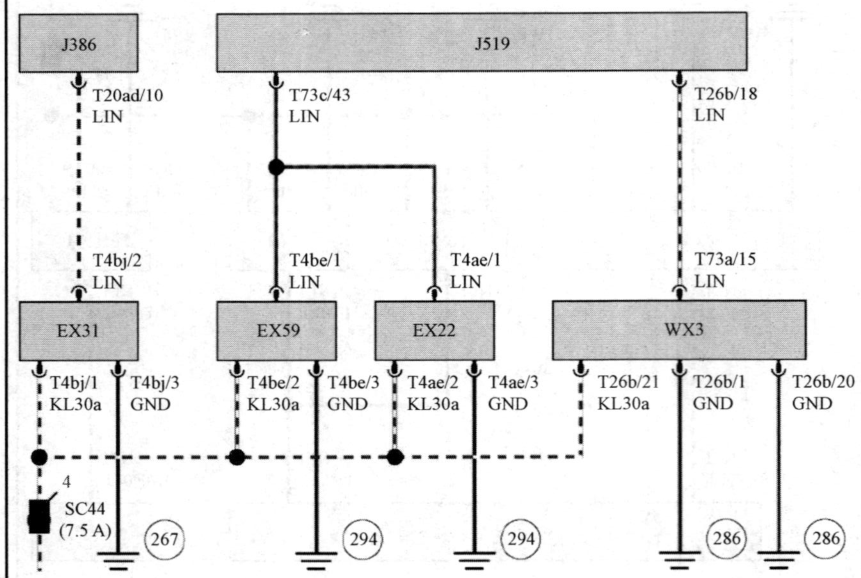

故障现象	故障码
数据流	测量值
波形图	故障机理
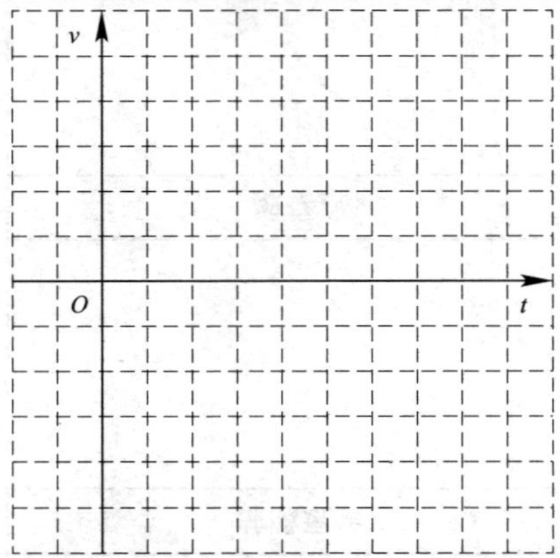	

表 3–3–12　拓展任务 5：T4bj/3 至 267 接地断路

<table>
<tr><td rowspan="6">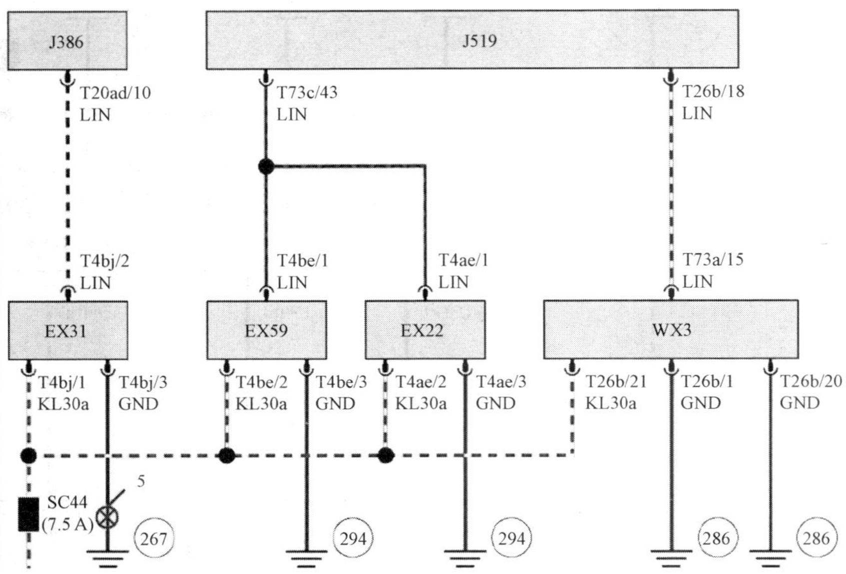
</td><td>故障现象</td><td>故障码</td></tr>
<tr><td></td><td></td></tr>
<tr><td>数据流</td><td>测量值</td></tr>
<tr><td></td><td></td></tr>
<tr><td>波形图</td><td>故障机理</td></tr>
<tr><td>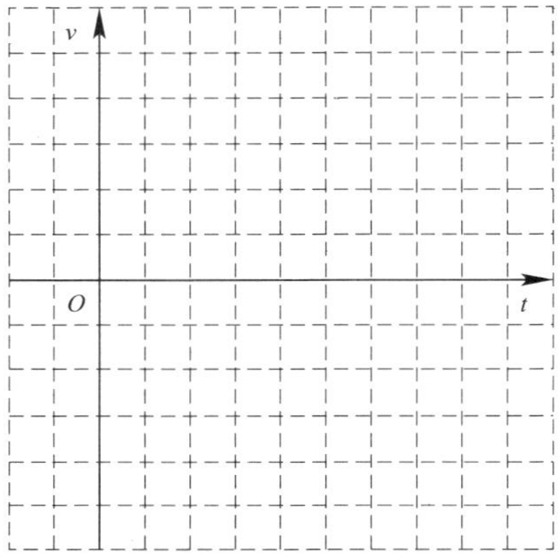
</td><td></td></tr>
</table>

表 3-3-13　拓展任务 6：T4be/3 至 294 接地断路

<table>
<tr><td rowspan="6">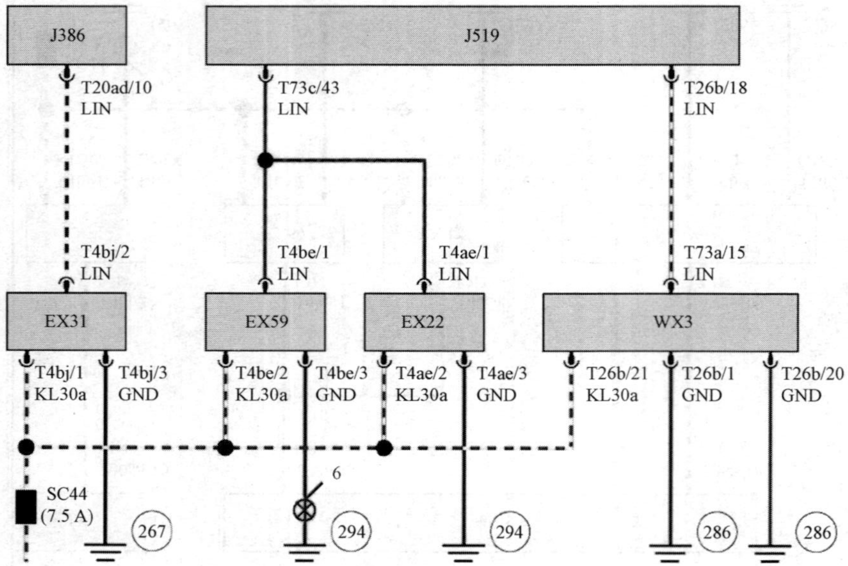
</td><th>故障现象</th><th>故障码</th></tr>
<tr><td></td><td></td></tr>
<tr><th>数据流</th><th>测量值</th></tr>
<tr><td></td><td></td></tr>
<tr><th>波形图</th><th>故障机理</th></tr>
<tr><td>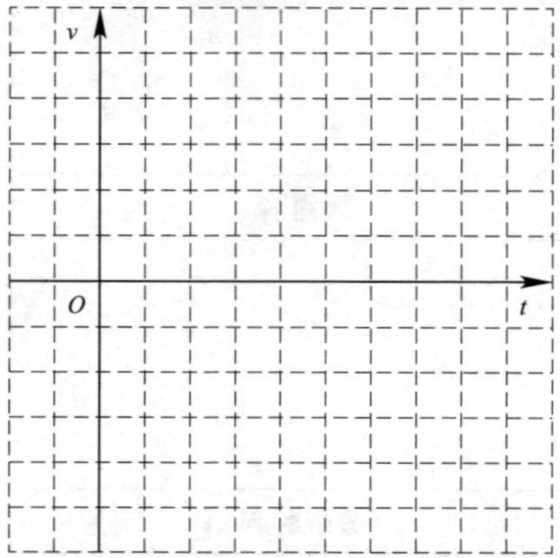
</td><td></td></tr>
</table>

表 3–3–14　拓展任务 7：T4ae/3 至 294 接地断路

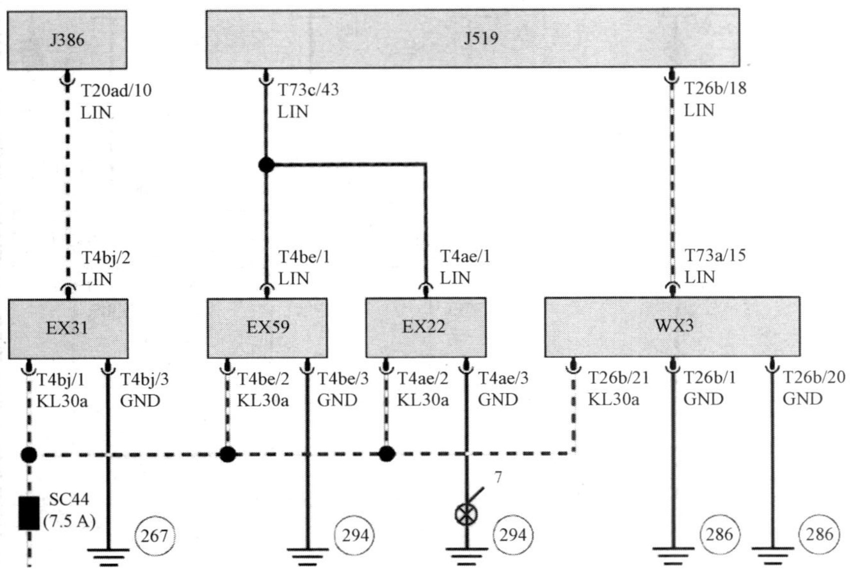

故障现象	故障码
数据流	**测量值**
波形图	**故障机理**
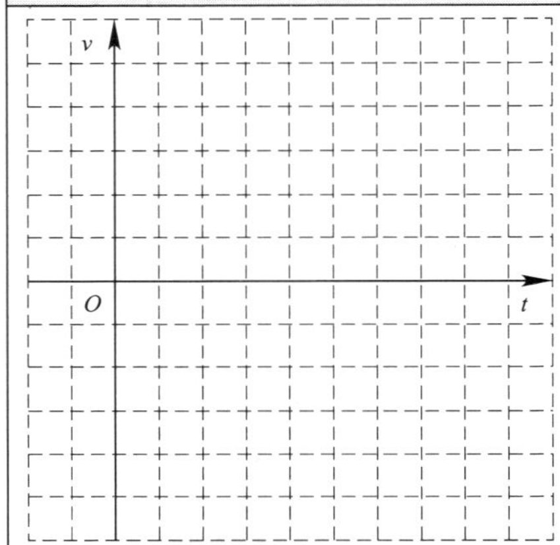	

表 3-3-15　拓展任务 8：T26b/1 至 286 接地断路

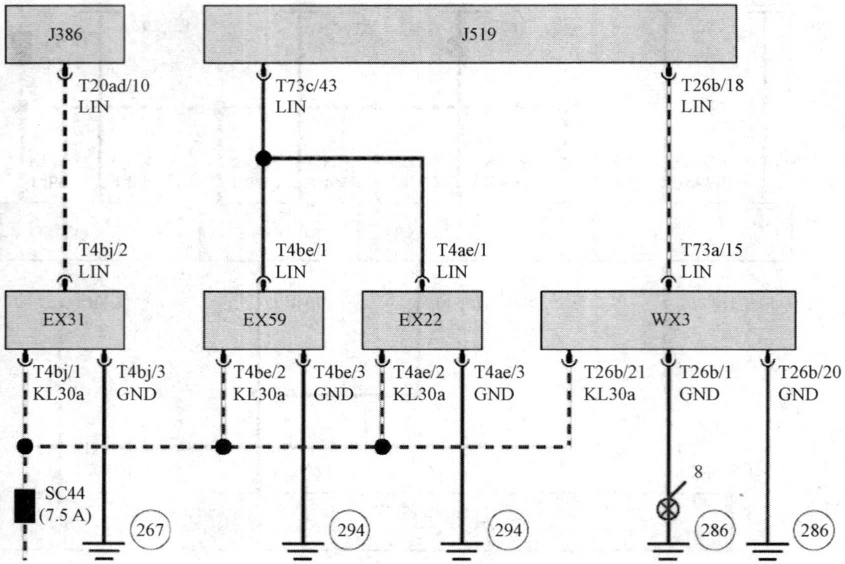

故障现象	故障码
数据流	测量值
波形图	故障机理
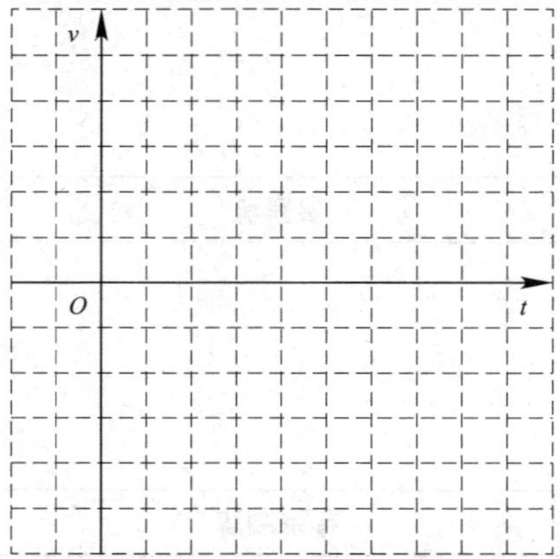	

表 3-3-16 拓展任务 9：T26b/20 至 286 接地断路

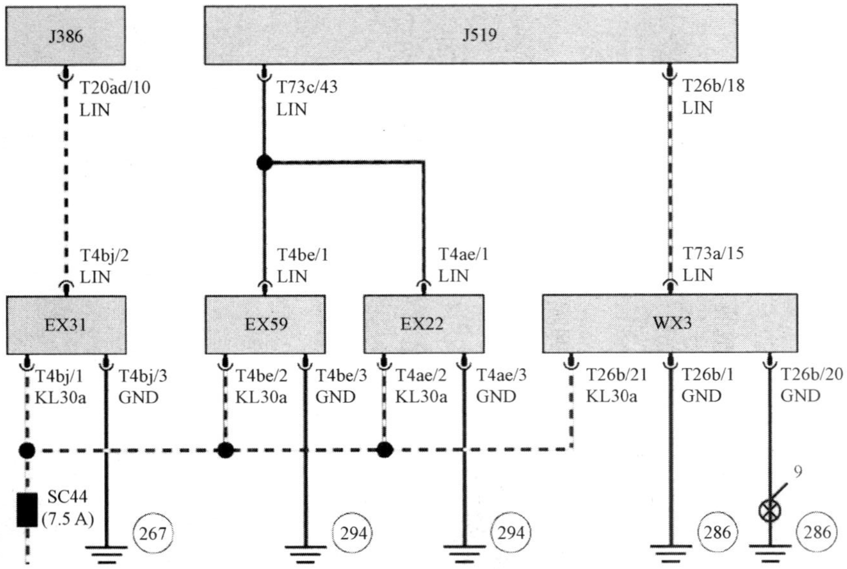

故障现象	故障码
数据流	测量值
波形图	故障机理
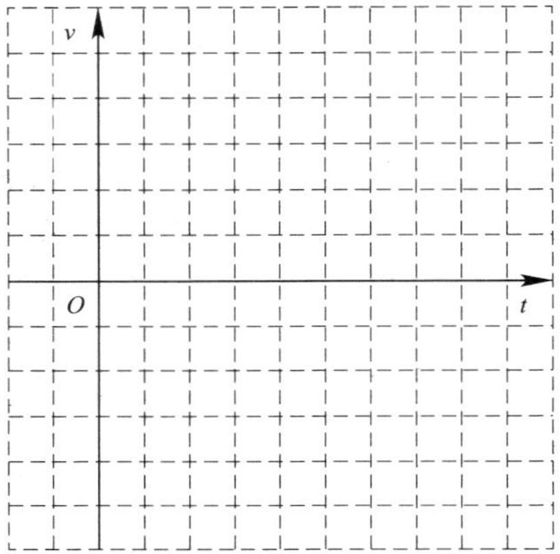	

任务 3.4　倒车灯维护与检修

教学目标

1. 知识目标

（1）了解倒车灯的组成。

（2）掌握倒车灯的安装位置。

（3）掌握倒车灯检修流程。

2. 能力目标

（1）能按照维修手册制订倒车灯维护与检修工作计划。

（2）能正确使用工具并在 30 min 内完成倒车灯维护与检修。

3. 素养目标

（1）培养学生规范操作的安全意识。

（2）培养学生精益求精的工匠精神。

情境导入

晚上小王哥下班回家后，准备将车辆停放到停车位，在倒车时发现车辆后部视线模糊，下车检查后发现倒车灯不亮。

车辆送到维修站，经检查有如下故障：

车辆左后倒车灯不亮。

使用故障诊断仪读取故障码：

无相关故障代码。

如果你是维修人员，你会怎么处理呢？

知识准备

通过维护与检修，车辆可以保持良好的状态，现在就来学习一下倒车灯维护与检修的相关知识吧。

倒车灯的作用是在倒车时为车辆后部提供照明等。

1. 倒车灯车身后部安装位置

倒车灯车身后部安装位置如图 3–4–1 所示。

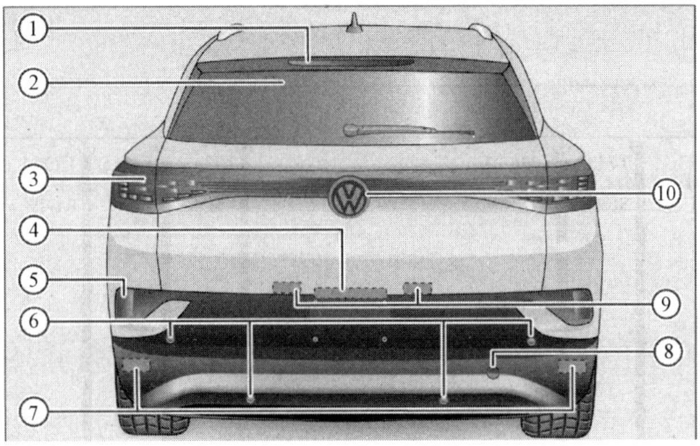

1—高位制动灯；2—后风窗；3—组合尾灯（含倒车灯）；4—用于打开尾门的按钮；5—后雾灯；
6—驾驶辅助系统后部传感器；7—位于保险杠后的变道辅助系统（Side Assist）的雷达测距传感器；
8—盖板后牵引环支座；9—车牌照灯；10—品牌徽标（带辅助照明灯）

图 3–4–1　倒车灯车身后部安装位置

2. 倒车灯维护与检修相关保险丝

倒车灯维护与检修相关保险丝如表 3–4–1 所示。

表 3–4–1　倒车灯维护与检修相关保险丝

代码	额定电流	定义
SC5	25 A	保险丝架 C 上的保险丝 5
SC6	30 A	保险丝架 C 上的保险丝 6
SC13	40 A	保险丝架 C 上的保险丝 13
SC32	25 A	保险丝架 C 上的保险丝 32
J329		15 号继电器
J9		可加热后风挡继电器

3. 倒车灯维护与检修相关系统电路图

倒车灯维护与检修相关系统电路图如图 3–4–2 所示。倒车灯维护与检修相关系统电路相关代码定义如表 3–4–2 所示。

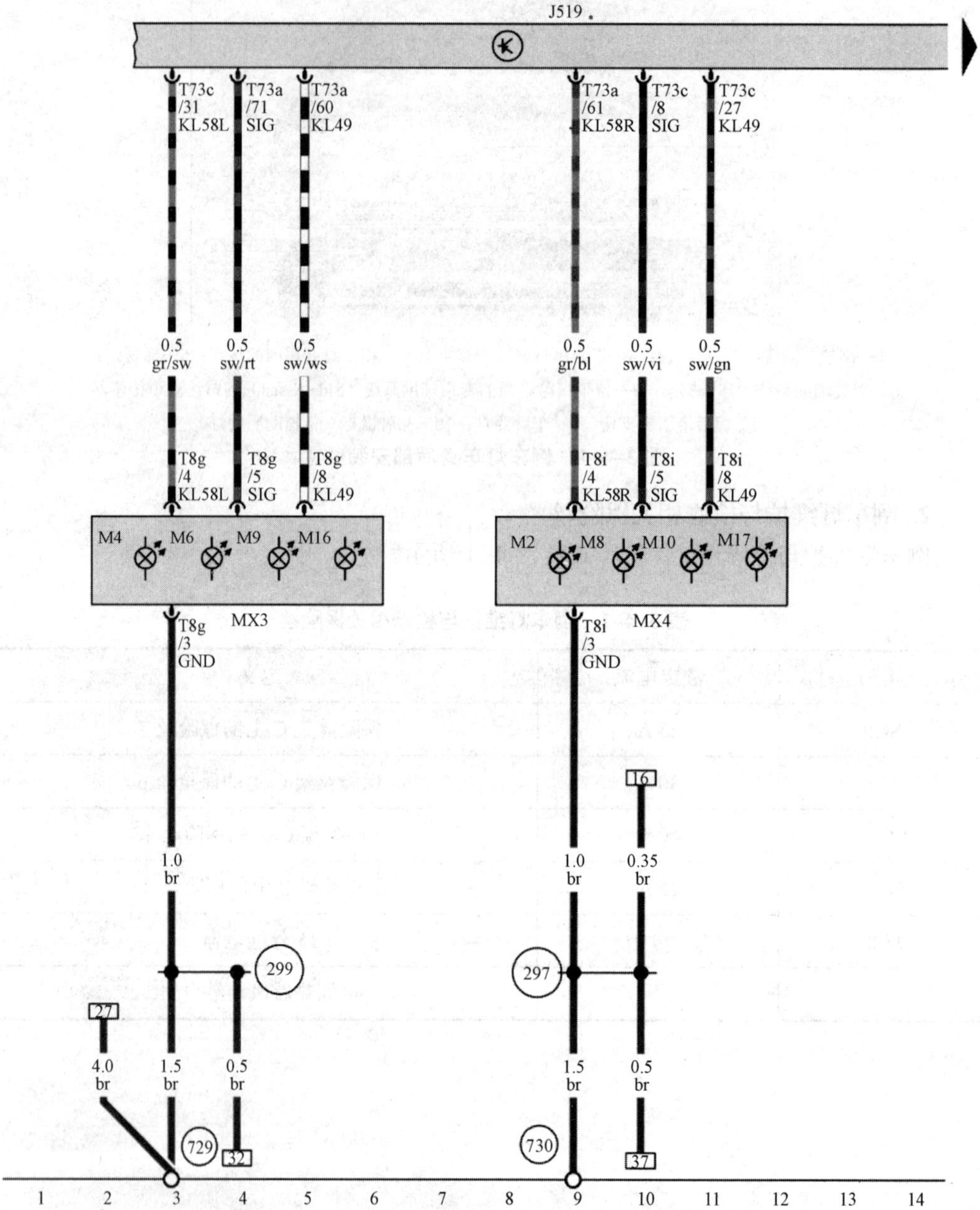

图 3–4–2　倒车灯维护与检修相关系统电路图

表 3-4-2　倒车灯维护与检修相关系统电路图相关代码定义

代码	定义
J519	车载电网控制单元
M2-	右侧尾灯灯泡
MX3	左侧尾灯
MX4	右侧尾灯
M4	左侧尾灯灯泡
M6	左后转向信号灯灯泡
M8	右后转向信号灯灯泡
M9	左侧制动信号灯灯泡
M10	右侧制动信号灯灯泡
M16	左侧倒车灯灯泡
M17	右侧倒车灯灯泡
T8g	8 芯插头连接，黑色
T8i	8 芯插头连接，黑色

4. 倒车灯维护与检修操作流程

倒车灯维护与检修操作流程如表 3-4-3 所示。

表 3-4-3　倒车灯维护与检修操作流程

<table>
<tr><td>1. 个人防护和工位防护
● 穿工作服与绝缘鞋进入工位，进入工位后设置隔离栏，放置安全警示牌，检查灭火器
● 检查个人防护用品和工具仪器</td><td>
</td></tr>
<tr><td>2. 采集车辆信息
● 安装翼子板布
● 安装驾驶室内防护套装
● 通过车辆铭牌获取车辆型号、车辆识别代码、电机型号、工作电压、电池容量等数据
● 通过仪表板获取行驶里程数据并将其记录在工单中</td><td>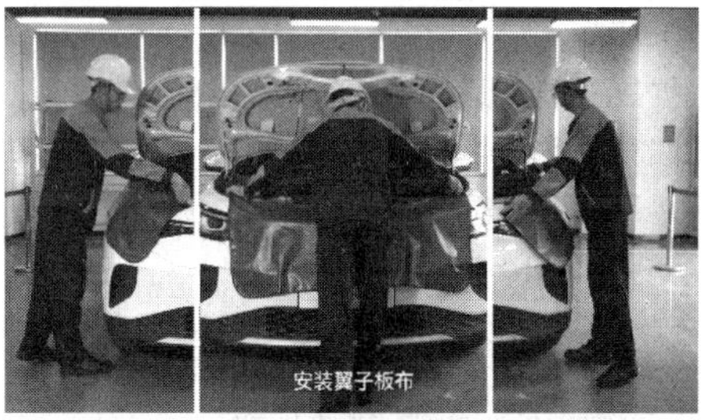
</td></tr>
<tr><td>3. 确认故障现象
● 进入车内，降下主驾驶车窗
● 操作 E378 点火开关，仪表正常点亮</td><td>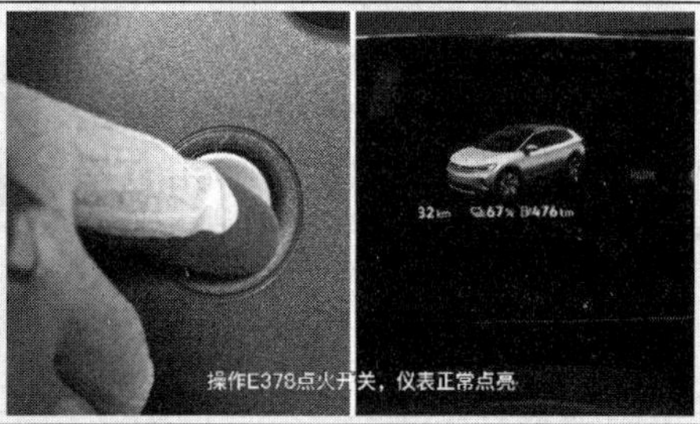
</td></tr>
</table>

续表

● 踩下制动踏板，挂 D 档，车辆行驶准备就绪指示灯（READY）正常点亮，车辆正常上电	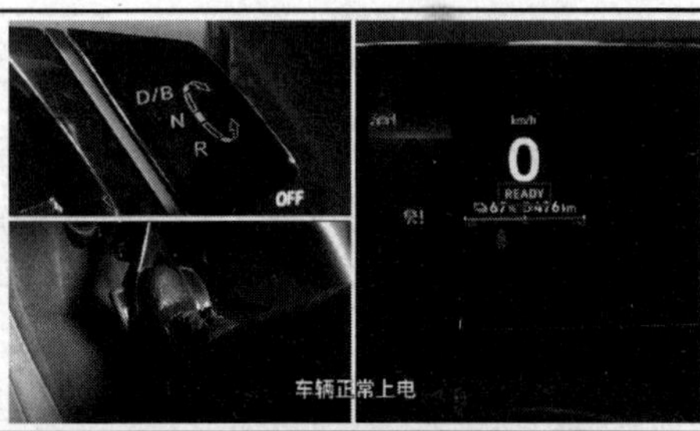
● 车辆左后倒车灯不亮 ● 将故障现象记录在工单中	
4. 读取故障信息 ● 连接诊断仪，查看模块通信状态及故障码 ● 去掉“用引导型故障查询工作”的勾选 ● 单击“是”等待进入诊断	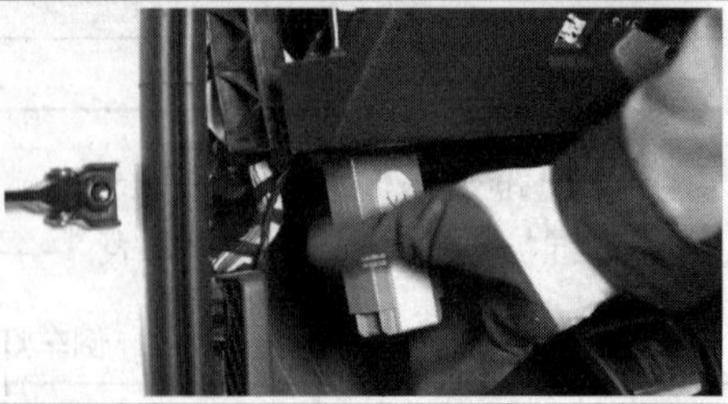
● 单击“启动诊断”进入诊断系统 ● 手动选择正确车型信息 ● 单击选择联网图	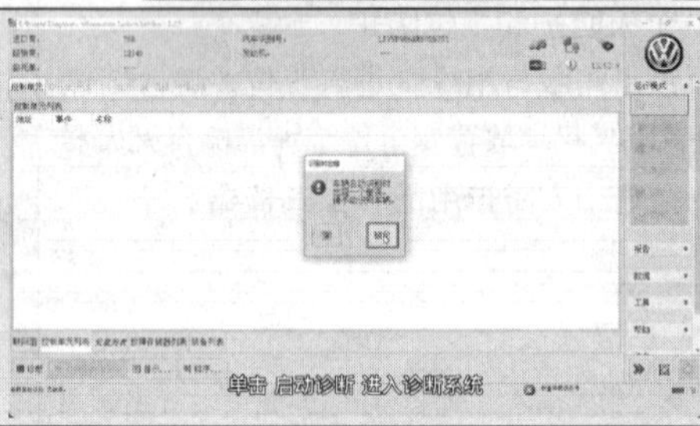
⚠ **注意** 根据故障现象提示，应在车载电网控制单元读取故障信息 ● 使用鼠标右键选择“控制单元自诊断” ● 选择“故障存储器”，单击“执行”，画面跳转到控制单元自诊断界面 ● 无相关故障代码	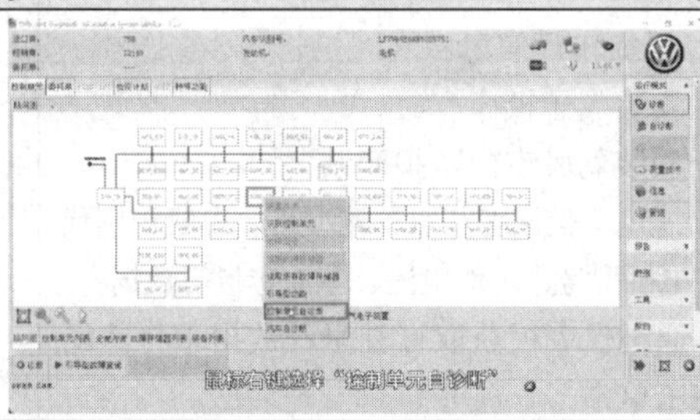
5. 分析故障可能原因 ● 控制线束故障 ● 倒车灯灯泡故障 ● J519 局部故障	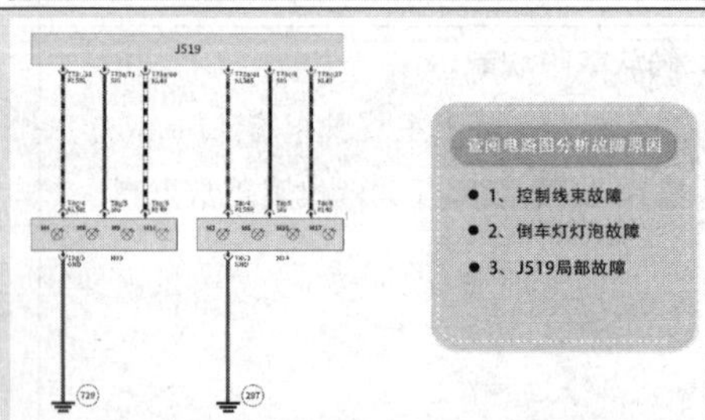

续表

6. 测量并确认故障点 ● 断开蓄电池负极，拔下 EX22 插头，连接蓄电池负极 ● 踩下制动踏板，挂 R 档	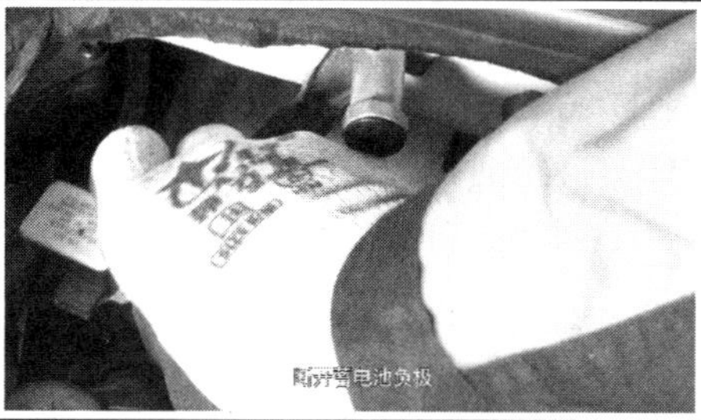
● 断开蓄电池负极，拔下 MX3 插头，连接蓄电池负极，挂 R 档，测量 M16 T8g/8 对地电压为 15.3 mV，测量结果异常	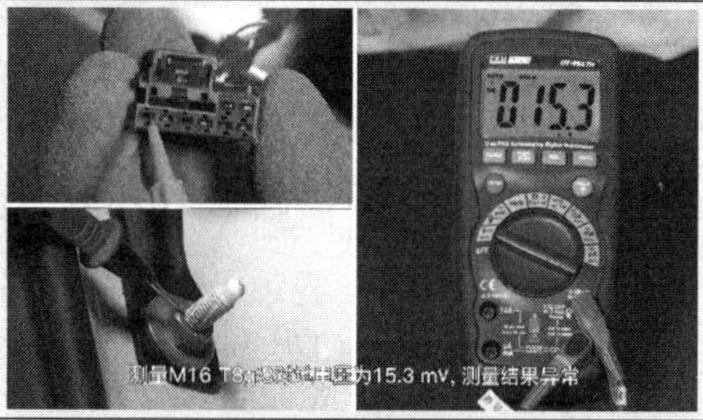
● 进一步测量 J519 T73a/60 对地电压，测量结果正常 ● 将测量结果记录在工单中	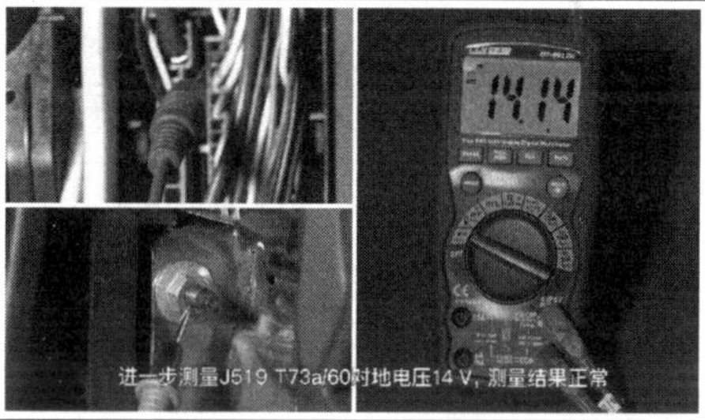
● 断开蓄电池负极，拔下 J519 插头，测量 J519 T73a/60-M16 T8g/8 电阻为无穷大 ● 将测量结果记录在工单中 ● 通过以上逐一测量排查，确认故障点为：J519 T73a/60-M16 T8g/8 断路	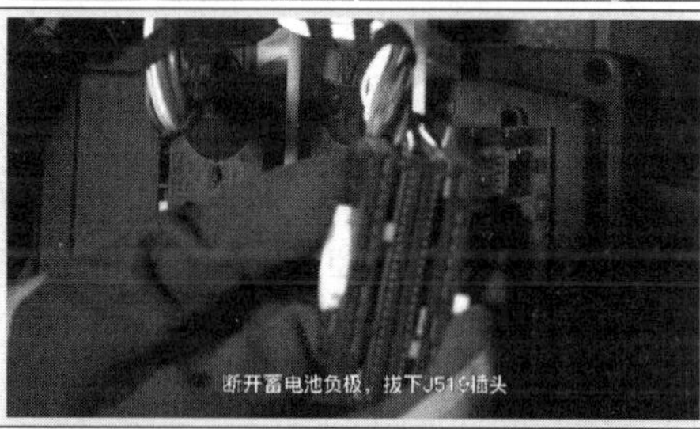
7. 再次验证故障现象 ● 打开点火开关，仪表点亮正常	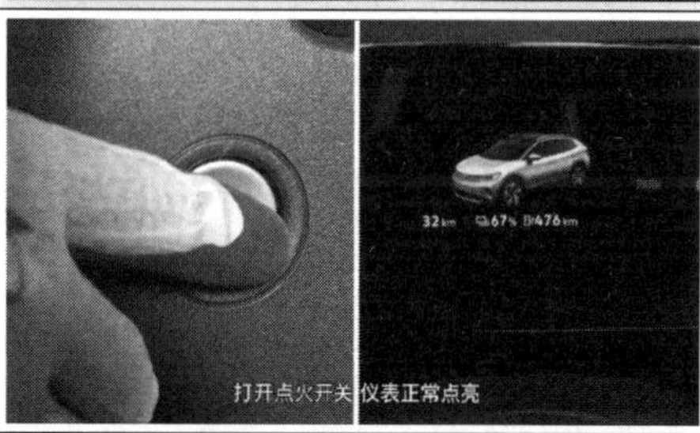
● 踩下制动踏板，挂 R 档，车辆行驶准备就绪指示灯（READY）正常点亮，车辆上电正常，倒车灯正常点亮。倒车灯故障已排除	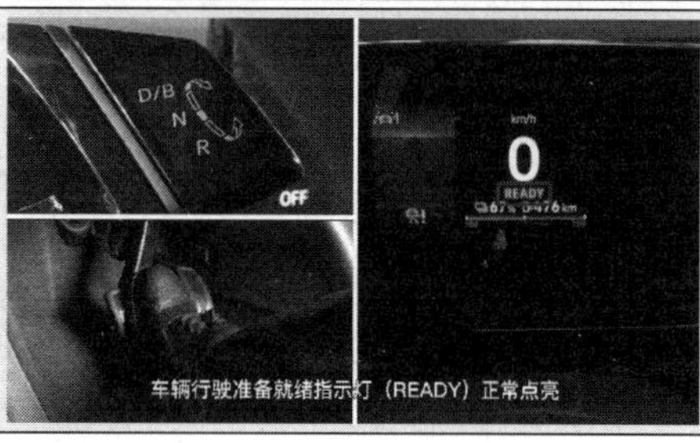

续表

<table>
<tr>
<td>

8. 复位工位场地

- 收起翼子板布和驾驶室内防护套装
- 将故障检测过程记录在工单中
- 记录测量数据和结果

</td>
<td>

</td>
</tr>
</table>

计划决策

学习完相关知识，同学们该自己动手操作了。

观看视频演示，了解视频操作流程，制订任务计划，沟通、研讨实施计划需要准备的场地、设备和工具，做好组内人员的分工。倒车灯维护与检修任务计划表如表 3–4–4 所示。

表 3–4–4　倒车灯维护与检修任务计划表

编号	任务计划	人员	工具	备注
1				
2				
3				
4				
5				
6				

任务实施

使用仪器设备进行实车操作，根据表 3–4–5 所示倒车灯维护与检修任务工单上的检测项目逐一检测，每检测完一项将检测结果记录在工单上，并在检测完成后进行结果确认。

表 3–4–5 倒车灯维护与检修任务工单

倒车灯维护与检修

一、车辆信息

项目	作业内容	配分	评分
整车型号			
车辆识别代码			
电机型号			
工作电压			
动力电池容量			
行驶里程			

二、故障检修

项目	作业内容	配分	评分
确认故障现象			
记录故障信息			

续表

<table>
<tr><th colspan="8">倒车灯维护与检修</th></tr>
<tr><th>项目</th><th colspan="5">作业内容</th><th>配分</th><th>评分</th></tr>
<tr><td>分析故障范围</td><td colspan="5"></td><td></td><td></td></tr>
<tr><td rowspan="7">记录测量数据</td><td>测量对象</td><td>测量条件</td><td>实测值</td><td>标准值</td><td>结果判定</td><td rowspan="7"></td><td rowspan="7"></td></tr>
<tr><td></td><td></td><td></td><td></td><td></td></tr>
<tr><td></td><td></td><td></td><td></td><td></td></tr>
<tr><td></td><td></td><td></td><td></td><td></td></tr>
<tr><td></td><td></td><td></td><td></td><td></td></tr>
<tr><td></td><td></td><td></td><td></td><td></td></tr>
<tr><td></td><td></td><td></td><td></td><td></td></tr>
<tr><td>采集波形数据</td><td colspan="5">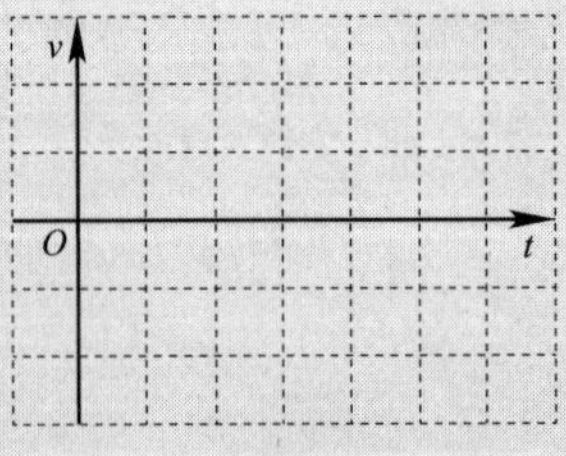
实测波形
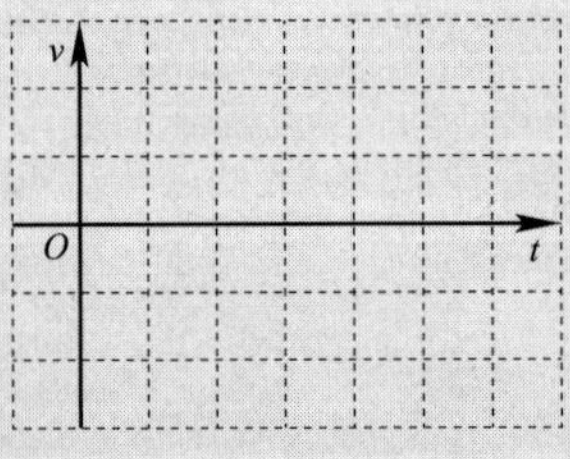
标准波形</td><td></td><td></td></tr>
<tr><td rowspan="3">确诊故障部位</td><td>故障类型</td><td colspan="2">故障点</td><td colspan="2">故障类别</td><td rowspan="3"></td><td rowspan="3"></td></tr>
<tr><td>线路故障</td><td colspan="2"></td><td colspan="2">□ 短路　□ 断路　□ 虚接</td></tr>
<tr><td>元件故障</td><td colspan="2"></td><td colspan="2">□ 机械故障　□ 电气故障</td></tr>
</table>

反思评价

倒车灯维护与检修操作评分表如表 3–4–6 所示。可以进行自我评价，评价自己在知识、技能、思政方面是否达标，是否按照推荐流程进行操作，总结实操过程中的得与失并交流、记录。

表 3-4-6　倒车灯维护与检修操作评分表

<table>
<tr><td>课程名称</td><td colspan="2"></td><td>授课教师</td><td colspan="2"></td></tr>
<tr><td>学习任务</td><td colspan="2"></td><td>授课班级</td><td colspan="2"></td></tr>
<tr><td>学习内容</td><td colspan="2"></td><td>班级人数</td><td colspan="2"></td></tr>
<tr><td>评分项目</td><td colspan="3">评分细则</td><td>评分</td><td>备注</td></tr>
<tr><td rowspan="10">专业知识能力表现</td><td colspan="3">了解高压安全知识</td><td></td><td></td></tr>
<tr><td colspan="3">了解防火安全知识</td><td></td><td></td></tr>
<tr><td colspan="3">讲述场地设备操作规范</td><td></td><td></td></tr>
<tr><td colspan="3">讲述检测仪器使用注意事项</td><td></td><td></td></tr>
<tr><td colspan="3">讲述维修工具使用规范</td><td></td><td></td></tr>
<tr><td colspan="3">掌握车辆仪表指示灯含义</td><td></td><td></td></tr>
<tr><td colspan="3">掌握个人和工位防护知识</td><td></td><td></td></tr>
<tr><td colspan="3">讲述采集车辆信息内容步骤</td><td></td><td></td></tr>
<tr><td colspan="3">描述 E378 故障现象</td><td></td><td></td></tr>
<tr><td colspan="3">分析 E378 故障范围</td><td></td><td></td></tr>
<tr><td rowspan="13">专业技能实操表现</td><td colspan="3">正确操作场地设备</td><td></td><td></td></tr>
<tr><td colspan="3">正确使用测量仪器</td><td></td><td></td></tr>
<tr><td colspan="3">正确使用维修工具</td><td></td><td></td></tr>
<tr><td colspan="3">检查、穿戴工作服</td><td></td><td></td></tr>
<tr><td colspan="3">检查、穿戴绝缘鞋</td><td></td><td></td></tr>
<tr><td colspan="3">检查、穿戴绝缘手套</td><td></td><td></td></tr>
<tr><td colspan="3">检查、佩戴护目镜</td><td></td><td></td></tr>
<tr><td colspan="3">检查、佩戴安全帽</td><td></td><td></td></tr>
<tr><td colspan="3">设置隔离栏</td><td></td><td></td></tr>
<tr><td colspan="3">放置安全警示牌</td><td></td><td></td></tr>
<tr><td colspan="3">检查灭火器</td><td></td><td></td></tr>
<tr><td colspan="3">安装翼子板布</td><td></td><td></td></tr>
<tr><td colspan="3">安装驾驶室内防护套装</td><td></td><td></td></tr>
</table>

续表

评分项目	评分细则	评分	备注
专业技能实操表现	采集整车型号		
	采集车辆识别代码		
	采集电机型号		
	采集高压系统工作电压		
	采集动力电池容量		
	采集车辆行驶里程		
	记录：车辆左后倒车灯不亮		
	读取故障，无相关故障代码		
	分析故障范围：控制线束故障		
	分析故障范围：倒车灯灯泡故障		
	分析故障范围：J519 局部故障		
	测量 M16 T8g/8 对地电压为 15.3 mV，测量结果异常		
	测量 J519 T73a/60 对地电压，测量结果正常		
	断开蓄电池负极，拔下 J519 插头，测量 J519 T73a/60-M16 T8g/8 电阻为∞		
	确认故障点为：J519 T73a/60-M16 T8g/8 断路		
	维修线路		
	验证故障现象：打开点火开关，仪表正常点亮		
	验证故障现象：踩下制动踏板，挂档，车辆行驶准备就绪指示灯（READY）正常点亮，车辆上电正常		
	收起翼子板布和驾驶室内防护套装		
	在工单中记录故障检测过程		
职业思政素养表现	注重使用文明用语		
	表达清楚，条理分明		
	认真倾听，对问题有合理的反应		
	举一反三迁移能力和学习态度		
	自信心和抗挫折能力		
	自我检查与自我评价能力		
	毅力和工作责任心		
	时间管理能力		
	团队合作能力		
	规范操作的安全意识		
	精益求精的工匠精神		

总结提升

经过了理论与实操学习，相信同学们已经掌握了本次任务所需的知识和技能，对学习成果进行检验吧。回顾本次任务操作流程，请补全图 3–4–3 所示倒车灯维护与检修思维导图中的空缺部分。

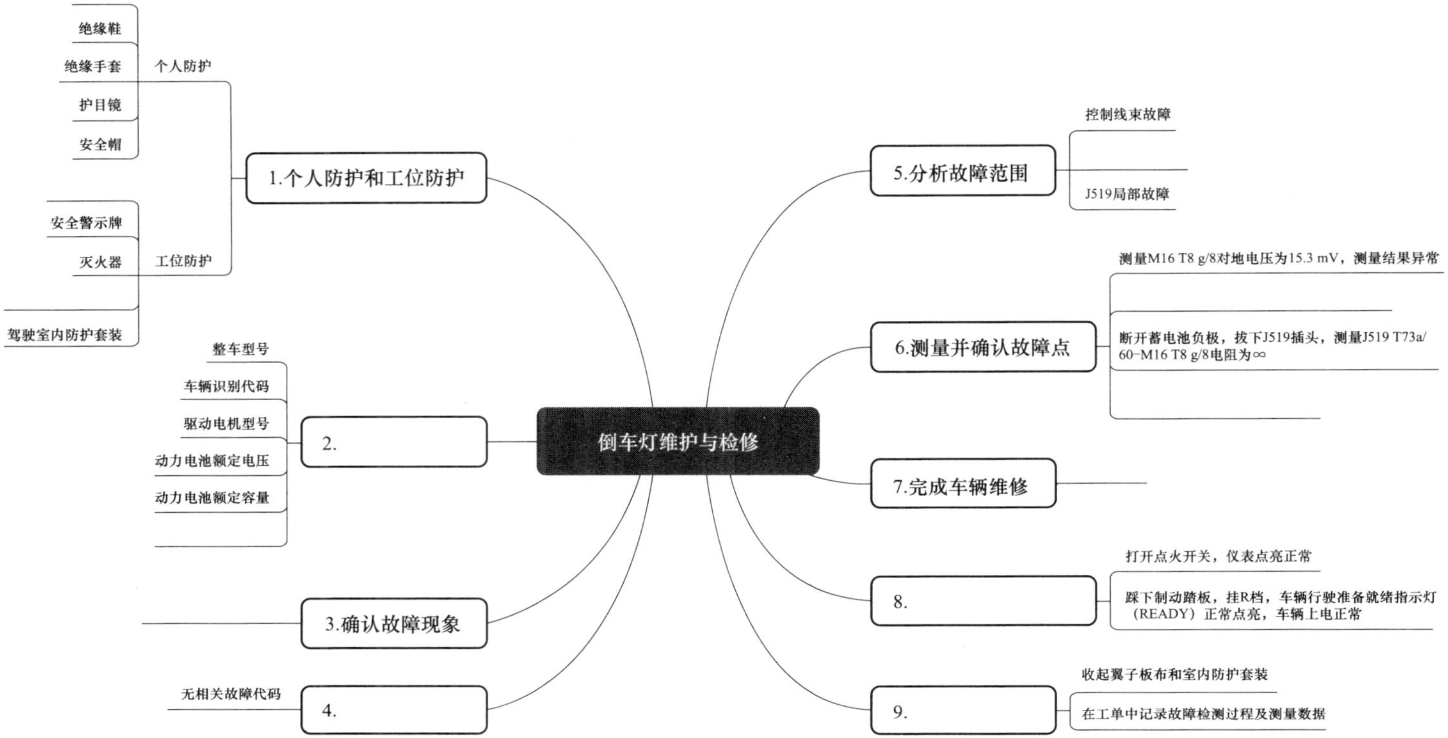

图 3–4–3　倒车灯维护与检修思维导图

技能拓展

本次任务学习完了，还意犹未尽吗？尝试完成表 3–4–7 所示倒车灯维护与检修知识拓展表。根据表 3–4–8 至表 3–4–14 所示的相关拓展任务进行故障设置与故障记录，提高自己的能力。

表 3–4–7　倒车灯维护与检修知识拓展表

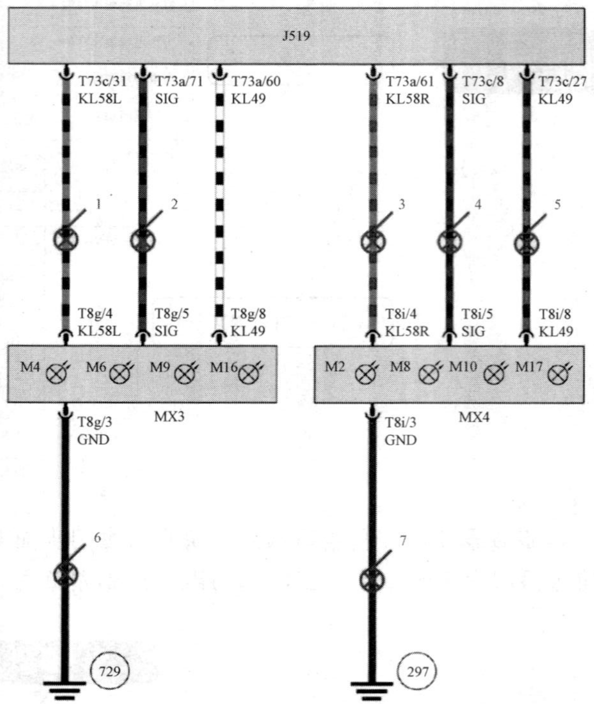

序号	任务
1	T73c/31 至 T8g/4 断路
2	T73a/71 至 T8g/5 断路
3	T73a/61 至 T8i/4 断路
4	T73c/8 至 T8i/5 断路
5	T73c/27 至 T8i/8 断路
6	T8g/3 至 729 接地断路
7	T8i/3 至 297 接地断路
8	
9	
10	
11	
12	
13	
14	
15	
16	

表 3–4–8　拓展任务 1：T73c/31 至 T8g/4 断路

<table>
<tr><td rowspan="6">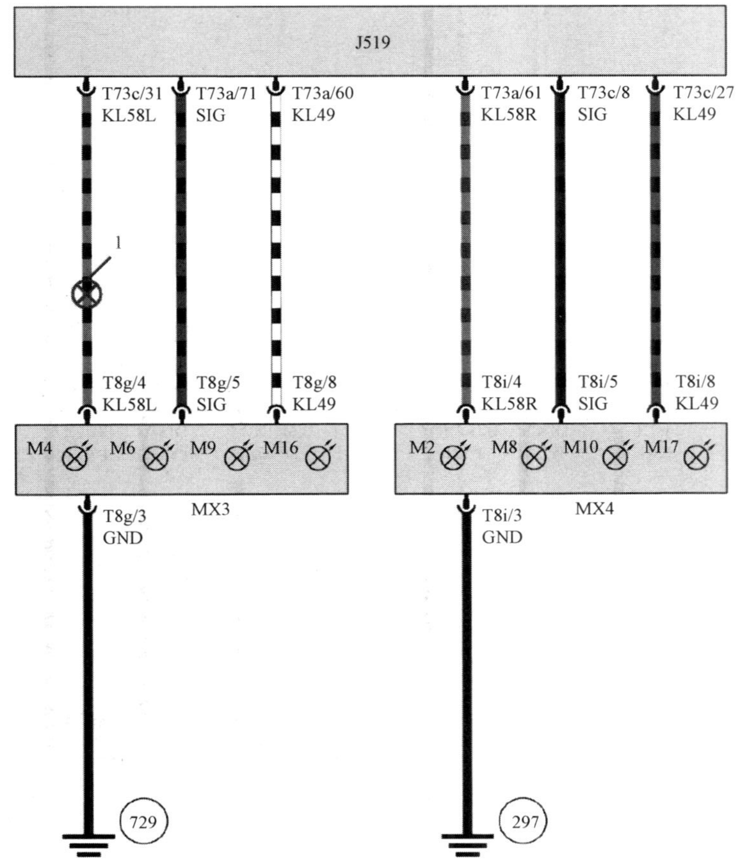
</td><td>故障现象</td><td>故障码</td></tr>
<tr><td></td><td></td></tr>
<tr><td>数据流</td><td>测量值</td></tr>
<tr><td></td><td></td></tr>
<tr><td>波形图</td><td>故障机理</td></tr>
<tr><td>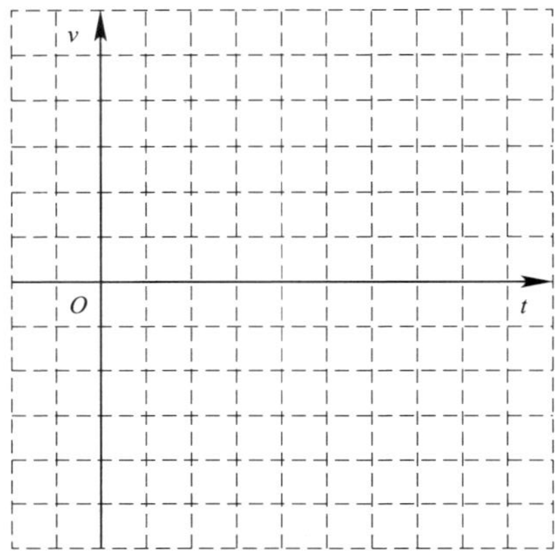
</td><td></td></tr>
</table>

表 3–4–9　拓展任务 2：T73a/71 至 T8g/5 断路

<table>
<tr><td rowspan="6">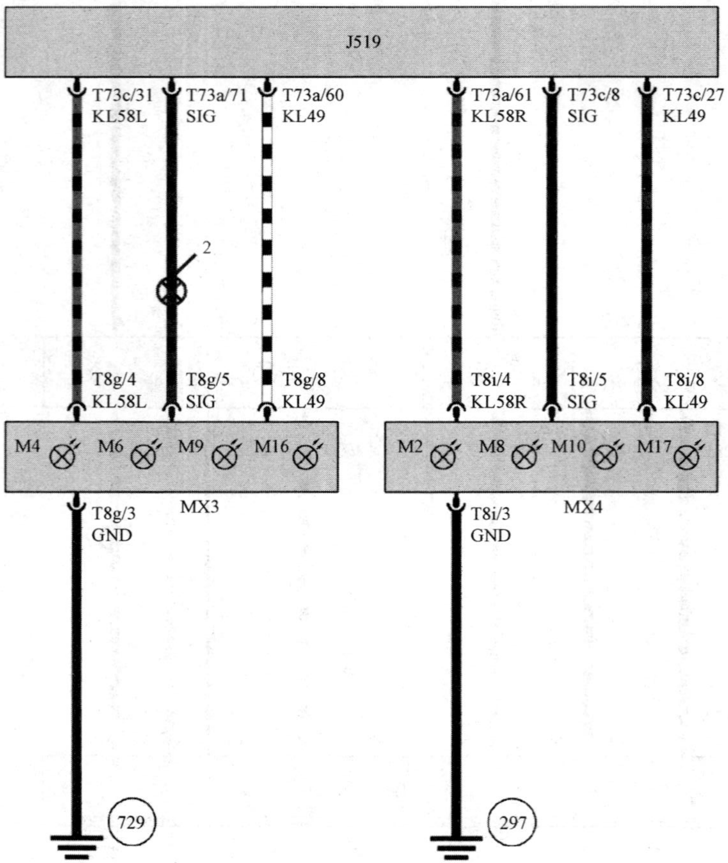
</td><th>故障现象</th><th>故障码</th></tr>
<tr><td></td><td></td></tr>
<tr><th>数据流</th><th>测量值</th></tr>
<tr><td></td><td></td></tr>
<tr><th>波形图</th><th>故障机理</th></tr>
<tr><td>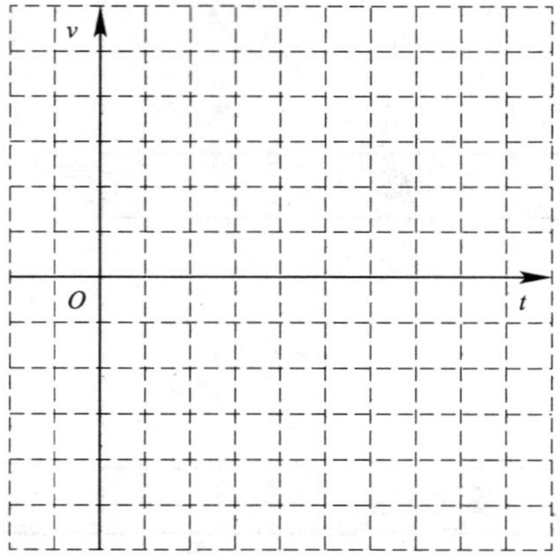
</td><td></td></tr>
</table>

表 3-4-10　拓展任务 3：T73a/61 至 T8i/4 断路

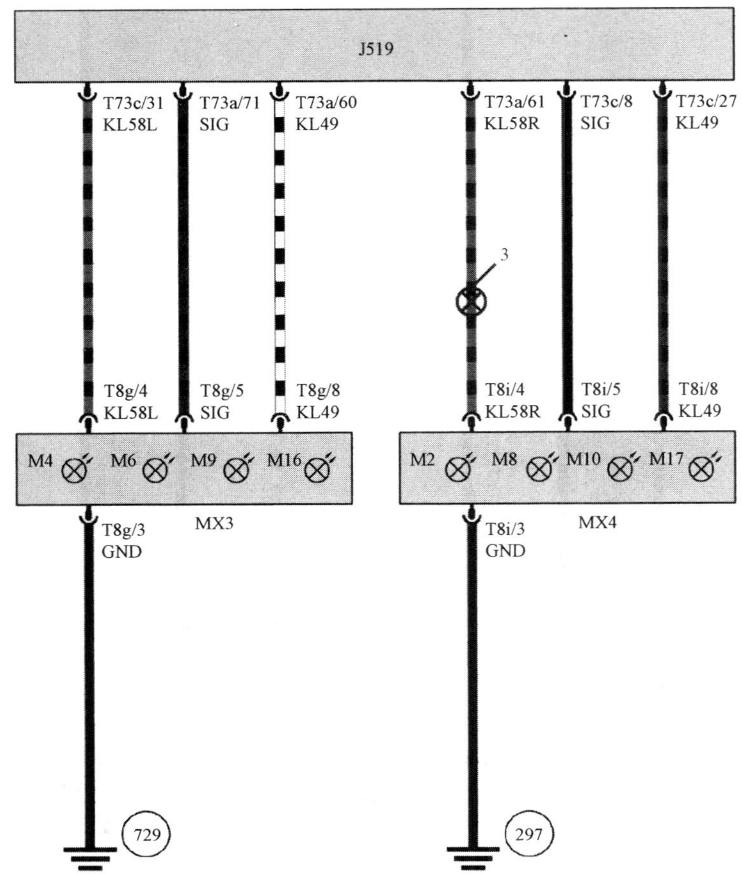

故障现象	故障码
数据流	**测量值**
波形图	**故障机理**
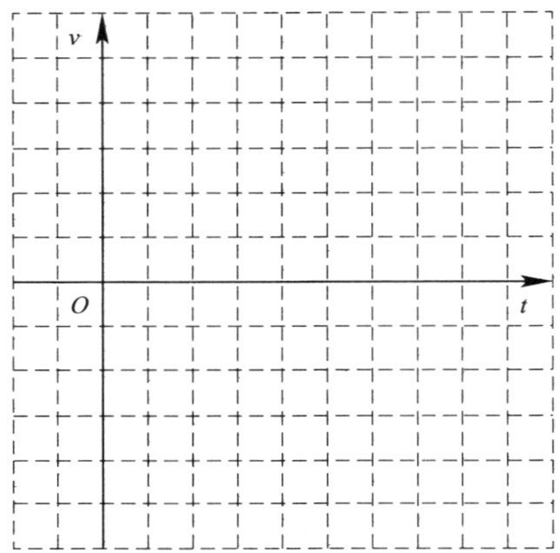	

表 3–4–11　拓展任务 4：T73c/8 至 T8i/5 断路

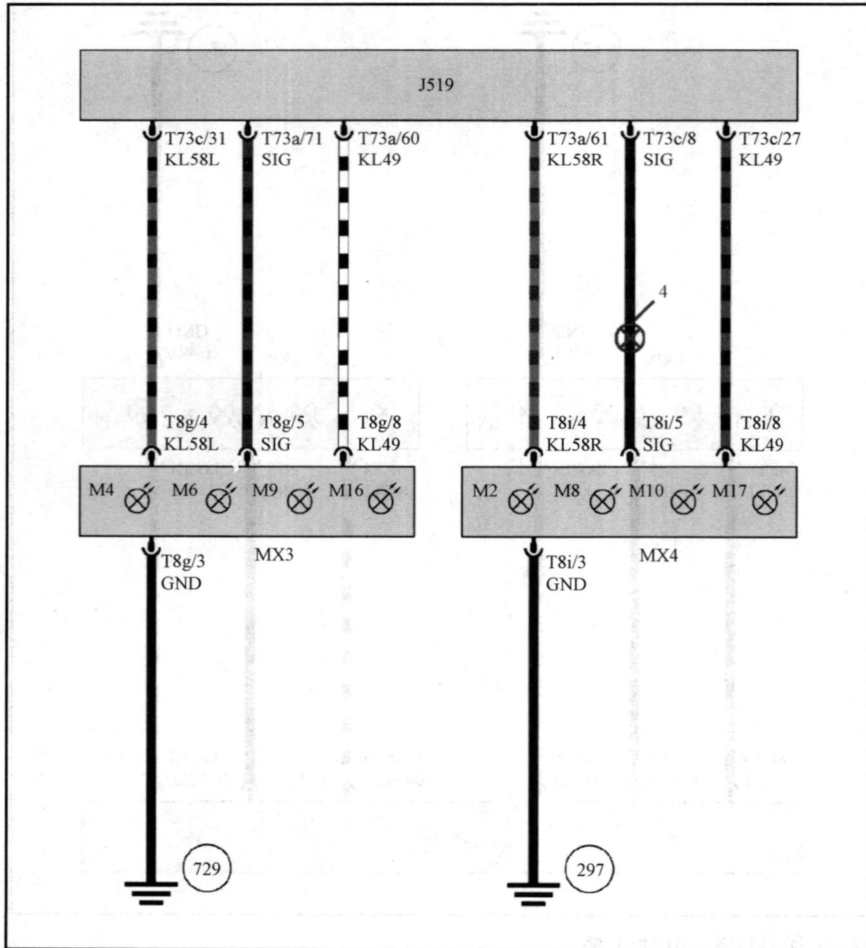

故障现象	故障码
数据流	**测量值**
波形图	**故障机理**
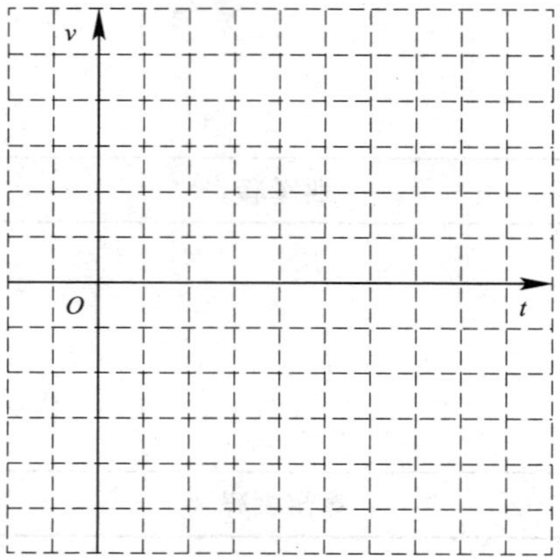	

表 3-4-12　拓展任务 5：T73c/27 至 T8i/8 断路

<table>
<tr><td rowspan="6">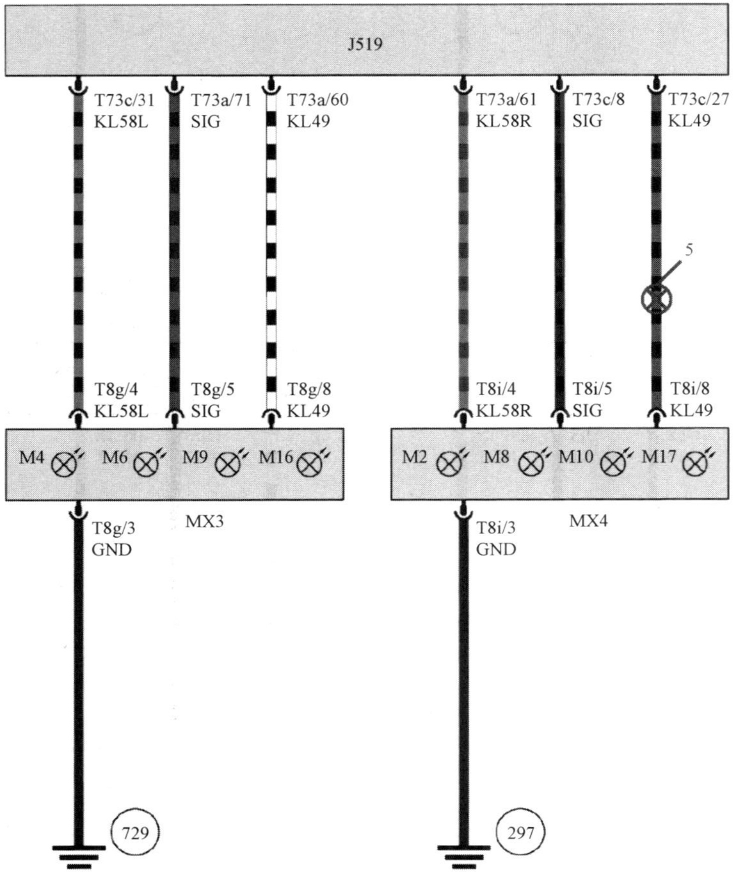
</td><td>故障现象</td><td>故障码</td></tr>
<tr><td></td><td></td></tr>
<tr><td>数据流</td><td>测量值</td></tr>
<tr><td></td><td></td></tr>
<tr><td>波形图</td><td>故障机理</td></tr>
<tr><td>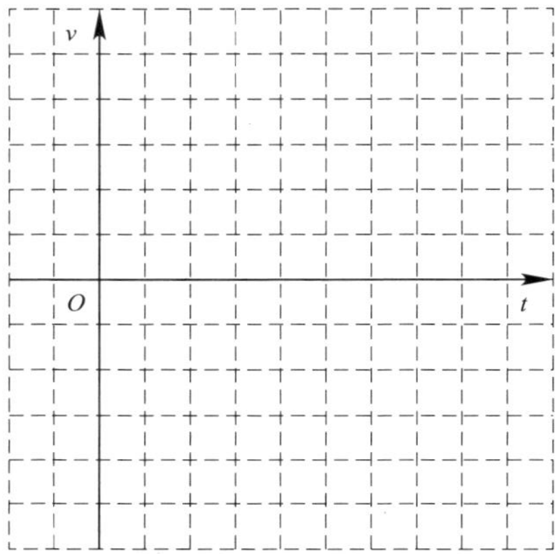
</td><td></td></tr>
</table>

表 3-4-13　拓展任务 6：T8g/3 至 729 接地断路

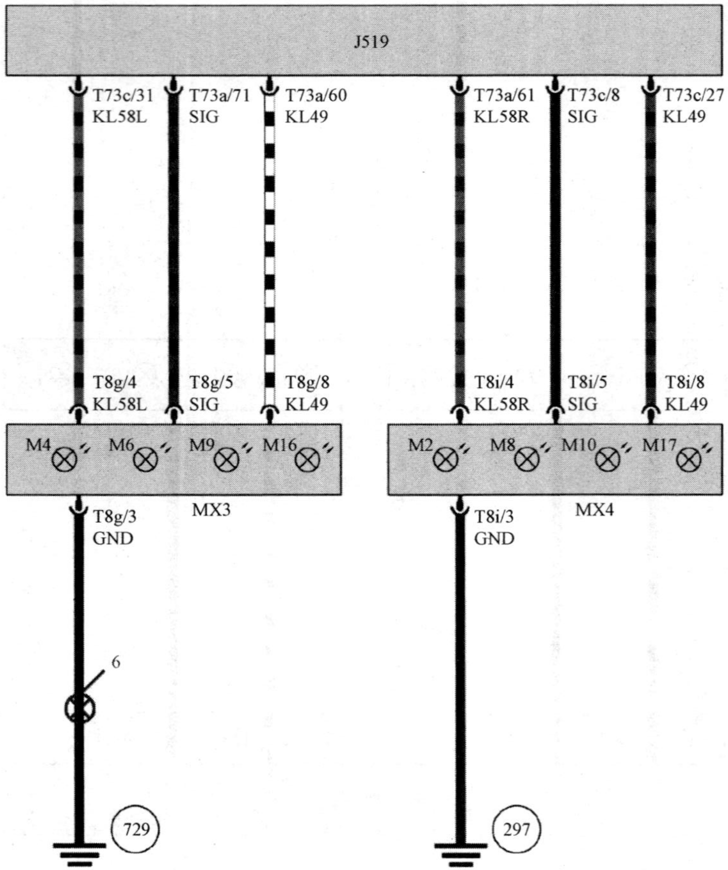

故障现象	故障码
数据流	测量值
波形图	故障机理
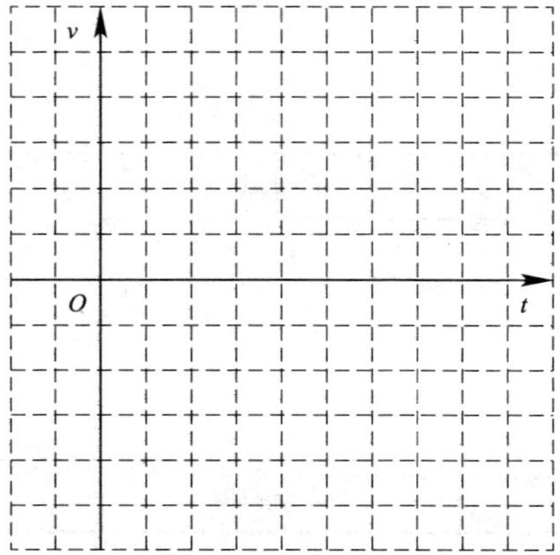	

表 3–4–14　拓展任务 7：T8i/3 至 297 接地断路

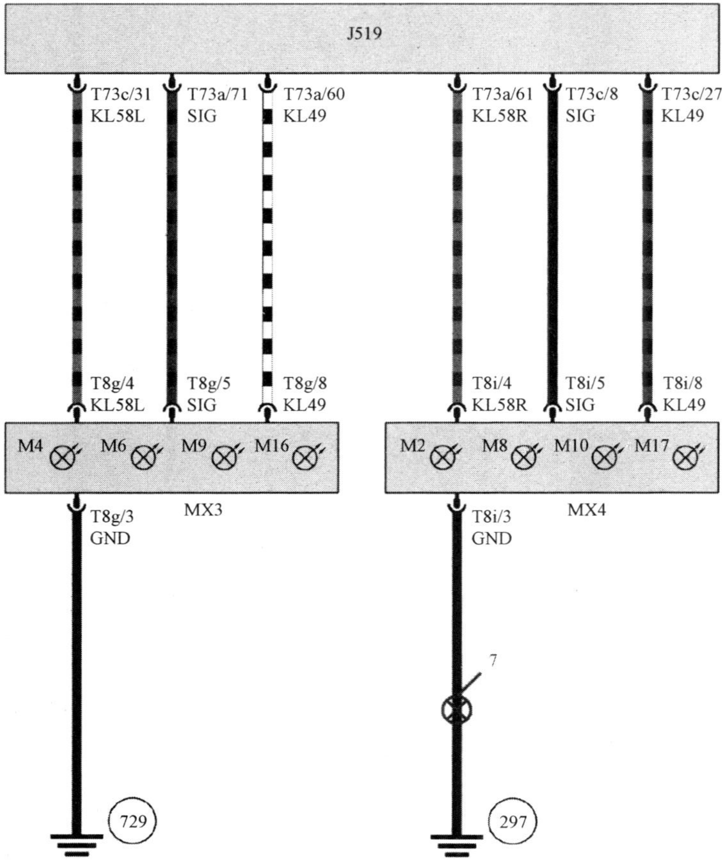

故障现象	故障码
数据流	测量值
波形图	故障机理
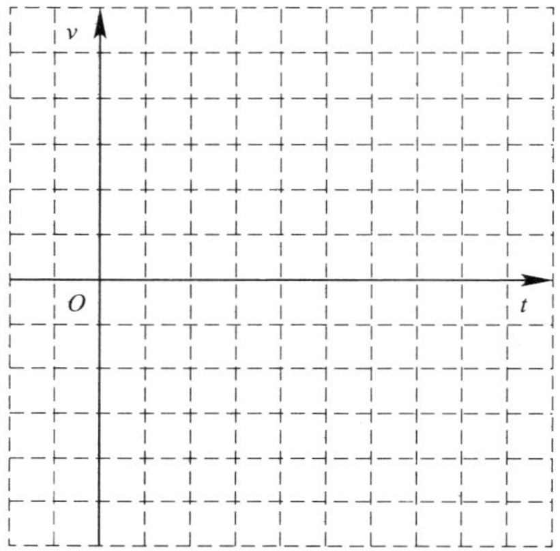	

参考文献

[1] 白云，张静. 新能源汽车维护与保养[M]. 北京：科学出版社，2024.